应用型本科汽车类专业教材

汽车车身制造工艺基础

田国富　主编　　李强　潘飞　副主编

机械工业出版社
CHINA MACHINE PRESS

本书阐述了汽车车身制造的全过程，全书共分十章，包括汽车车身制造概述、冲压工艺、冲裁工艺、弯曲工艺、拉深工艺、车身冲压工艺装备、车身装焊基础、汽车车身涂装、车身涂装前的表面处理和车身涂装工艺与装备等内容。

本书可作为本科院校汽车及相关专业的教材，也可供汽车行业工程技术人员参考。

图书在版编目（CIP）数据

汽车车身制造工艺基础/田国富主编. —北京：机械工业出版社，2020.5

应用型本科汽车类专业教材

ISBN 978-7-111-65242-7

Ⅰ.①汽⋯ Ⅱ.①田⋯ Ⅲ.①汽车-车体-车辆制造-工艺学-高等学校-教材 Ⅳ.①U463.820.6

中国版本图书馆 CIP 数据核字（2020）第 052925 号

机械工业出版社（北京市百万庄大街 22 号 邮政编码 100037）
策划编辑：谢 元　　　　　责任编辑：谢 元 赵 帅
责任校对：陈 越 张 征　封面设计：陈 沛
责任印制：邰 敏
北京中兴印刷有限公司印刷
2020 年 6 月第 1 版第 1 次印刷
184mm×260mm・14.25 印张・351 千字
0001—1900 册
标准书号：ISBN 978-7-111-65242-7
定价：45.00 元

电话服务　　　　　　　　　　网络服务
客服电话：010-88361066　　机 工 官 网：www.cmpbook.com
　　　　　010-88379833　　机 工 官 博：weibo.com/cmp1952
　　　　　010-68326294　　金 书 网：www.golden-book.com
封底无防伪标均为盗版　　　机工教育服务网：www.cmpedu.com

前　言

汽车车身是汽车的重要组成部分，是整车零部件的载体。汽车车身制造工艺是一门综合性的工程技术学科，涉及冲压、焊接、喷漆、装配等多个技术领域。

近年来，我国汽车工业得到了飞速发展，汽车综合制造技术达到了前所未有的高度。为进一步提升我国汽车工业的技术水平，使汽车制造走向国际，培养掌握汽车制造技术的高技术人才，组织编写了本书。本书内容包括车身零部件的冲压工艺、车身装焊工艺、车身涂装工艺等，系统地介绍了车身制造过程。本书可作为汽车制造与装配技术相关专业的教材，也可作为汽车制造相近专业的选修教材及汽车制造行业技术人员的参考书。

本书由沈阳工业大学田国富担任主编，李强、潘飞担任副主编。其中，田国富编写第一章、第七章和第十章，潘飞编写第二章、第三章和第四章，李强编写第五章，孙书会编写第六章，付景顺、张文鹏编写第八章，华晨汽车工程研究院的刘艳华和刘显锋编写了第九章。

本书在编写过程中得到沈阳工业大学金嘉琦教授、徐万红教授、李殿起教授的大力支持，在此表示感谢。同时，感谢东北大学机械工程与自动化学院郭立新教授、周淑文副教授，沈阳航空航天大学机电工程学院叶长龙教授对本书编写的大力支持与帮助。同时还要感谢李文杰、李君基、汪亚飞、赵海生、李德钰等几位研究生在本书文字编排上所做的工作。

本书参考了很多文献资料和网络资源，编者尽可能在参考文献中列出，但由于内容较多总会有疏漏，在此对文献作者表示歉意和感谢。

由于编者水平有限，书中难免有不妥之处，恳请读者批评指正，以便在后续版本中改正。

目 录

前言

第一章　汽车车身制造概述 ………………………………………………… 1
　第一节　车身结构基础 ……………………………………………………… 1
　第二节　车身制造的工艺特点 …………………………………………… 12
　第三节　车身制造工艺 …………………………………………………… 13
　第四节　车身制造技术的发展 …………………………………………… 17

第二章　冲压工艺 ………………………………………………………… 28
　第一节　冲压工艺的特点与分类 ………………………………………… 28
　第二节　板料的冲压成形 ………………………………………………… 31
　第三节　其他冲压工艺 …………………………………………………… 34
　第四节　车身制造的冲压技术 …………………………………………… 45

第三章　冲裁工艺 ………………………………………………………… 48
　第一节　冲裁的变形过程 ………………………………………………… 48
　第二节　冲裁间隙与模具刃口尺寸 ……………………………………… 50
　第三节　冲裁力及冲裁后相关力的计算 ………………………………… 53
　第四节　冲裁工艺 ………………………………………………………… 56

第四章　弯曲工艺 ………………………………………………………… 63
　第一节　弯曲变形 ………………………………………………………… 63
　第二节　弯曲工艺分析与质量控制 ……………………………………… 67
　第三节　弯曲模设计 ……………………………………………………… 75

第五章　拉深工艺 ………………………………………………………… 82
　第一节　拉深变形过程概述 ……………………………………………… 82
　第二节　圆筒形零件拉深的工艺计算 …………………………………… 84
　第三节　其他形状零件的拉深 …………………………………………… 98

第四节　拉深模设计 …………………………………………………… 101
　　　第五节　车身拉深工艺 …………………………………………………… 102

第六章　车身冲压工艺装备 ……………………………………………… 114
　　　第一节　车身拉深模 ……………………………………………………… 114
　　　第二节　车身冲压设备 …………………………………………………… 119
　　　第三节　车身冲压生产 …………………………………………………… 125

第七章　车身装焊基础 …………………………………………………… 133
　　　第一节　车身装焊方法的确定 …………………………………………… 133
　　　第二节　车身焊接方法的选择 …………………………………………… 140
　　　第三节　车身装焊工艺 …………………………………………………… 162
　　　第四节　车身装焊夹具 …………………………………………………… 165
　　　第五节　车身装配焊接生产线与装备 …………………………………… 173

第八章　汽车车身涂装 …………………………………………………… 182
　　　第一节　车身涂装的特点与功能 ………………………………………… 182
　　　第二节　涂装三要素 ……………………………………………………… 184
　　　第三节　车身用底漆 ……………………………………………………… 185
　　　第四节　车身用中间层涂料 ……………………………………………… 186
　　　第五节　车身用面漆 ……………………………………………………… 188

第九章　车身涂装前的表面处理 ………………………………………… 191
　　　第一节　车身脱脂清洗 …………………………………………………… 191
　　　第二节　除锈和去氧化层 ………………………………………………… 195
　　　第三节　磷化处理 ………………………………………………………… 197

第十章　车身涂装工艺与装备 …………………………………………… 199
　　　第一节　车身涂装典型工艺 ……………………………………………… 199
　　　第二节　涂装方法与装备 ………………………………………………… 213
　　　第三节　干燥与固化 ……………………………………………………… 219

参考文献 ……………………………………………………………………… 222

第一章

汽车车身制造概述

第一节 车身结构基础

一、车身及其名词术语

车身是供驾驶人操作，以及容纳乘客或货物的场所，其主要作用是为驾乘人员提供安全、舒适的乘坐环境，隔绝振动和噪声，不受恶劣气候的影响。车身包括车身本体和装饰件、开启件、机构件、附件及其他可拆卸结构件，其结构组成如图1-1和图1-2所示。

图1-1 轿车车身结构图

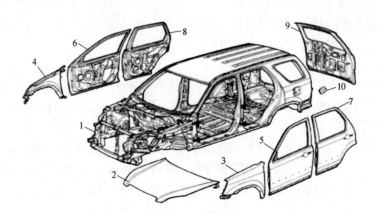

图1-2 轿车车身相关术语

1—前框架 2—发动机舱盖 3—左前翼子板 4—右前翼子板 5—左前车门
6—右前车门 7—左后车门 8—右后车门 9—行李舱盖 10—加油口盖

1. 白车身

白车身通常是指已经焊装好但尚未喷漆的白皮车身（Body In White），它是由车身本体、开启件及其他可拆卸结构件组成的总成，如图 1-2 和图 1-3 所示。经过涂装的车身称为涂装车身（Body on Primer）。

车身本体是车身结构件（又称车身骨架）与覆盖件焊接或铆接后不可拆卸的总成，如图 1-4 和图 1-5 所示。车身骨架主要为保证车身的强度和刚度而构成的空间框架结构，由梁（杆）和支柱等焊接而成，它使车身形成一个整体式结构，起主体承载作用。车身覆盖件是指覆盖在车身骨架表面上的板制件。车身覆盖件覆盖在车身骨架上，使车身形成完整的封闭体以满足室内乘员乘坐要求，并通过它来体现汽车的外形，以及增强汽车车身的强度和刚度。

开启件是车身上可启闭的各种舱门的结构件，包括车门、发动机舱盖、行李舱盖等。

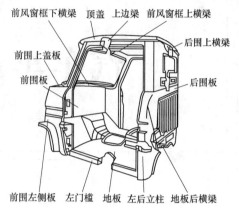

图 1-3 货车驾驶室相关术语

图 1-4 轿车车身骨架

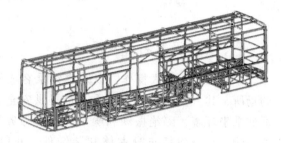

图 1-5 客车车身骨架

2. 车身外装件

车身外装件是指车身外部起保护或装饰作用的一些部件，以及具有某种功能的车身外附件，主要包括前后保险杠、车外后视镜、散热器罩、进气栅格、天窗及其附件、车身外部装饰条、密封条、车门附件及空气动力附件等。

3. 车身内装件

车身内装件是指车内对人体起保护作用的或起装饰作用的部件，以及具有某种功能的车内附件，主要包括仪表板、座椅及安全带、安全气囊、遮阳板、车内后视镜、汽车内饰等。

4. 车身电气附件

车身电气附件是指除用于发动机和底盘以外的所有电气及电子装置，如各种仪表及开关、前照灯、尾灯、指示灯、雾灯、照明灯等。另外，还包括音响及收视装置、空调装置、刮水器、洗涤器、除霜装置、信息显示和导航设备等。

二、车身的类型

车身（包括车架）与汽车的车轮、悬架系统构成汽车的行驶系统，是汽车行驶时的主要承载部件，承担着全部载荷，包括由发动机、传动系统和悬架系统传来的载荷以及各种路面工况下的作用力和力矩。因此，也将车身和车架称为承载系统。

汽车车身根据车型和结构型式的不同可分为不同的类别：

1) 根据车型的不同可分为轿车车身、客车车身、货车车身（包括驾驶室和车厢）。
2) 根据车身承载形式的不同可分为非承载式车身、承载式车身。
3) 根据车身结构的不同可分为有骨架车身、无完整骨架车身。

下面介绍非承载式车身和承载式车身。

1. 非承载式车身

货车（除微型货车外）与以货车底盘为基础改装成的大型客车和专用汽车，以及大部分高级轿车（出于对舒适性的考虑）和 SUV（运动型实用汽车，包括越野车等）都装有单独的车架，此类车身通过多个悬置（橡胶垫）安装在车架上。当汽车在崎岖不平的路面上行驶时，车架产生的变形被橡胶垫的变形所抵消，载荷主要由车架来承担，因此这种车身结构是不承载的，如图1-6所示。但实际上，由于车架并非为绝对刚性的，所以车身在一定程度上仍承受着由车架弯曲和扭转变形所引起的载荷。

车架是跨装在汽车前后轴上的桥梁式结构，其结构型式可分为边梁式、周边式、中梁式和综合式四大类。

1) 边梁式车架（又称梯形车架）由纵梁和数根横梁组成，如图1-7所示。因为要将车架设置在车厢地板下部，因此车身高度不易降低。边梁式车架被广泛应用于货车、大多数专用汽车和直接利用货车底盘改装的大客车，以及越野车、SUV（图1-8）。

图1-6 非承载式车身

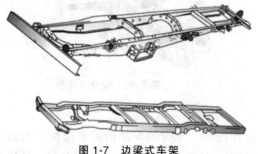

图1-7 边梁式车架

图1-8 SUV边梁式车架

2) 周边式车架（图1-9）实际上是从边梁式车架派生出来的。相对于边梁式车架，周边式车架降低了地板高度，前、后两段的宽度收缩，中段加宽。前段宽度取决于前轮轮距和最大转向角，后段宽度取决于后轮轮距，中段宽度则取决于车身门槛梁的内侧宽度。前后狭窄段通过所谓的"缓冲臂"或"抗扭盒"与中段纵梁焊接相连，形成一种曲柄式结构，允许缓冲臂具有一定程度的弹性变形，因此可以吸收来自不平路面的冲击并降低车内噪声，还可以在汽车碰撞时吸收部分能量。由于车架中段宽度接近于车身地板的宽度，因此提高了整车横向稳定性，并便于车身室内地板的布置。这种车架的缺点是结构复杂且成本较高，因此多用在中高级轿车上。

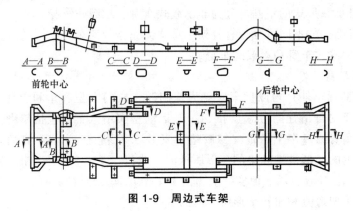

图 1-9　周边式车架

3）中梁式车架（图 1-10）主要由一根位于车身对称中心线上的较粗的纵向钢管和若干根横向悬伸托架构成，其特点是具有很大的抗扭刚度，结构上允许车轮有较大的跳动空间，便于装用独立悬架。但是此种车架的制造工艺较复杂且维修不便，因此应用不多。

4）综合式车架（又称复合式车架）综合了边梁式和中梁式两种车架的特点（图 1-11），多用于轿车上。综合式车架的前、后端均近似于边梁式车架，中间为一短脊梁管，前后端便于分别安装发动机和后驱动桥。中部脊梁的宽度和高度较大，可以提高抗扭刚度。

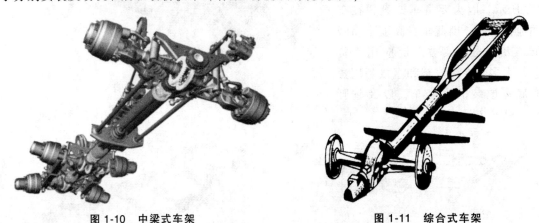

图 1-10　中梁式车架　　　　　图 1-11　综合式车架

非承载式车身结构的优点：

1）除了轮胎与悬架系统对整车具有缓冲吸振作用外，车身与车架的悬置还可以起到辅助缓冲，适当吸收车架的扭转变形和降低噪声的作用。这既延长了汽车的使用寿命，又提高了乘坐舒适性。

2）底盘和车身可以分开装配，然后总装在一起，这既可简化装配工艺，又便于组织专业化协作。

3）车架作为整车的基础，便于汽车上各总成和部件的安装，同时也易于更改车型和改装成其他用途的车辆。

4)发生撞车事故时,车架还可以对车身起到一定的保护作用。

非承载式车身结构的缺点:

1)由于设计计算时不考虑车身承载,所以必须保证车架有足够的强度和刚度,这会导致整车自重增加。

2)底盘和车身之间装有车架,使整车高度增大。

3)车架是汽车上最大且质量最重的零件,因此必须具有大型的压力机以及焊接、工夹具和检验等一系列较复杂昂贵的制造设备。

2. 承载式车身

(1)承载式轿车车身 承载式轿车车身(图 1-12)将车架的作用融入车身的结构中,因此又称整体式车身结构,它承担承载系统的全部功能。由于取消了车架,发动机和行驶系统的支点都在车身上。为了防止振动直接传入车身,通常将发动机和行驶系统通过副车架(或辅助横梁,如图 1-13 所示)与车身底架连接。副车架与车身底架纵梁之间设有橡胶垫以减小发动机和悬架的振动对车身的影响。采用副车架的另一个好处是,可以使动力总成和悬架等与副车架形成一个组装部件,这种模块化结构给生产和使用都带来了方便。当采用副车架时,由于副车架能够分担一些载荷,使前纵梁变形减小,因此也有人称带有副车架的车身为半承载式车身。

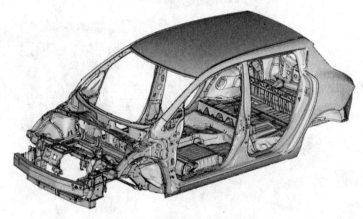

图 1-12 承载式轿车车身结构

由于承载式车身是空间框架结构,可以充分利用车身承担载荷,所以具有整体刚度大、重量轻和整车高度低等优点。另外,其生产效率高,是现代轿车中常见的结构。但是承载式车身也有一些缺点:

1)由于取消了车架,来自传动系统和悬架的振动及噪声将直接传给车身,而车厢本身又是易于形成空腔共鸣的共振箱,因此会使乘坐舒适性变差。

2)改型比较困难。

(2)承载式客车车身 根据客车车身承载程度的不同,又可以将承载式客车车身分为半承载式和全承载式两种。

图 1-13 承载式车身的副车架结构

1) 半承载式客车车身是指客车车身与车架刚性相连，车身部分承载的结构型式。非承载式和半承载式车身都属于有车架车身结构。

2) 全承载式客车车身骨架及底架是由异形管制成的格栅式结构，没有单独的车架，局部格栅上可有覆板。车身采用封闭环结构，使整个车身都可参与承载。由于没有车架，所以可降低地板和整车高度。

全承载式客车车身具有众多优点，如车身质量减轻，结构强度与刚度提高；简化了构件成形过程，提高了材料利用率；整车重心降低，高速行驶时稳定性好；加工不需要大型冲压设备，便于产品改型，易实现多品种、系列化生产。全承载式客车车身的另一大优势是被动安全性好，欧洲进行的客车被动安全测试结果显示，全承载式客车车身能够在汽车翻滚及相撞等恶劣情况下保证乘客的安全空间。

三、车身的典型构造

1. 轿车白车身构造

轿车白车身一般由大量的车身冲压零件焊接而成，如图1-14所示。

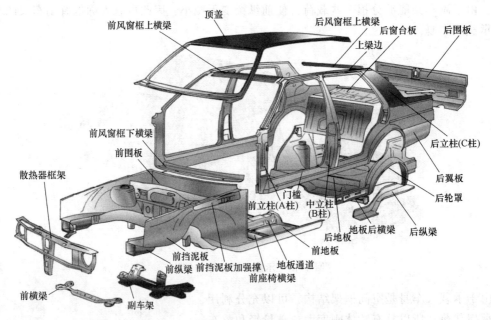

图1-14 车身冲压件

白车身主要由前车身、地板、侧围、顶盖及后部车身等部分组成。

（1）前车身　前车身的结构因前置发动机和后置发动机而不同，也因前置前驱、前置后驱及悬架、转向、发动机支撑方法而不同。

1）前围上盖板。前围上盖板是与左右前立柱相连接的构件，对提高车身整体刚度有很大的作用。另外，前围上盖板具有支撑前风窗的功能，同时具有将外部空气导入车内和将车内空气排出的通风作用。如果前围上盖板挡不住侵入的雨水、泥水及枯叶等，就会产生异味或导致空调装置发生故障，在设计时必须予以注意。

前围上盖板上通常要设置支撑转向柱的支架，要特别注意确保管状结构的转向柱支撑梁及车身有足够的刚度。前围上盖板还具有减小高速行驶时轮胎作用力和停车时发动机怠速振动作用力给转向装置带来振动的功能。

从保护行人的角度出发，应采用具有在碰撞时使前风窗支撑部及刮水器支撑部产生变形的吸能结构的车身。风窗玻璃的密封条一般与该部件粘结在一起。

2）前围板。前围板是隔开发动机舱和客舱的部件，安装有踏板类部件及空调，布置有线束、配管、转向柱等的贯通孔，同时还具有防止发动机及轮胎噪声进入客舱内的作用。有些车身前围板采用钢板中间夹防振材料的夹层式结构。

前围板还是控制碰撞造成客舱变形时，向地板纵梁转移由前纵梁传来的作用力的重要部件。为连接左右的前纵梁，还设置了前横梁，以确保刚度。其目前的趋势是，使这些构件厚板化并采用高强度钢板来制造。

3）前悬架支撑。前悬架支撑通常带有减振器的安装结构，与前纵梁共同承担来自悬架的作用力及碰撞时的冲击力，设计时应充分考虑这些因素。通过翼子板支撑梁与翼子板构成闭合截面，并通过前指梁与前立柱接合，确保承受来自悬架的作用力。该部件还具有吸收碰撞时冲击能量的作用。

另外，该部件还是轮罩与发动机舱的隔断，具有防止路面的泥、水进入发动机舱的功能。设计时还应充分考虑其可能与轮胎及防滑链发生的干涉。

4）前纵梁。前纵梁是构成前车身最重要的骨架部件，发动机、变速器、悬架装置及辅助部件均安装在前纵梁上。同时，它还是吸收碰撞时的冲击能量，确保车身刚度的主要骨架部件。

低速碰撞时，为保证车身不产生变形，前纵梁需要具有较高的刚度；而高速碰撞时，通过前纵梁的纵向弯曲变形，可高效率地吸收碰撞冲击能量。要实现这样的功能，前纵梁的形状及加强件是极为重要的设计因素。由于碰撞条件的提高，前纵梁多采用高强度钢板，以适应各种碰撞形式。

支撑前悬架载荷作用力的条件与悬架形式等关系很大。另外，带有副车架结构的汽车，其悬架的部分或全部作用力由副车架承受，因此应注意将副车架安装在前纵梁较为坚固的部位。

5）发动机舱盖。发动机舱盖通常由造型面的外板及增加强度、刚度的内板构成，发动机舱盖的性能要求如下：

① 刚度大。应不使发动机舱盖产生凹坑，不影响其质感。
② 耐压性好。用力压发动机舱盖后不至于产生塑性变形。
③ 整体弯曲和扭转刚度大。
④ 碰撞时产生适当的塑性变形，但发动机舱盖后端不应插入前风窗。

从保护行人的角度出发，发动机舱盖还应具有吸收碰撞冲击能量的性能。随着轻量化要求的提高，铝合金材料在发动机舱盖中的应用范围不断扩大。

6）前翼子板。要求前翼子板具有一定的刚度和耐压性。前翼子板和发动机舱盖的不同之处在于，该部位无法采用加强结构，一般将外板的加强衬附在里面，或加大钢板厚度。另外，为屏蔽发动机及轮胎的噪声，有时会采用消声材料或附加降噪材料。与发动机舱盖相同的是，从保护行人的角度出发，要求前翼子板具有吸收碰撞冲击能量的性能。随着轻量化要求的提高，铝合金材料在翼子板中的应用范围不断扩大。同时，造型自由度及碰撞复原性较好的塑料材料的应用范围也在扩大。

（2）地板　车身地板是车身的支撑部分。地板的主要功能是：确保承受悬架及驱动系统的作用力及改善 NVH（噪声、振动、平稳）特性；防止外部的水、尘土、热量、噪声及异味进入车内，创造舒适的乘坐环境；撞车时可以保护乘员和燃料系统免受外力冲击，确保乘员生存空间；确保客舱的乘降性、货厢的宽度；确保轻微撞车后容易修复，隔绝排气系统的热量；确保使用千斤顶过程中、车辆牵引及运输过程中的固定作业方便易行。车身地板如图 1-15 所示。

轿车车身地板主要由地板、地板梁、支架、地板通道、门槛、连接板、座椅支架等构件组成。无论是非承载式车身还是承载式车身，在结构设计上，车身地板都应该提供足够的强度和刚度，从而保证车身的承载能力。因此，除地板构件外，在结构上设置加强梁、连接梁等承载构件也是必要的。

图 1-15　车身地板

车身客舱和行李舱下的地板应根据车身底部的总布置设计和结构设计要求进行分块，一般分为前地板、中地板和后地板。除了应在地板上焊接各种结构加强件、连接板等构件外，地板件本身要符合室内布置居住性要求。满足布置备胎和燃油箱等的需要而被冲压成各种形状，也是提高地板构件强度和刚度的措施，如通道凸包、加强筋和座椅支座等结构，以及阶梯形的地板布置。对于两厢或三厢轿车车身，后地板上一般冲压出放置备胎的凹坑，而旅行车的后地板则多保留其平整性。

地板梁是地板的结构加强件，主要有地板横梁、后地板横梁、地板连接横梁、地板纵梁、后地板纵梁和其他地板加强梁等。地板梁焊接在地板上，是车身地板结构的重要承载构件。门槛是支承车身侧围的前支柱、中支柱和后支柱的下边梁，一般设计成封闭断面。为了提高强度和侧面碰撞安全性，有时在门槛的断面结构内加设加强板。支架是车身的连接、支托构件，主要包括地板纵梁的外伸支架、连接支架和安装固定支架等。地板通道是覆盖变速器及允许传动轴和排气管等通过的地板上的凸起结构，它能起到增加地板刚度的作用。

1）非承载式车身地板。对于非承载式车身，一般为增加有效空间而加大车架的宽度，其中以地板为下凹式框架为主。由于各种装置的作用力均由车架承受，地板的结构与承载式车身地板相比，更为简单。非承载式车身地板主要由前地板、中地板、后地板边梁，左右门槛梁等焊接而成，有时也包括前围板。地板通过悬置与车架连接。

2）承载式车身地板。对于承载式车身，要求车身底部结构应该是一个具有较高强度和刚度的完整承载体。在结构设计中，为了满足车身底部结构的这一承载特点，通常将地板梁结构和车身前纵梁、前横梁作为一个整体结构进行设计。车身底部前纵梁和后纵梁与地板结构的连接，一般采用交叉型梁设计原理，这对将碰撞时的力流分成许多分支传递有利，如图 1-16 所示。

（3）侧围及顶盖　车身侧围是决定车身整体弯曲刚度的重要部件。因此，对构成车身侧围的各种构件在设计时，既要考虑作为单独构件时的主要设计条件，又要考虑整体配合时的刚度平衡。图 1-17 所示为四门轿车的侧围结构。它们的结构及截面因生产厂家、车身类别及造型的不同而多种多样。顶盖都设有前后顶盖横梁，增加中间横梁的目的是提高顶盖的表面刚度。根据顶盖曲率、大小及钢板厚度的不同，顶盖横梁可设 1~3 根不等。

A 柱结构形状应确保前方视野和翻车时的安全性。前铰链柱和 B 柱下部主要起支撑车体的作用，大力开门或压门时，将会给车门铰链及限位

图 1-16　前碰撞力流的传递

器等安装部位施加很大的力，因此应设加强板等，以确保安装部位的刚度和强度。为确保造型和视野良好，往往将 B 柱做得较细，但通常这个部位要安装安全带固定装置，因此在保证其强度的同时，还要设加强板。C 柱从造型出发一般做得较宽，但要考虑后方视野。为确保 C 柱刚度和后座椅安全带固定装置的强度，C 柱内板往往要设加强板。上边梁一般为闭合式截面，但要考虑乘员的居室空间和翻车时的安全性。

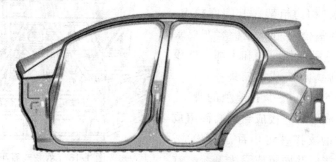

图 1-17　四门轿车的侧围结构

车身侧围的制造工艺有两种：一种是各部件单独冲压，然后焊接在一起构成车身侧围总成，这种方法可根据各部件所需强度和刚度分别选择板厚和材料，提高了材料的利用率，但是需要注意总成的接合方法和精度；另一种是外板整体冲压而成，这种方法可以简化模具和焊接设备，提高冲压精度，减少工作时序，但是由于板厚都一样，因此需要在必要部位增设加强板，还要注意材料的利用率。

（4）后部车身　后部车身是客舱后部的车身结构，一般指行李舱部位，其结构根据三厢车和两厢车大致分为两种。

三厢车后部车身的客舱和行李舱是隔开的，有连接左右车身侧围的后隔板（后座椅靠背支架）和行李舱隔板等。这种结构的后隔板和行李舱隔板是后部重要的横向隔板，是连接左右 C 柱、车身侧围及地板的构件，它对增加车身的扭转刚度起着很大的作用，是设计的重要部位。后围板在车身的最后部，是连接左右后翼子板的隔板，其不仅是形成行李舱的构件，还可提高车身的扭转刚度。后部加强板装在后围板上，是提高后围板刚度的重要部件。

两厢车后部车身的客舱和行李舱不是隔开的，即使是隔开的，也没有连接左右车身侧围的大型构件。这种结构不能像三厢车那样设置横向截面构件，因此必须确保开口部位本身的扭转刚度。后车门是开关频率高的部件，因此其安装铰链的地方要有足够的强度和耐久性。由于客舱和行李舱之间没有隔板，设计时还应对后部的降噪问题进行考虑。

三厢车的行李舱盖不仅具有防尘、防水功能，还是后部外观整体造型的主要部件。行李舱盖由外板和内板组成，内板还是外板的加强板、铰链和锁紧装置的安装部件。外板与内板是通过外板四周卷边与内板咬合，或根据需要进行焊接或粘接而成的。

两厢车的背门结构同三厢车的行李舱盖一样，由外板和内板组成，各钣金件都具有同行李舱盖相同的功能。背门内、外板的连接方法有用外板四周卷边加工的，也有在几处进行点焊的。

2. 客车车身构造

客车车身的主要结构件包括底架（车架）、骨架和蒙皮。

（1）底架与车架　非承载式客车车身有单独的车架，车身通过悬置与车架相连。客车多用梯形车架，以两根纵梁为主，中间布以横梁，纵梁外焊上支腿（俗称牛腿）。

现代客车车身多为承载式车身，它没有独立的车架，取而代之的是底架。底架多为型钢或冲压件焊接而成，称为桁架，其刚度较大，如图1-18所示。有些公交用低地板客车要求地板距地面很低，这种底架前端和中部一般设计成车架式，车身后端设计成桁架式。

（2）骨架　小型客车很少有单独的骨架，大多由内外板冲压成形后焊接成封闭断面组成骨架，某些支柱类的支撑件也由冲压件构成，与内、外覆盖件焊接后共同组成受力系统。这种结构质量小，结构也较简单。

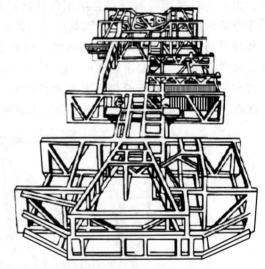

图1-18　承载式客车的底架

大型客车多采用骨架，用型钢、滚压件、冲压件构成纵、横梁形成网状骨架。骨架主要由前围、后围、左右侧围和顶盖几个单元组成。客车车身骨架如图1-19所示。

（3）蒙皮　大客车车身上的蒙皮可以分为两种，分别是应力蒙皮和预应力蒙皮。

应力蒙皮是将蒙皮先点焊定位于骨架上，再进行铆接，使蒙皮与骨架一起承载，故称应力蒙皮，它沿袭了飞机壳体的结构，如图1-19所示。这种蒙皮参与承载，因此顶盖可以使骨架比较细小，承力相对较小，车身自重较小，生产率高，但是车窗开口不能太大，窗立柱较粗，而且采用铆接装配，工艺复杂，工作过程中振动、噪声大，铆钉裸露在外，影响美观。

预应力蒙皮是指在车身侧壁的窗下梁至地板边梁之间，将一张大小为自车身前端第二立柱至最后第二立柱的薄板，放在平台上由专用胎夹具压平并拉伸约1‰，然后将胎夹具及贴实紧固的薄板整个吊装至骨架侧围相应部位的外边，进行贴合并将四周点焊，而蒙皮与中间各立柱不焊接，其间只加装衬垫物。撤去胎夹具后的蒙皮仍处于张拉应力状态，故又称张拉蒙

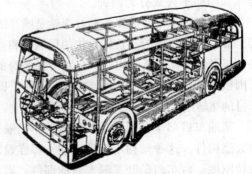

图1-19　客车车身骨架与应力蒙皮

皮。张拉蒙皮不参与承载，只在车身上起装饰作用（无铆钉、无接缝、表面光洁）。由于蒙皮受张拉应力，因此垂直于板面的刚度得以提高。

3. 货车车身构造

货车车身一般为非承载式结构，主要包括驾驶室和货箱。货车的分类方法主要依据用途而定，因此货车车身的结构也与此相关。货车可以分为普通货车、全挂牵引车、半挂牵引车、特种货车、集装箱运输车等。

（1）驾驶室　现代货车驾驶室按结构可分为：驾驶室位于发动机之后的长头式；驾驶室部分位于发动机之上的短头式；驾驶室完全位于发动机之上的平头式，如图1-20所示。大多数货车驾驶室都是非承载式的结构，通过3点或4点弹性悬置与车架连接。

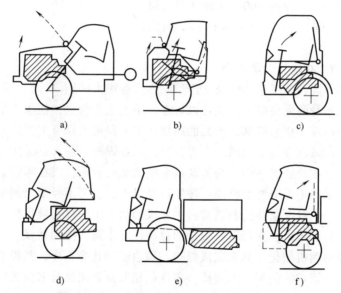

图1-20　货车驾驶室的类型及发动机安装位置
a）长头式　b）短头式　c）、d）、e）、f）平头式

（2）货箱　根据货车作用的不同，货箱可分为多种类型，如图1-21所示。有时也可根据其封闭情况将其简单分为封闭式（厢式）和开放式（栏板式）两大类。

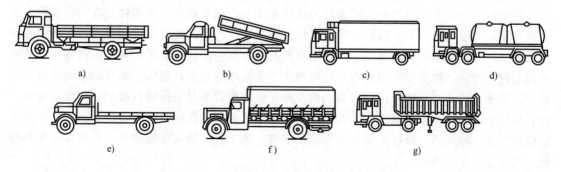

图1-21　货箱的类型
a）栏板式货箱　b）自卸式货箱　c）厢式货箱　d）罐式货箱　e）平台式货箱
f）篷式货箱　g）牵引-半挂式货车用货箱

第二节　车身制造的工艺特点

汽车车身属于大型薄壁结构，由于生产纲领不同，其生产方式有很大区别，以车身大型覆盖件的冲压和壳体的装焊为例，根据不同的生产纲领，生产方式可分为以下几种类型。

1. 单件生产
年产量在 300 辆以下为单件生产。

2. 成批生产
(1) 小批生产　年产量在 300~3000 辆之间。
(2) 中批生产　年产量在 3001~30000 辆之间。
(3) 大批生产　年产量在 30001~150000 辆之间。

3. 大量生产
年产量超过 150000 辆为大量生产。

由于生产类型不同，其工艺特点及生产组织方式有很大区别。

单件生产中，车身的大型覆盖件往往以钣金、手工工艺为主，使用少量的胎具和机械化工具，配备少量的拉深、成形模具，产品的质量在很大程度上靠手工工艺来保证。车身的装配是采用修配的方法来保证装配间隙的。焊接时，除点焊外，还大量采用气焊、电弧焊及二氧化碳气体保护焊。在涂装工序中，为了获得平整的车身表面，需在零件表面刮腻子、挂锡和打磨。表面处理采用手工清洗和喷漆。漆膜可经烘干，也可不经烘烤而采用自然干燥。

在小批生产中，车身覆盖件的制造常将主要成形加工工序放在液压机或机械式双动压力机上，用简易冲模拉深出来，然后将已成形的拉深件在滚剪、振动剪及一些专用胎具上按照样板用手工操作或使用机械化工具来完成修边、翻边和冲孔等工序，其模具比单件生产要多一些。车身的装配在固定的装配台上完成。零件的相互位置用夹具来保证，车身的形状精度较差。焊接以接触点焊为主。表面处理要经过简易清洗室、喷漆室和烘干室，操作仍为手工。产品运输使用一般的机械化装置，如电动葫芦或可在地面轨道上运行的轻便小车来完成。

近些年来，在单件生产和小批生产中，车身覆盖件的拉深和主要成形工序开始采用低熔点合金模具来完成，以保证车身的成形质量。

在中批生产和大批生产中，覆盖件的冲压基本上全部模具化。覆盖件是在一台或数台压力机上用模具压制出来的。由数台压力机组成的冲压生产线，常常要承担数种甚至数十种冲压件的生产，其性质属于流水性生产。车身及其主要部件的装配，采用多工位的各种形式的通用装配生产线。焊接以专用焊钳和焊枪为主，并采用少量多点焊机。车身的表面处理具有较完善的涂装生产线，如采用三室清洗机及磷化联合机对车身表面进行脱脂、清洗和磷化处理；采用电泳底漆或静电喷漆，以及红外线烘干室等新型的高效热源设备烘干。工序间的运输使用滑道、输送带、悬挂运输链及专用叉车等。施工工艺除人工操作外，部分实现半机械化、机械化和半自动化。

在大量生产中，机械化和自动化程度最高。车身覆盖件的冲压，有相当部分是在通用或专用冲压自动线或半自动线上完成的，其性质属于大量流水生产。车身及其部件的装配、焊接和涂装，大多是在专用生产线上进行的，这些专用生产线一般都实现了自动控制。

第三节 车身制造工艺

车身生产一般批量很大，白车身几乎全部都是由大大小小的冲压件经装焊而成。因此，车身的制造过程可概括为卷料开卷、板料冲压、装配焊接、检测调整、涂装装饰等程序，车身制造的主要工艺过程包括车身冲压、车身装焊、车身涂装。

一、车身冲压工艺

车身冲压件主要是指车身的内、外覆盖件，如驾驶室顶盖、发动机舱盖、车门、挡泥板等。这些冲压件是由薄钢板在双轴向拉伸应力的作用下产生变形而成为曲面覆盖件的。覆盖件的特征是具有形状复杂的空间曲面，要求表面光洁、刚性好和美观。这些要求是通过加工过程中工件产生足够的塑性变形并与模型相吻合而达到的。生产车身冲压件的工艺方法很多，简要介绍如下。

1．双动压力机拉深成形

用双动压力机拉深成形生产的轿车车身冲压件的件数、工序数和压力机的规格见表1-1。表中序号3和序号4中所列的冲压件，正在向连续自动冲压和多工序连续加工的方向发展。

表1-1 轿车车身冲压件拉深的数据

序号	冲压件名称	零件数/每辆车	工序数/每件	压力机吨位/t	工作台面积/mm×mm
1	顶盖、挡泥板、车身侧围板、地板、保险杠、发动机舱盖	8～12	3～6	600～1000	3500×2000～4000×2000
2	车门外板、行李舱盖板、仪表板、车轮罩、车身前边板、车身后边板、后窗与行李舱盖连接板等	20～26	5～6	400～500	2500×1500～2500×1700
3	行李舱托架、覆盖板、中门柱、前门柱等	约50	3～6	300～400	2150×1200～2150×1500
4	车门铰链、前围侧护板	20～30	2～6	250	1500×1000

这种工艺方法的主要内容是：在拉深开始之前，装夹于压力机外滑块上的压边圈先将薄钢板毛坯四周压紧在凹模上，安装在内滑块上的模具，再将钢板毛坯引入凹模内完成拉深成形。拉深之后，再经单动压力机上的配套冲模顺序进行修边、翻边、冲孔等工序，最后成为完整的合格产品。这种工艺方法历史悠久，技术完备，能成形各种形状复杂的车身覆盖件，因此被广泛采用。

2．张拉成形

张拉成形的内容是：先使薄钢板产生弹性极限范围内的单向张拉应力，以利于在以后压制成形时钢板各部分均能处于塑性变形状态，从而达到成形稳定、提高冲制精度的目的。其成形过程如图1-22所示。

如图1-22a所示，将毛坯置于夹持座内并夹紧，以预定的载荷进行单向拉深，载荷值由夹持座的位移控制。如图1-22b所示，毛坯夹持座下移，将毛坯压盖在下模上，其下移量由工作要求确定。如图1-22c所示，上模下落，与下模闭合，毛坯成形。成形过程中，毛坯夹持座在液压作用下使毛坯保持张力，而液压的"软"支撑作用，可以防止冲压件产生起皱或冲裂现象。上模到达下止点时,液压作用降为零,致使张力消失,以防止冲压件破裂和变形。如图 1-22d 所示,上模回升。如图 1-22e 所示,毛坯夹持座随之升起,冲压件脱模。然后毛坯夹持座松开,取出冲压件。上述张拉成形的全过程均可实现机械化。这种工艺方法可用于生产公交车和厢式汽车车身前后围下部及各种弯角门柱等。

3. 扩胀成形

扩胀成形是由四个车身冲压件组合成盒形的薄板冲压件的成形工艺。盒形的毛坯通过心部的内冲头组向外围的外冲模组做径向扩胀,使盒形毛坯处于张拉状态,然后外冲模组从四周朝内冲头组做径向移动,与内冲头组闭合,毛坯即成为四个冲压件。扩胀成形的工艺过程如图 1-23 所示。图 1-23a 所示为通过切断、卷圆、焊接和扩胀等工艺程序,制成盒形毛坯;图 1-23b 所示为把毛坯套入扩胀成形机内的内冲头组上,依次扩胀成形;图 1-23c 所示为成形好的毛坯;图 1-23d 所示为将成形好的毛坯送入切开机上切成四件。

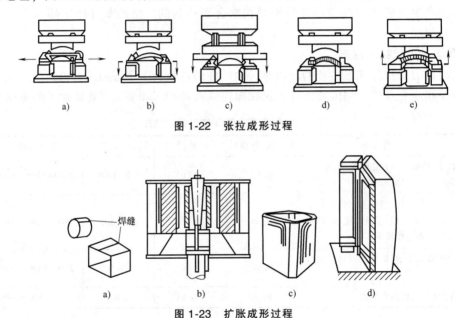

图 1-22 张拉成形过程

图 1-23 扩胀成形过程

用这种工艺方法生产轿车的车门,生产过程可以高度机械化。它可以一次生产一辆轿车的四种车门,也可以一次生产四个同一类型的车门,还可以用来压制发动机舱盖、翼子板、地板、前围、仪表板、顶盖、行李舱盖和油箱等半壳形零件。

此外,超声波振动冲压、爆炸成形、液电成形、电磁成形等工艺方法在车身制造中也得到应用。

冲压厂是车身厂的重要组成部分,下面简要介绍车身冲压厂。

(1) 车身冲压厂的组成 车身冲压厂一般由以下 8 个部分组成:①薄钢板卷料仓库;②卷料开卷落料生产线;③成垛落料毛坯的储存和输送系统;④冲压生产线;⑤冲压件储存和输送系统;⑥冲压废料的输送、分理、打包和储存系统;⑦模具的安装、调整、储存和维修系统;⑧设备和机械装置的维修和易损备件的更换系统。

(2) 车间的平面布置 图 1-24 所示为车身冲压车间的典型平面布置图,图中说明了冲压生产过程中组成部分所处的合理位置。

近年来,由于汽车工业迅速地发展而新建的大型车身冲压车间的组成,大体上与图1-24所示的相同,但其厂房结构和平面布置又不完全一样,概括起来有以下3个特点:

1)利用压力机的带形基础,建成二层楼的冲压车间,带形基础的钢梁上(即车间楼上)为压力机生产线,属于冲压生产系统,在带形基础的地沟内设废料处理系统,车间楼下为钢板卷料储存仓库。

2)钢板卷料通过专用铁道从楼上进入冲压车间,冲压废料通过另一条专用铁道从楼下送出冲压车间。

3)零件先装入集装箱,用叉车送往高架仓库,然后再分送至各装配生产线。

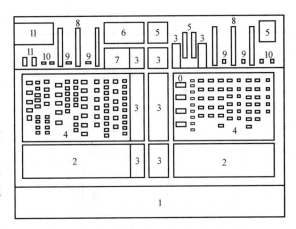

图1-24 车身冲压车间典型平面布置图
1—物料存放处 2—模具存放处 3—模具修理处
4—串联式冲压线 5—传送带式冲压线 6—卷料存放场
7—储藏库 8—落料生产线 9—钢板校平机
10—剪切机 11—辊式送料压力机

二、车身装焊工艺

装配焊接是车身制造中最重要的环节之一,它直接影响车身质量、生产率和经济性。提高装配精度和焊接质量是车身制造的核心工作。

焊接是一种不可拆卸的连接方法,在车身制造中获得了极为广泛的应用。表1-2列出了现代汽车生产中采用的焊接方法及其典型应用实例。在这些焊接方法中,由于电阻焊具有快速高效、变形小、辅助材料消耗少、易于掌握、易于实现机械化和自动化,以及污染小等优点,而且对于低碳钢制成的薄板车身零部件特别适用,所以在车身装焊中,得到了广泛应用。据统计,在轿车车身装焊中,电阻焊占比最大,其次为二氧化碳气体保护焊,其他焊接方法,如锡焊、气焊、高频钎焊等的占比很小。因此,电阻焊特别是电阻点焊在汽车工业中应用和发展很快。但是为了适应汽车工业发展的需要,现在还需不断地对焊接新技术、新工艺进行深入广泛的研究,以提高焊接质量和机械化、自动化水平,继续扩大电阻焊的应用范围,大力发展机器人点焊和二氧化碳气体保护的半自动和全自动焊,同时还应加强对激光焊、电子束焊、微弧等离子焊、摩擦焊等特种焊接方法在装焊中的应用研究。

表1-2 现代汽车生产中采用的焊接方法及其典型应用实例

焊接方法			典型应用实例
电阻焊	点焊	悬挂点焊钳(手工或机械手)	车身总成、车身侧围分总成
		间定焊机	小型零部件
	多点焊	压床式多点焊机	车身地板总成
		C形多点焊机	车门、发动机舱盖、行李舱盖总成
	凸焊		螺母、小支架
	缝焊	悬挂缝焊钳	车身顶盖流水槽
		固定焊机	汽油箱总成
	闪光对焊		后桥壳管、车轮轮辋

(续)

焊接方法			典型应用实例
电弧焊	CO_2 气体保护焊	半自动	车身总成
		自动	后桥壳、消声器
	氩弧焊		车身顶盖后两侧接缝
	焊条电弧焊		厚料零部件
	埋弧焊		重型后桥壳
气焊	氧乙炔焊		车身总成补焊
	钎(铜、银)焊		铜和钢件
	锡焊		散热器
特种焊	微弧等离子焊		车身顶盖后角板
	电子束焊		齿轮
	激光焊		车身底板
	摩擦焊		后桥壳管与凸缘转向器

三、车身涂装工艺

车身的表面涂装，不仅起着防腐蚀、防氧化、提高使用寿命的作用，而且是美化车身的主要工艺手段。

涂层美观是汽车产品的性能指标之一，除造型外，涂层质量（外观、光泽、颜色等）的优劣，给人以直观的感觉，甚至直接影响汽车的销售。因此，在车身制造中，涂装工艺占有重要的地位。

车身涂装属于多层涂装，由于各种汽车使用条件和环境不同，车身的涂装工艺也各不相同，但概括起来可分为以下三个基本体系：

1）第一涂装体系：涂三层烘三次体系，即底漆涂层—中间涂层—面漆涂层，三层分别烘干。

2）第二涂装体系：涂三层烘两次体系，涂层次数同上，但底漆涂层不烘干，涂中间涂层后一起烘干，因而烘干次数由三次减为两次。

3）第三涂装体系：涂两层烘两次体系，即底漆涂层—面漆涂层，两层分别烘干，无中间涂层。

选用原则：外观装饰要求高的轿车车身、旅行车和大型客车车身采用第一、第二涂装体系；轻型及部分中型载货汽车的驾驶室及覆盖件，一般采用第二、第三涂装体系；中重型载货汽车车身一般采用第三涂装体系。

采用第一涂装体系时，其工艺流程为：脱脂清洗→磷化→干燥→涂底漆→烘干→打磨→干燥→涂中间层→烘干→打磨→干燥→涂面漆→烘干。

采用第二涂装体系时，其工艺流程为：脱脂清洗→磷化→干燥→涂底漆→打磨→干燥→涂中间层→烘干→打磨→干燥→涂面漆→烘干。

采用第三涂装体系则无中间涂层及其烘干、打磨和干燥等工序。

第四节 车身制造技术的发展

一、车身新材料与新工艺的应用

1. 车身材料发展

为兼顾轻量化与碰撞安全性，普通钢板和管材用量逐渐减少，而高强度钢用量增加。同时，铝合金和塑料及其复合材料的用量也增加较快，但价格较高制约其进一步扩大应用。目前，车身中已采用的轻量化材料主要有高强度钢、铝合金、复合材料、塑料、镁合金等。下面将对各种材料的优缺点、力学性能、加工工艺与结构设计方法、经济性和轻量化效果进行分析。表1-3列出了车身常用各种轻量化材料性能比较。由于数据来源不一，表中数据仅供参考。

表1-3 车身常用各种轻量化材料性能比较

材料	密度/(g/cm^3)	抗拉强度/MPa	弹性模量/GPa	加工耗能指数
钢	7.8	300~1200	210	6.3(低碳钢)
铝合金	2.6~2.7	150~680	70	1.8
镁合金	1.7	100~380	45	1
片状模塑料(SMC)	1.2~2.8	30~200	12	
玻璃纤维毡增强热塑性复合材料(GMT)	1.2~1.4	60~120	3~10	
树脂传递模塑(RTM)工艺复合材料	1.2~1.6		8~12	

车身外板材料的选择主要考虑喷漆烘烤后具有高的屈服强度，能抵抗冲击，同时具有耐腐蚀、抗老化特性，并在成形后有好的形状冻结性。车身内板由于形状复杂，需要具有较好的拉延成形性以及与其他零件之间较好的连接特性。

（1）高强度钢 高强度钢是指屈服强度为210~550MPa的钢，屈服强度超过550MPa的为超高强度钢。国际钢铁协会（IISI）《先进高强度钢应用指南（第三版）》中将高强度钢分为传统高强度钢（CHSS）和先进高强度钢（AHSS），传统高强度钢主要包括碳锰（C-Mn）钢、烘烤硬化（BH）钢、高强度无间隙原子（HSS-IF）钢和高强度低合金（HSLA）钢。AHSS主要包括双相（DP）钢、相变诱导塑性（TRIP）钢、马氏体（M）钢、复相（CP）钢、热成形（HF）钢和孪晶诱导塑性（TWIP）钢。AHSS的强度较高，主要应用于汽车结构件、安全件和加强件，如A/B/C柱、车门槛、前后保险杠、车门防撞梁、横梁、纵梁、座椅滑轨等零件。先进高强度钢具有较低的屈强比、较高的应变分布能力和较好的应变硬化特性，且力学性能更加均匀、回弹量波动小。同时，其碰撞吸能性较好，疲劳寿命也较高。

目前，钢铁材料在汽车车身上的使用仍保持相对稳定的主导地位，但是其内部结构已发生很大变化。主要变化趋势是：高强度钢的用量将有较大增长，而中、低强度钢的比例将会逐步下降。例如，北美开发的PNGV-Class级轿车，其车身全部采用高强度钢，质量只有218kg，与全铝车身相当。

汽车使用的高强度钢主要为板材与管材，车身上以板材为主。此外，采用液压成形技术生产的高强度钢构件也越来越多，如发动机托架、散热器支架、仪表板横梁、座椅骨架以及轻型车后桥壳和车架等。事实上，高强度钢已成为颇具竞争力的汽车轻量化材料，它在抗碰撞性能、耐蚀性能和成本方面较其他材料具有较大的优势。

（2）铝合金

1）铝合金的优点：

① 具有高的比强度。

② 由于具有良好的塑性，可以采用冲压的方法进行加工，基本上不改变结构就可以使用原来的钢板冲压件的模具，对现在生产中的车型可快速实现轻量化。

③ 可焊接，具有良好的耐蚀性，回收利用性好。

④ 弹性模量小，因而可以较好地吸收撞击能量（吸收冲击的能力是钢的两倍），有利于在发生事故时保证乘员的安全。

⑤ 密度小（约为钢铁的1/3），可使整车质心降低，对提高汽车行驶稳定性有利。同时，还可以带来累进效应，发动机和底盘都可以相应减轻。

2）铝合金的缺点：

① 成形性还需继续改善。铝合金板材的局部拉延性不好，容易产生裂纹。如发动机舱盖内板因为形状比较复杂，为了提高其拉延变形性能采用高级铝合金，伸长率已超过30%，但仍比钢差，所以在结构设计时要尽可能地保证形状不突变，使材料容易流动以避免拉裂。

② 尺寸精度不容易掌握，回弹难以控制，在形状设计时要尽可能采用回弹少的形状。

③ 因为铝的硬度比钢小，在生产和运输中的碰撞和各种粉尘附着等易使零件表面产生碰伤、划伤等缺陷，所以要对模具的清洁、设备的清洁、环境的粉尘、空气污染等方面采取措施，确保零件的完好。

④ 不能像钢板那样采用磁力搬运和传递，要设计新的方案。

（3）镁合金

1）镁合金的优点：

① 密度小（约为钢的1/4，铝的2/3），比强度（强度与密度的比值）高。

② 具有良好的压铸经济性、尺寸稳定性和机械加工性能，其板材的抗凹性也较强。

③ 镁是地球表面含量丰富的金属元素。

④ 吸振性好，受冲击载荷时吸能性也较好。

2）镁合金的缺点：

① 抗盐水腐蚀性差，与钢接触易产生电化学腐蚀。

② 疲劳强度比铝合金和钢差，铸造的综合成本比铝合金高。

③ 焊接性差，硬度低。

近年来镁在汽车中的应用一直以较快的速度增长，尽管目前全球每辆汽车镁合金的平均用量仍不高，但是汽车用镁正以年均约20%的速度迅速增长，汽车上使用的镁压铸件对减小质量和提高性能十分有利，镁合金已成为汽车材料技术发展的一个重要领域。图1-25所示为用镁合金制造的汽车零件。

（4）塑料及复合材料件设计　塑料由于质量小、抗疲劳、易成型，在汽车内饰中有广泛应用。其优点是可将复杂零件做成一体，质感好。但缺点是易老化、难回收。

车身塑料主要采用注塑成型。其过程为：颗粒状的高分子材料（塑料）经过注塑机螺杆的挤压和加热，成为熔融状态的、可以流动的熔体。在螺杆的推动下，塑料熔体通过注塑机喷嘴，模具的主流道、分流道和浇口进入模具型腔，成型出具有一定形状和尺寸的制品。

目前注塑成型法已在整个仪表板、油箱、保险杠、轮罩内衬、车顶、车门、转向盘、行李舱盖等零件制造中得到应用。

为进一步提高塑料的力学性能，以塑料为基体的复合材料逐渐得到更多的应用。

复合材料是指由两种或两种以上不同性质的组分材料，通过复合工艺，在宏观上组成具有新性能的多相材料。其中有一相是连续的，称为基体相，

图 1-25　用镁合金制造的汽车零件

另一相为分散的，被基体包容，称为增强相，它们之间的交界面称为界面相。由于复合过程的物理或化学变化，各组分材料通过彼此在性能上取长补短，使复合材料的综合性能优于原组成材料而满足各种不同的要求。

复合材料的特点：

1）轻质高强。普通碳钢的密度为 $7.8g/cm^3$，玻璃纤维增强树脂基复合材料的密度为 $1.5 \sim 2.0g/cm^3$，只有普通碳钢的 $1/5 \sim 1/4$，比铝合金的密度还要小，而机械强度却超过普通碳钢。若按比强度计算，玻璃纤维增强的树脂基复合材料不仅大大超过碳钢，而且可超过某些特殊的合金钢。碳纤维复合材料、有机纤维复合材料具有比玻璃纤维复合材料更低的密度和更高的强度，因此具有更高的比强度。

2）耐撞击，断裂韧度高。玻璃纤维增强复合材料的抗撞击断裂能力是钢的 5 倍以上。复合材料的抗撞击断裂能力要比一般的金属材料强得多。

3）减振、隔声性能好。复合材料高的自振频率避免了结构工作状态下因共振而引起的早期破坏。同时，复合材料中的纤维与黏弹性聚合物基体界面具有吸振能力，因此其振动阻尼很高。对相同形状和尺寸的梁进行的试验可知，铝合金梁需 9s 才能停止振动，而碳纤维复合材料梁只需 2.5s 就能停止振动。此外，复合材料的抗声振特性也是很好的。用复合材料制成的汽车车身，具有良好的减振、隔声效果，从而改善了乘坐舒适性。

4）设计性好。复合材料可以根据不同的用途要求，灵活地进行产品设计，具有很好的设计性。对于结构件来说，可以根据受力情况合理布置增强材料，以达到节约材料、减小质量的目的。对于有耐腐蚀性能要求的产品，设计时可以选用耐腐蚀性能好的基体树脂和增强材料，对于其他一些性能要求，如介电性能、耐热性能等，都可以方便地通过选择合适的原材料来满足。复合材料良好的设计性还可以最大限度地克服其弹性模量、层间剪切强度低等缺点。

5）电性能好。复合材料具有优良的电性能，通过选择不同的树脂基体、增强材料和辅助材料，可以将其制成绝缘材料或导电材料。

6）耐腐蚀性能好。聚合物基复合材料具有优异的耐酸性能、耐海水性能，也能耐碱、盐和有机溶剂，因此，它是一种优良的耐腐蚀材料，用其制造的化工管道、储罐、塔器等具有较长的使用寿命和极低的维修费用。玻璃纤维增强的聚酯基复合材料的耐腐蚀性能比金属

材料好很多，这就从根本上解决了作为汽车车身覆盖件材料的耐腐蚀问题。

7) 热性能好。玻璃纤维增强的聚合物基复合材料具有较低的导热系数，只有金属的 1/1000～1/100，是一种优良的绝热材料。选择适当的基体材料和增强材料可以制成耐烧蚀材料和热防护材料。汽车车身外板覆盖件采用玻璃纤维增强的 SMC 材料，使用温度可以达到 200℃，并可在较宽的温度范围内保持尺寸的稳定和原有的外形。

8) 工艺性能优良。纤维增强的聚合物基复合材料具有优良的工艺性能，可以通过缠绕成形、接触成形等复合材料特有的工艺方法生产制品。它能满足各种类型制品的制造需要，特别适合于大型、形状复杂、数量少制品的制造。能用模具制造的复合材料构件，可一次成形，从而减少了零部件、紧固件和接头的数目，并可节省原材料和工时。

9) 老化现象。在自然条件下，由于紫外线、湿热、机械应力、化学腐蚀的作用，会导致复合材料的性能变差，即发生所谓的老化现象。复合材料在使用过程中发生老化现象的程度与其组成、结构和所处的环境有关。

目前塑料及其复合材料主要应用于车身、仪表板、前后保险杠、顶篷、座椅、车轮罩以及油箱、散热器冷却液室等部件。热固性复合材料在车顶、行李舱盖、翼子板、车身外覆盖件上有一些应用；热塑性复合材料在吸能保险杠、前端框架、仪表板骨架、备胎室、车门骨架、车身底部护板有应用。此外，GMT 材料也有很多应用。

碳纤维增强复合材料是制造汽车覆盖件的非金属材料，在减小车身质量的同时，也能保持防撞性能。目前，宝马（BMW）公司已在其开发的 Z-9、Z-22 车中大量采用碳纤维增强复合材料车身结构件，2003 年 M3 系列车型上的顶盖和车身结构部件采用碳纤维增强复合材料。大众汽车公司在"2L 车"CC1 研究项目中，应用了较多的碳纤维复合材料，其中用于车身的比例高达 45%。由于目前碳纤维的价格偏高，碳纤维增强复合材料车身仅仅是在高档车型或小批量车型上得到实际应用，今后随着大丝束碳纤维价格的进一步下降，预计将应用于更多的车型。可以说，未来潜在市场前景巨大。

2. 车身成形与连接工艺发展

（1）液压成形和内高压成形　液压成形是一种板料柔性成形技术。它采用液态的水、油或黏性物质作为传力介质，代替凹模和凸模，使坯料在传力介质的压力作用下，贴合凸模或凹模而成形，是用于形状复杂、强度高、成形性能差的材料的理想成形方法。液压成形已用于钢板和铝合金板成形。

内高压成形（Tube Hydro-Forming，THF）是在钢管内增加轴向力和内压力制造空心闭合截面结构部件的技术，适合于用碳钢、特殊钢、不锈钢、铝合金、铜合金等材料制造的几何形状复杂的空心件（如变径管、空心变截面梁）。其原理是：先将管材置于一定形状的模具中，在管件内部加入高压流体（目前主要以水为主），辅以轴向施加压力补偿，把管料压入模具腔体内成形。其成形所需的液压力一般约 200MPa，特殊状况下甚至高达 400MPa。其成形原理及成形后的零件形状如图 1-26 所示。内高压成形已

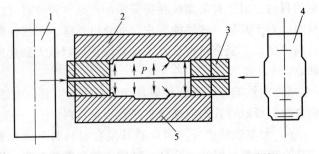

图 1-26　金属管液压成形原理与成形后零件
1—管坯　2—上模　3—轴向压头　4—零件　5—下模

在汽车 A 柱、B 柱、仪表板横梁、车顶梁、侧门横梁、车架、散热器托架和发动机托架零件上应用。

内高压成形技术和传统的金属板冲压点焊成形相比具有如下特点：

1）一次成形，避免了连接。汽车上使用管件液压成形的空心结构件可使质量减小 20%～30%。

2）减少半成品零件数量。在成形过程中可一次加工出如发动机托架、顶盖板架、门框等大型复杂形状工件。与冲压焊接件相比，副车架零件由 6 个减少到 1 个；散热器支架零件由 17 个减少到 10 个。

3）降低模具费用。仅需要一套模具，而冲压后再焊接则需要多套冲压模具。

4）减少后续机械加工和组装焊接量。以散热器支架为例，焊接点由 174 个减少到 20 个，制造道次由 13 道减少到 6 道，生产效率提高 66%。

5）提高强度、刚度及疲劳特性。成形过程中液体具有冷却作用，使工件被"冷作强化"，获得比一般冲压加工更高的工件强度。

6）降低生产成本。某公司对已应用的产品进行分析，管件液压成形件比冲压焊接件成本平均降低 15%～20%，模具费用降低 20%～30%。

7）创新性。应用于新产品设计开发。

（2）激光拼焊板　拼焊板技术主要用于汽车工业，近几年发展很快。拼焊板技术原来是为解决板材宽度不足的问题的，目前则大量用于将不同强度和不同厚度或不同表面处理状态的零件毛坯通过激光焊连成一体，然后一次冲压成形，减小了模具数量和后续工序数，提高了效率，保证了零件生产和装配质量，减少了材料消耗，减小了质量，也有利于今后的回收。例如，一辆汽车采用拼焊板后零件的质量可降低 24%，零件数减少 19%，焊点数减少 49%，生产时间降低 21%。

拼焊板技术是目前满足车身零部件各部位功能要求、材料选择、板材尺寸、焊缝位置、成本、质量、强度和稳定性的综合优化的有效工艺技术。拼焊板的焊接方法有激光焊、电阻辊压焊、感应焊和电子束焊等。激光拼焊是目前较受欢迎的一种。它利用激光的高能量熔化钢板，达到焊接的目的，具有疲劳强度高、焊缝硬度增加、影响范围小、焊缝窄、表面平、接头塑性好、焊接时间短、成本稍低等优点，但设备投资较高。

目前，大部分车门内板都应用了激光拼焊技术，如图 1-27 所示。其关键技术包括板材厚度和材料品种的选择、焊缝位置的确定、冲压成形工艺成败的分析等。

图 1-28 所示为激光拼焊板与基板成形极限图，图中数据分别为钢板厚度与屈服强度。可见，由于焊缝的存在，材料变形受到牵制，主应变明显降低。对于平面应变状态极限点，基板的主应变达 44%，而拼焊板只有 30%，说明焊缝处的成形性较母材降低，因此，焊缝位置应避开几何突变处以防主应变过大。从安全区的变形余裕度看，最大应变为 14%，距离 30% 尚有 16% 的安全余裕度。

此外，变厚度板材轧制技术可有效避免不同厚度板材焊缝偏移及开裂问题。若将拼焊板或变厚度板用于热冲压成形还可进一步提高其成形性和冲击强度，可用于汽车 A/B 柱及防撞梁。

（3）托克斯（TOX）连接

托克斯连接是可塑性薄板的不可拆卸式冲压点连接技术。采用托克斯气液增力缸式冲压

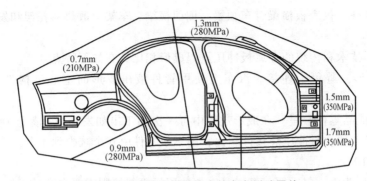

图 1-27 采用激光拼焊技术的车身侧壁零件

设备及托克斯标准连接模具,在一个气液增力的冲压过程中,依据板件本身材料的挤压塑性变形,而使两个板件在挤压处形成一个互相镶嵌的圆形连接点,由此将板件点连接起来(图 1-29),该工艺与点焊及铆接工艺在性能、费用、工艺过程等方面的对比见表 1-4。

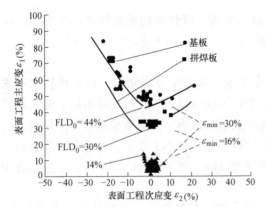

图 1-28 激光拼焊板与基板成形极限图
FLD_0—应变为 0 的平面应变点 ε_{min}—次应变

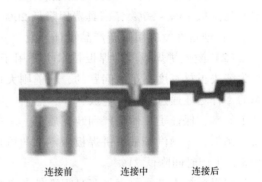

图 1-29 托克斯连接原理图

表 1-4 三种连接方式比较

性能	点焊	铆接	托克斯	性能	点焊	铆接	托克斯
动态强度	较低	较低	极高	可靠性	低	高	极高
投资费用	高	高	低	表面漆、层镀层损伤	会	会	无
连接费用	高	很高	很低	与黏结剂综合使用	不可能	可能	很好
能耗	高	高	低	重复性	一般	好	很好
辅助材料	无	铆钉	无	操作复杂程度	简单	复杂	很简单
辅助工序	无	冲孔、压铆	无	工作环境	很差	差	很好

二、车身生产自动化与柔性制造技术的应用

随着电子技术、计算机技术、机器人技术和人工智能技术的迅速发展,车身制造技术也进入了快速发展阶段。汽车消费市场需求的个性化和多样化,使汽车制造过程从传统的单一品种、大批量生产向多品种、中小批量生产转化。生产的批量性特点趋于复杂,安装零件的

品种、数量进一步增多,对零部件的接收、保管、供给、装配作业指导等都提出了新的要求。

1. 机器人技术

随着机器人的功能和控制技术的发展,机器人被广泛地应用到了各汽车公司的生产线上。机器人的使用,不仅减轻了工人的劳动强度,使装配厂里的人数大大减少,还可以减少故障和事故的发生,提高劳动生产率。如英国罗孚集团的装配厂使用的风窗玻璃安装系统,装备了带有激光器的机器人、摄像机和电子计算机。首先,摄像机确定车身位置,然后按照控制器的指令,两台机器人举起准备好的风窗玻璃送到检查工位,检查工位上配备的视觉系统计算机检查风窗玻璃的形状和尺寸,在风窗玻璃与所要求的参数相适应时,机器人即可将风窗玻璃安装到窗框中。国内的一些汽车公司也将机器人技术应用到了汽车车身制造和装配线上,图1-30所示为车身冲压自动化线,图1-31所示为车身焊接自动化线,图1-32所示为汽车装配机器人。

图1-30 车身冲压自动化线

图1-31 车身焊接自动化线

图1-32 汽车装配机器人

2. 柔性生产装配线

柔性生产装配线是指能够同时满足一个或多个系列汽车产品生产要求,可以灵活改变夹具及运行方式,以适应无法预知的产品更新变化后的同类汽车产品装配需要的生产线。因此,企业要利用一次改造在一个相当长的时期内满足日益变化的多种车型混线生产的要求,同时又具有高的生产率,唯一的途径就是采用可以满足大量生产要求的柔性装配线。图1-33所示为德国宝马汽车公司的柔性装配线。柔性装配线不仅能满足和适应生产工艺和产品迅速变化的要求,还可以节省人力,提高产品质量。柔性装配线具有以下特点:

1) 灵活的运行速度,可以适应不同生产节拍要求。

2) 积放功能,使装配工时具有弹性。

3) 被输送的产品能在任意位置停止,以满足不同产品、不同装配内容的不同操作要求,并便于实现自动化装配。

4) 具有可编程操作控制系统。

5) 夹具具有灵活的装夹方式和支撑方式,能适应多品种的装配要求。

图1-33 宝马汽车柔性装配线

在汽车装配生产中,柔性装配输送线的主要形式有积放式悬挂输送机、自动葫芦输送机和滑撬式输送系统。

3. 模块化装配

模块化装配不仅可以大大减少总装线上的装配时间、降低生产成本、提高产品的可靠性,而且便于实现自动化装配,图1-34所示为模块化装配线。德尔福公司是模块化供应的倡导者和领先者,德尔福公司首先提出了模块化的新概念,并率先向奔驰公司在美国生产的M级车供应前座舱模块。模块化装配结构一般包括:

1) 车门模块。在车门分装线上,以内板为中心将门锁、玻璃、玻璃升降器及密封护板等用螺栓安装于其中部,再将其与车门外把手、车门铰链、密封条及玻璃滑轨安装在一起,形成车门模块,然后再将其装到车身上。

2) 仪表板模块。在模块骨架上安装仪表板、空调、离合器踏板、制动踏板及转向柱等,分装好后检查仪表和开关的技术性能,然后装到车身内。

3) 底盘部件模块。将分装好的发动机和变速器总成、前悬架总成、后悬架总成、传动轴、排气管、油箱等底盘部件在线下合装好后,再装入车身。

4) 车头模块。指安装于车身前端覆盖件上的前照灯、防雾灯、喇叭、发动机舱盖锁和散热器罩等。

图1-34 模块化装配线

三、车身尺寸精度与质量控制技术

车身精度主要是指车身零件的尺寸精度、几何精度和装配精度。也就是说,除了零件的外形精度要求外,还须有安装硬点的装配尺寸精度要求。尤其是作为装配基础的部件,如地板总成、门内板分总成等,是车身其他部件或总成的装配基础。装配尺寸精度是由装配夹具来保证的，必须严格控制装配夹具的尺寸精度，这样才能保证车身总装后的尺寸精度，如门与门框的配合间隙、车身表面零件接缝处的齐平度等。所有零件的设计公差和装配调整公差都要制定得合理。有关车身工艺分块、产品定位参考点（主控制点）的逐级设计及车身制造精度分解体系等技术方法的掌握都至关重要。每个零件的设计、制造、检测和装配都要努力做到在统一的定位参考系统下进行，这样才能够保证车身的整体精度。可见，提高车身产品尺寸精度必须从产品设计开始，并贯穿于整个产品开发过程。图 1-35 所示为国内某整车生产厂的车身制造激光在线测量系统，采用机器人式在线检测装置对焊接车身部件进行100%非接触式激光测量，对生产过程的工艺状态进行实时掌控，从而实现对产品质量的过程控制。

图 1-35　车身制造激光在线测量系统

1. 车身制造 "2mm 工程"

（1）概述　车身工程是个庞大而复杂的系统工程，从设计到制造的每个阶段都影响车身的综合尺寸精度。例如，车身设计的尺寸偏差，冲压工艺参数、模具磨损、回弹等形成的冲压件尺寸偏差，装配夹具定位、夹紧元件磨损或夹具设计不合理形成的装配件尺寸偏差，焊接规范不合理或材料性能问题带来的焊接变形等，都会影响车身的综合尺寸精度。

为满足大量生产时零部件的互换性并满足客户对产品的要求，车身产品尺寸精度问题一直困扰汽车行业。尤其是在当今结构轻量化的要求下，为了减小质量，略有超载或制造偏差时，就可能丧失功能，失去安全性和耐久性。例如，车门与门框的配合偏差直接影响车门的关闭性能和密封性，引发风噪声，影响外观，进而影响产品价值，失去市场竞争力。20 世纪 80 年代末，美国轿车车身的综合尺寸偏差为 7~8mm，明显低于日本的 2mm 水平，因此失掉了近 30% 的国内市场份额。在这种情况下，20 世纪 90 年代初，美国开展了车身制造"2mm 工程"研究，在短短三年内就使车身制造水平赶上了世界先进水平，制造偏差缩减到 2mm，迅速夺回了市场份额。

汽车产品"2mm工程"就是从系统的观点出发,对汽车产品采用车身制造综合误差指数,即六倍标准差"6σ"来控制车身制造质量,从而用最经济的制造成本提高汽车产品的整体质量。这个综合误差指数不是车身制造质量测量数据的实际偏差,而是车身制造尺寸稳定性指标系统分析后的综合评价。目前,国外汽车企业不但在整车制造上应用"2mm工程"的原理,而且在零部件制造上也应用"2mm工程"的原理。可以说该工程是一个国家制造业技术水平的综合反映。

"2mm工程"的本质是建立数据驱动的制造质量控制体系,通过对制造数据建模分析来识别车身制造尺寸偏差源,保证车身制造工艺的稳定性,最终提高整车的配合精度。其核心是采用先进的车身测量技术,建立从冲压工艺、加工装备到装配过程协调一致、高效的测量系统,并通过数据分析和积累,将人为的经验管理上升到科学管理。

(2)"6σ"质量工程 在三坐标测量机(Coordinator Measuring Machine,CMM)坐标测量系统中,一批白车身上,同样的一个尺寸检测点所测得的数据可被认为是一个随机变量,并且大量的实践经验与理论分析表明,测量偏差服从正态分布。若随机变量 x 服从正态分布,则 x 的概率密度为:

$$f(x) = \frac{1}{\sqrt{2\pi}\sigma} \exp\left[-\frac{(x-\mu)^2}{2\sigma^2}\right] \quad (1-1)$$

式中 μ ——均值,$\mu = \frac{1}{n}\sum_{i=1}^{n} x_i$;

σ ——标准差。

$$\sigma = \sqrt{\frac{1}{n-1}\sum_{i=1}^{n}(x_i - \mu)^2} \quad (1-2)$$

$f(x)$ 曲线(图1-36)有如下特点:

1)曲线对称于 $x = \mu$。

2)$f(x)$ 最大值在 $x = \mu$ 处,为 $\frac{1}{\sqrt{2\pi}\sigma}$。

3)在 $(-\infty, \mu)$ 内单调递增,在 $(\mu, +\infty)$ 内单调递减。

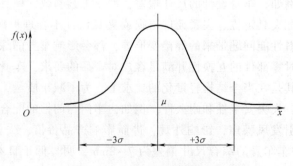

图1-36 尺寸数据的正态分布

经过计算,分别在 μ 附近 σ、2σ、3σ 范围内对 $f(x)$ 积分,有下面的等式:

$$\begin{cases} \dfrac{\int_{\mu-\sigma}^{\mu+\sigma} f(x)\mathrm{d}x}{\int_{-\infty}^{\infty} f(x)\mathrm{d}x} = 68.3\% \\[2mm] \dfrac{\int_{\mu-2\sigma}^{\mu+2\sigma} f(x)\mathrm{d}x}{\int_{-\infty}^{\infty} f(x)\mathrm{d}x} = 95.4\% \\[2mm] \dfrac{\int_{\mu-3\sigma}^{\mu+3\sigma} f(x)\mathrm{d}x}{\int_{-\infty}^{\infty} f(x)\mathrm{d}x} = 99.7\% \end{cases} \qquad (1\text{-}3)$$

式（1-3）表明，在正态分布下，几乎所有的点都落在 6σ 的范围内。

因此，如果产品某检测点名义尺寸为 $x_0(=\mu)$，按正态分布的原则，其公差可取为 $\pm3\sigma$，如图1-37所示，分等级如下：

1) $|x-x_0| \leq \Delta x/3$ 为 A 级精度，约占68.3%（优）。
2) $\Delta x/3 < |x-x_0| \leq 2\Delta x/3$ 为 B 级精度，约占27.2%（良）。
3) $2\Delta x/3 < |x-x_0| \leq \Delta x$ 为 C 级精度，约占4.2%（合格）。
4) $|x-x_0| > \Delta x$ 为 D 级精度，约占0.3%（不合格）。

可见，σ 是衡量测量数据稳定性或重复性的重要参数。"2mm工程"的实质就是控制 $6\sigma \leq 2\mathrm{mm}$。

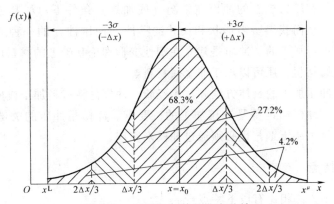

图1-37 测量数据等级分布特性

2. 车身产品尺寸管理

为了保证产品质量，各大汽车公司都设有尺寸管理部门，其主要任务是将客户对产品质量的要求转变为尺寸目标，包括总体尺寸和精度（Global Dimensioning and Tolerance, GD&T），将精度目标分派到各级，制订定位参考策略并进行精度优化等。

车身制造精度问题从产品的开发阶段就要考虑。从设计到制造的每个工艺过程，都要围绕总目标（例如"2mm工程"）加以落实，才能保证车身的总体装配精度。这就要求设计部门、生产部门和质量检验部门协同起来进行产品尺寸管理，共同开发创建产品的质量体系。

第二章 冲压工艺

第一节 冲压工艺的特点与分类

一、基本概念

冲压是利用安装在压力机上的冲模在常温（或加热）条件下对材料施加压力，使其产生分离或塑性变形，从而获得所需形状和尺寸的零件（冲压件）的一种成形加工方法。冲压通常是在室温下进行加工的。冲压是建立在塑性变形理论基础上的材料成形工程技术，冲压不仅可以加工金属材料，还可以加工非金属材料。

冲压工艺是指冲压加工的具体方法和技术经验，冲模是将材料加工成所需零件的一种工艺装备。冲压工艺、冲模和设备是冲压加工的三要素。冲模是冲压的关键，冲模不符合要求，冲压就无法进行，冲压工艺也必须通过冲模来实现。

二、冲压的特点

冲压与其他加工方法相比有以下特点：
1) 冲压件的尺寸精度由模具保证，所以质量稳定，互换性好。
2) 可冲压出形状复杂的两个冲压件，废料少，材料利用率高。
3) 可获得强度高、刚性好、质量小的冲压件。
4) 冲压操作简单，工艺过程便于实现机械化、自动化，生产效率高。
5) 冲模制造复杂、要求高，生产周期长，冲模制造成本高。
6) 不宜用于单件或小批量生产。

由于冲压的特点，冲压在工业生产中，尤其在大批量生产中得到广泛应用。在汽车、拖拉机、电器、电子、国防及日用品行业越来越多地采用冲压加工产品的零部件。

总之，冲压生产是一种优质、高效、低消耗、低成本的加工方法，在工业生产中应广泛推广使用冲压技术。

三、冲压的分类

冲压加工的零件，由于形状、尺寸、精度要求、生产批量、原材料性能等各不相同，因此生产中所采用的冲压工艺方法也不相同，概括起来可分为分离工序和成形工序两大类。

分离工序是指使板料按一定的轮廓线分离而获得一定形状、尺寸和切断面质量的冲压工序；成形工序是指使坯料在不破裂的条件下产生塑性变形而获得一定形状和尺寸的冲压工序。

按冲压方式的不同又有多种基本工序，见表2-1~表2-4。

表2-1 车身工艺中常见的分离工序

工序名称	工序简图	工序特征	模具简图
切断	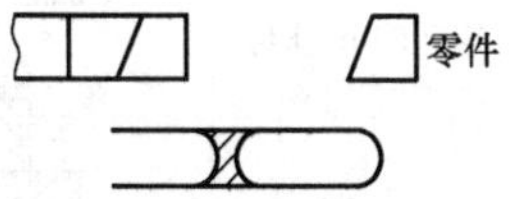	用剪刀或模具切断板料，切断线不是封闭的	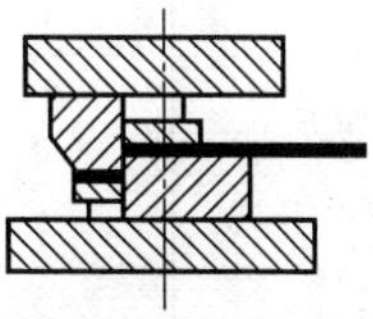
落料	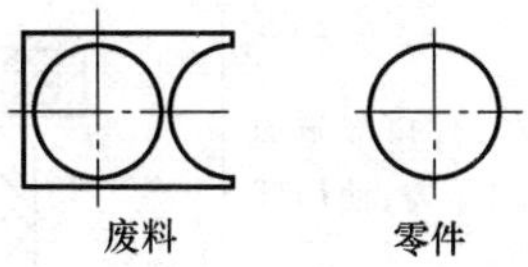	用模具沿封闭线冲切板料，冲下的部分为工件	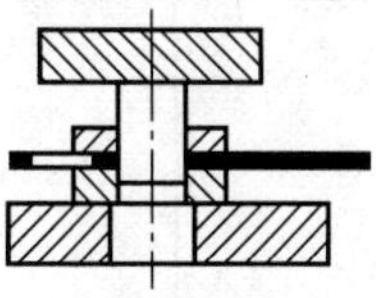
冲孔	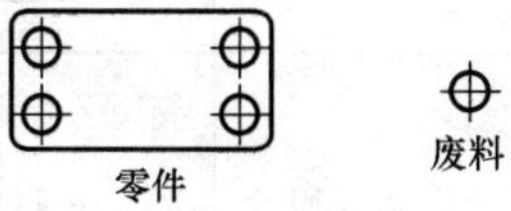	用模具沿封闭线冲切板料，冲下的部分为废料	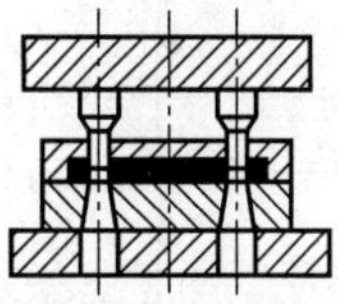
切口	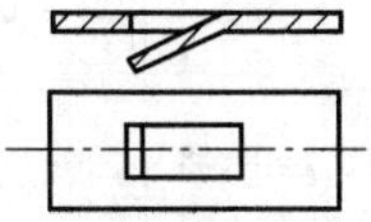	用模具将板料局部切开而不完全分离，切口部分材料发生弯曲	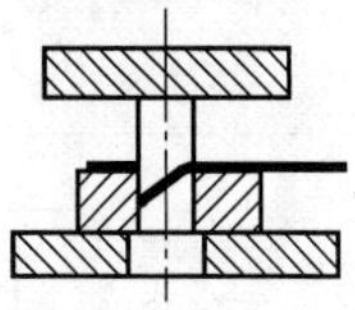
切边	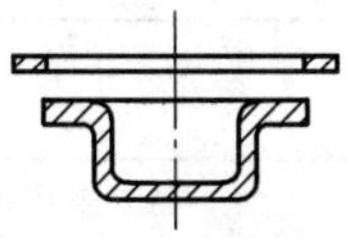	用模具将工件边缘多余的材料冲切下来	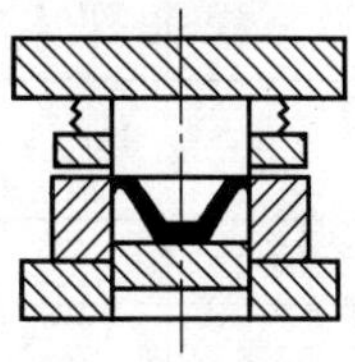

表2-2 车身制造工艺中常见的成形工序

工序名称	工序简图	工序特征	模具简图
弯曲	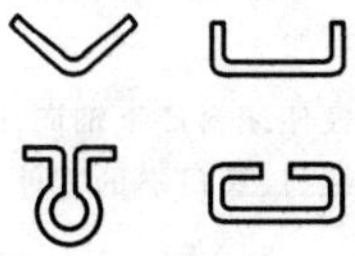	用模具使板料弯成一定角度或一定形状	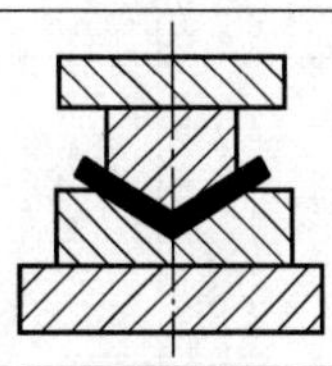

(续)

工序名称	工序简图	工序特征	模具简图
拉深	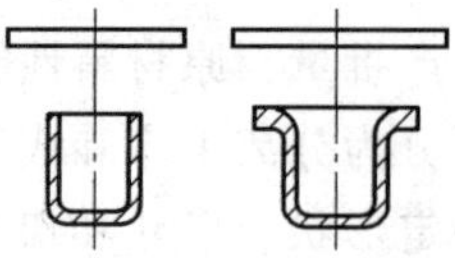	用模具将板料压成任意形状的空心件	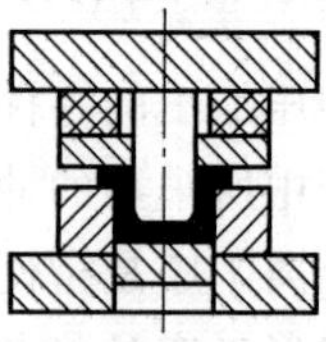
起伏(压肋)	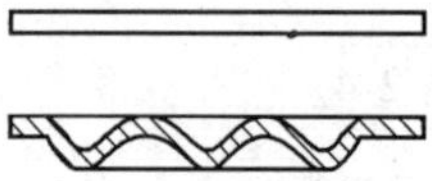	用模具将板料局部拉伸成凸起和凹进形状	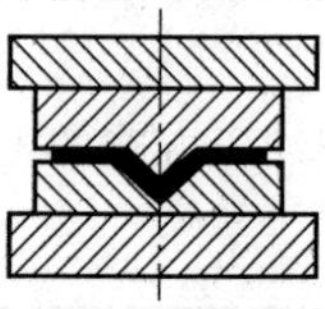
翻边	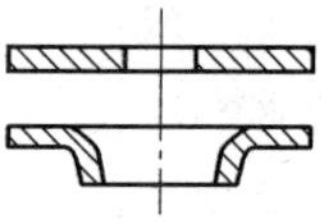	用模具将板料上的孔外缘翻成直壁	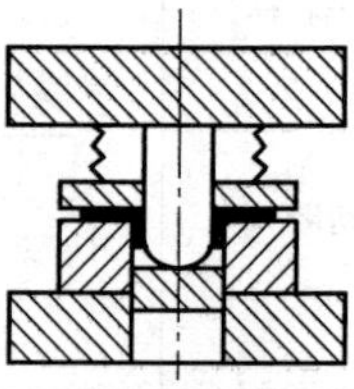
缩口	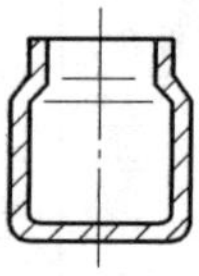	用模具对空心件口部施加由外向内的径向压力,使局部直径缩小	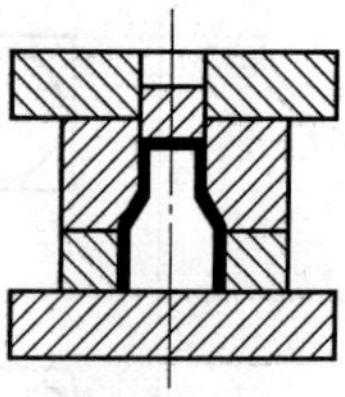
胀形	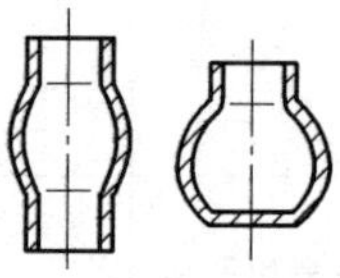	用模具对空心件施加向外的径向力,使局部直径扩大	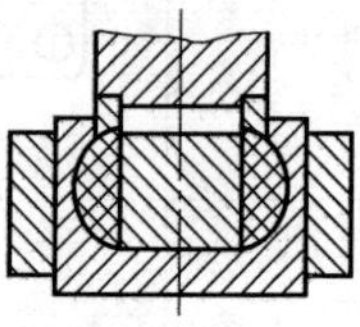
整形	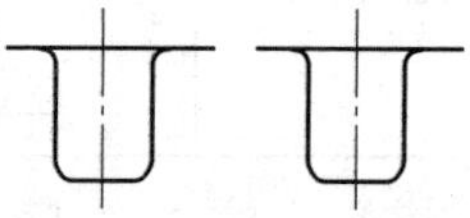	将工件不平的表面压平,将原先的弯曲件或拉深件压成正确形状	同拉深模具

表2-3 立体冲压

工序名称	工序简图	特点及应用范围
冷挤压	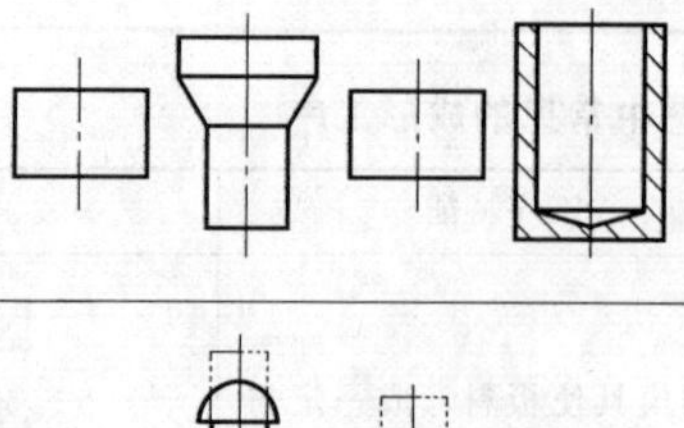	对放在模腔内的坯料施加强大压力,使冷态下的金属产生塑性变形,并将其从凹模孔或凸模、凹模之间的间隙挤出,以获得空心件或横截面积较小的实心件
冷镦	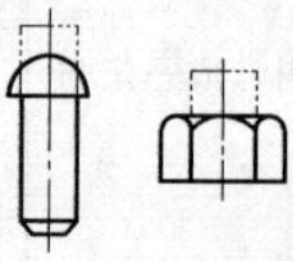	用冷镦模使坯料产生轴向压缩,使其横截面积增大,从而获得螺钉、螺母类的零件

(续)

工序名称	工序简图	特点及应用范围
压花		压花是强行局部排挤材料,在工件表面形成浅凹花纹、图案、文字或符号,但在压花表面的背面并无对应于浅凹花纹的凸起

表 2-4　汽车覆盖件的冲压工艺

制作名称	制作简图	冲压工艺过程
前围外盖板	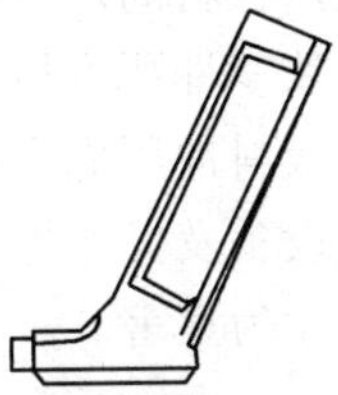	1) 拉深 2) 修边冲孔 3) 翻边 4) 冲窗口压圆角 5) 修边冲孔 6) 翻边翻口
车门内板	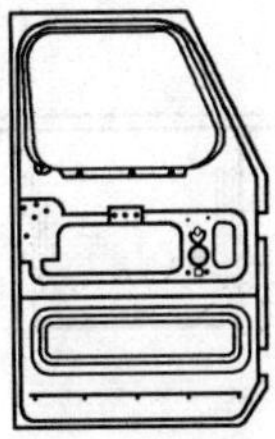	1) 拉深 2) 整形并压圆角 3) 修边冲孔 4) 翻边冲孔压圆角 5) 翻边 6) 校平
地板	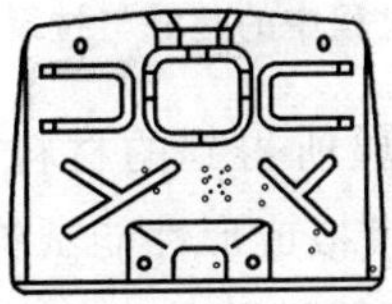	1) 拉深 2) 修边冲孔 3) 翻边压筋

上述冲压成形的分类方法比较直观、真实地反映出各类零件的实际成形过程和工艺特点,便于制订各类零件的冲压工艺并进行冲模设计,在实际生产中得到广泛应用。在实际生产中,当生产批量较大时,如果仅以表 2-1~表 2-4 所列的基本工序组成冲压工艺过程,则生产率可能很低,不能满足生产需要。因此,一般采用组合工艺,即把两个以上的基本工序组合成一道工序,构成复合、级进、复合-级进的组合工序。

第二节　板料的冲压成形

一、板料的冲压成形性能

板料对冲压成形工艺(各种冲压加工方法)的适应能力称为板料的冲压成形性能。板料在成形过程中可能出现两种失稳现象:一种是拉伸失稳,即板料在拉应力作用下局部出现缩颈或断裂;另一种是压缩失稳,即板料在压应力作用下出现起皱,如图 2-1 所示。板料在失稳之前可以达到的最大变形程度称为成形极限。成形极限分为总体成形极限和局部成形极限。总体成形极限反映板料失稳前总体尺寸可以达到的最大变形程度,如极限拉深系数、极限胀形高度和极限翻边（孔）系数等。这些极限系数通常作为规则形状板料零件工艺设计的重要依据。局部成形极限则反映板料失稳前局部尺寸可以达到的最大变形程度，如复杂零件成形时，局部极限应变属于局部成形极限，由于复杂零件变形的不均匀性，板料各处变形差异很大，因此必须用局部成形极限来描述零件上各点的变形程度。成形极限越高，说明板料的冲压性能越好。

板料冲压成形性能包括抗破裂性、贴模性和定形性等性能。其中板料的贴模性是指板料在冲压成形中取得与模具形状一致性的能力。成形中发生起皱、塌陷和鼓包等缺陷，均会降低贴模性。而定形性是指零件脱模后保持其在模内既得形状的能力。影响定形性的主要因素是回弹，造成零件脱模后较大的形状和尺寸误差。板料的贴模性和定形性是决定零件形状尺寸精度的重要因素。但由于板料抗破裂性差会导致零件严重损坏且难以修复而无法使用，因而目前冲压生产中，主要是用抗破裂性作为评价板料冲压成形性能的指标。影响冲压成形性能的因素很多，如零件形状、冲压工艺、模具、设备及操作等。而材料的性能对冲压成形性能具有重要影响，对复杂和精密成形零件的影响尤为显著。

图 2-1　板料在成形过程中的起皱与拉裂

板料的冲压成形性能可由基本成形性能试验所得到的材料特性值（如单向拉伸试验测得的屈服应力 σ_s、伸长率 δ）来表示，也可由模拟成形性能试验所得到的材料某种成形性能指标来表示（如冷弯试验、杯突试验）。基本性能试验具有简单、典型的特点，能够概括板料成形过程的力学性质。由于这类试验的变形过程与大多数冲压成形过程相差较大，这类基本性能试验所提供的材料特性值只能作为定性评估板料冲压成形性能的依据。模拟试验突出实际冲压成形中某一方面或几个方面的变形特点，对典型的成形工序（如拉深、弯曲、胀形、翻孔等）可以较为准确地模拟，试验所得到的指标在一定程度上可以反映板料适应某类变形的冲压成形性能的好坏，对改善成形工艺和选用成形用材料有指导作用。

二、成形极限图的概念

成形极限图是用来表示金属薄板在变形过程中，在板平面内的两个主应变的联合作用下，某一区域发生减薄时，可以获得的最大应变量。板平面内的两个主应变的任意组合，只要落在成形极限图中的成形极限曲线之上，薄板料变形时就会发生破裂，反之则是安全的。一种材料有一种成形极限曲线，一般由试验获得。成形极限曲线试验数据分散，则形成具有一定宽度的条带，称为临界区。若变形位于临界区，表明此处的薄板料有濒临破裂的危险，如图 2-2 所示。由此可见，成形极限图是判断和评定薄板料成形性能的简便和直观的方法，是解决薄板料冲压成形问题的一个非常有效的工具。

成形极限图既可由在实际冲压生产中积累的数据确定，也可通过试验方法来建立，试验常用胀形法进行。试验前，在板料表面上用电化学腐蚀法做出直径为 2.5~5.0mm 的小圆坐标网（图 2-3），试验时将球形凸模压入板料直至板料出现裂纹为止。然后取出板料，在离裂纹最近的完整网格上测量小圆变形后的椭圆的尺寸。计算出椭圆的长、短轴应变，即可得出此点的极限应变。通过改变板料的形状尺寸、润滑方式等，可得出极限变形情况下不同椭圆的长、短轴应变。当取得足够多的试验数据后，以椭圆的长轴应变 ε_1 为纵坐标，短轴应变 ε_2 为横坐标，即可画出图 2-2 所示的成形极限图。

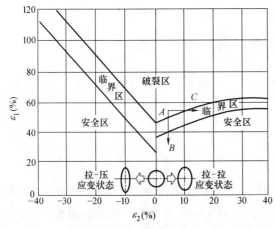

图 2-2 成形极限图

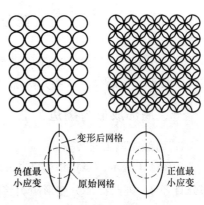

图 2-3 测定网格变化求应变

三、成形极限图的应用

成形极限图可以用来评定板料的局部成形性能，成形极限图的应变值越高，板料的局部成形性能越好。将成形极限图与应变分析的网格法结合起来，可以分析解决许多生产实际问题。

1. 在模具的调试中解决零件局部的拉裂问题

如图 2-2 所示，当局部应变值出现在破裂区，则可用减小长轴应变 ε_1 或加大短轴应变 ε_2 绝对值的办法，使局部应变进入成形区。可以采用调整压料力、改变润滑条件、改变毛坯尺寸、调整凹模圆角半径以及是否采用拉深筋等办法，来调整拉深材料流入凹模的变形阻力，以达到调整局部应变的目的，即减小长轴方向的变形阻力，以减小应变 ε_1 值。对于双向拉应变（图 2-2 中第一象限），应加大短轴方向的变形阻力，以加大应变 ε_2。而对于拉压应变（图 2-2 中第二象限），应减小短轴方向变形阻力，使短轴方向压缩应变 ε_2 易于产生，达到增加 ε_2 绝对值的目的。例如，对双向拉应变，可在短轴应变方向减小凹模圆角半径，加大毛坯尺寸或进一步加拉深筋，以达到加大短轴应变的目的，从而提高局部成形性能。

2. 合理选用材料

如果冲压件危险点的应变值处于图 2-2 中所示的破裂区和安全区之间的临界区，说明该处变形很危险，制品成形时废品率很高。如果冲压件危险点的应变值远处于安全区以下位置，说明过分安全，板料成形性能没有充分发挥，可换用成形性能较差而较便宜的材料。

3. 提高复杂冲压件的成形质量

汽车覆盖件的形状十分复杂，零件成形往往兼有多种变形性质。由于各部分变形相互牵制,零件起皱和拉裂的倾向更大。起皱可以通过加大压料力、合理设置拉深筋,以及调整毛坯尺寸来解决。而解决起皱问题,似乎又会因加大变形阻力而增大了破裂的可能性。为了解决起皱问题,必须以零件不破裂为基本条件,克服起皱问题的难点,实质上可归结为在防皱的情况下,如何保证零件不破裂。图2-2所示A点的应变状态,也要用加大短轴方向应变的办法使A点应变移至B点,从而进入安全区,这一措施也有利于解决起皱问题,使起皱和拉裂问题在双向拉应变某种条件下得到统一,为解决复杂成形零件局部不破裂条件下的防皱创造了有利条件,提高了复杂零件的成形质量。

第三节 其他冲压工艺

在冲压生产中,除了冲裁、弯曲和拉深以外,还有其他一些加工方法,如胀形、翻边、缩口、校平、整形等,这些方法统称为成形。

一、局部成形与翻边工艺

1. 局部成形工艺

如图2-4所示,当拉深带凸缘的圆筒形工件时,如果增大凸缘直径$d_{凸}$,而不改变圆筒部分直径d,则凸缘部分变形阻力将增加,凸缘材料流入凹模内参与变形将更困难。当$d_{凸}/d$达到某一定值后,使得凸缘材料基本上不能流入圆筒部分。这时圆筒部分的成形只能在凸模的作用下,靠局部材料双向受拉而变薄成形。这种成形方法称为局部成形。

比值$d_{凸}/d$的大小是区分局部成形和凸缘拉深的重要指标,一般把$d_{凸}/d=3$作为大体的区分界限。$d_{凸}/d>3$时,大致属于局部成形;$d_{凸}/d<3$时则大致属于拉深变形。这不是严格的区分,因期间有过渡性质的变形。

局部成形可以压出各种形状,如压筋、压包、压字、压花等,既可以增加工件的刚度,也可以起装饰作用,因而在生产中应用很广泛。

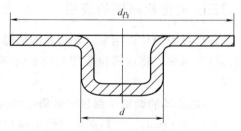

图2-4 带凸缘的圆筒形工件

局部成形时,变形区材料双向受拉,其极限变形程度可以粗略地根据变形材料的伸长率加以检验,即

$$\delta_{极} = \frac{L_1 - L_0}{L_0} \times 100\% \leq (0.70 \sim 0.75)\delta \qquad (2\text{-}1)$$

式中 $\delta_{极}$——局部成形时的极限变形程度(%);

δ——毛坯材料允许的单向拉伸时的伸长率(%);

L_0、L_1——变形前、后工件的长度(mm)。

由于局部成形变形不均,故式(2-1)的系数取0.70~0.75,其大小视局部成形的形状而定,球形筋取大值,梯形筋取小值。

如果计算结果符合上述条件,则可以一次完成成形,若不符合上述条件,则先制成半球形过渡球形,然后再压出工件所需要的形状,如图2-5所示。

表2-5列出了加强筋的形式和尺寸,以及加强筋的间距和加强筋与工件边缘之间的距

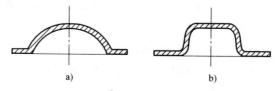

图 2-5 两道工序完成的凸形
a）预成形 b）最后成形

离，可供参考。对于局部成形的筋与边框的距离，如果小于 $(3~3.5)\delta$，由于在变形过程中边缘材料要向内收缩，成形后需要增加切边工序，因此应预留切边余料。

表 2-5 加强筋的形式和尺寸

名称	图例	R	h	D 或 B	α/(°)
压筋		$(3~4)\delta$	$(2~3)\delta$	$(7~10)\delta$	—
压凸		—	$(1.5~2)\delta$	≥3h	15~30

图例	D/mm	L/mm	l/mm
	6.5	10	6
	8.5	13	7.5
	10.5	15	9
	13	18	11
	15	22	13
	18	26	16
	24	34	20
	31	44	26
	36	51	30
	43	60	35
	48	68	40
	55	78	45

局部成形所需压力的确定，通常以试验数据为基础，用刚性模具压制加强筋时，可用式（2-2）计算压力（单位为 N）：

$$F_{\text{压}} = k_y l \delta \sigma_b \quad (2-2)$$

式中 k_y——系数，一般 $k_y = 0.7~1.0$，视加强筋的宽度和深度而定，窄而深时用大值，宽而浅时用小值；

l——加强筋周长（mm）；

δ——材料厚度（mm）；

σ_b——材料的抗拉强度（MPa）。

对于较薄材料，即 $\sigma<1.5\text{mm}$，局部成形面积 $A<2000\text{mm}^2$ 的小零件，用刚性模具成形兼校正时，其压力可以用式（2-3）计算：

$$F_{\text{压}} = k_y A \delta^2 \tag{2-3}$$

式中　k_y——系数，对于钢 $k_y = 300 \sim 400$，对于铜 $k_y = 200 \sim 250$；

　　　A——局部成形面积（mm^2）；

　　　δ——材料厚度（mm）。

2. 翻边工艺

翻边分两种基本形式，即内孔翻边和外缘翻边。它们在变形性质、应力状态及在生产上的应用都有所不同。

内孔翻边是在预先制好孔的毛坯上（有时也可不预制孔）依靠材料的拉伸，沿一定的曲线翻成竖立凸缘的冲压方法。外缘翻边是沿毛坯的曲边，借材料的拉伸或压缩，形成高度不大的竖边。

（1）内孔翻边

1）圆孔的翻边。

① 翻边结构。圆孔翻边件的结构要求如图 2-6 所示，圆孔翻边时对圆角半径 r（单位为 mm）的要求是：$r \geq 1.5\delta+1$，一般当 $\delta<2\text{mm}$ 时，取 $r=(4\sim5)\delta$；当 $\delta>2\text{mm}$ 时，取 $r=(2\sim3)\delta$；如果工件要求的圆角半径小于以上数值，应增加整形工序。

翻边预制孔的表面粗糙度，直接影响工件质量和极限变形程度；孔边的毛刺易导致翻口的破裂。翻边时竖边口部变薄严重，其近似厚度按式（2-4）计算：

$$\delta_1 = \delta\sqrt{d/D_0} \tag{2-4}$$

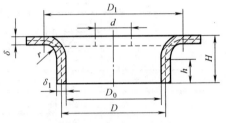

图 2-6　平板圆孔的翻边

D_1—变形区毛坯直径　d—预制孔直径
D—翻边直径　D_0—翻边后直径
δ—材料厚度　δ_1—翻边口厚度
r—竖边与凸缘平面圆角半径
H—翻边高度　h—直边高度

② 毛坯计算。平板毛坯圆孔翻边时的几何尺寸由毛坯与工件体积的关系决定。一般翻边高度 H 在零件图上已知，在这种情况下，待翻边的孔径可以用简单弯曲的近似方法计算。由于径向变形不大和材料有很大程度的变薄，这种假设是许可的。

预制孔直径为：

$$d = D - 2(H - 0.43r - 0.72\delta) \tag{2-5}$$

翻边高度 H 为：

$$H = \frac{D-d}{2} + 0.43r + 0.72\delta \tag{2-6}$$

当竖边高度较高，一次不能翻边时，如果是单个工件的小孔翻边，应采用壁部变薄的翻边方法。对于大孔的翻边或在带料上连续拉深时翻边，则用拉深、冲底孔再翻边的办法，如图 2-7 所示。

预先拉深的翻边，其尺寸 h 与 d 按式（2-7）

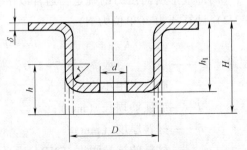

图 2-7　拉深件底部冲孔翻边

计算：

$$h = \frac{D-d}{2} + 0.57r \quad (2-7)$$

式中 $d = D + 1.14r - 2h$。

③ 翻边系数。如图 2-7 所示，在圆孔的翻边中，变形程度取决于毛坯预制孔直径与翻边直径之比，即翻边系数 K_f，其值为：

$$K_f = d/D \quad (2-8)$$

系数 K_f 的近似值可以用伸长率 δ 和断面收缩率 φ 计算，即：

$$\delta = \frac{\pi D - \pi d}{\pi d} = \frac{1 - K_f}{K_f} \quad (2-9)$$

根据体积不变原则，得：

$$K_f = \frac{1}{1+\delta} = 1 - \varphi \quad (2-10)$$

试验证明，许可的极限翻边系数与预制孔的加工性质和状态（钻孔或冲孔、有无毛刺）、毛坯的相对厚度（以 δ/D 表示）、材料的种类及性能、凸模工作部分的形状等因素有关。材料的极限翻边系数见表 2-6 和表 2-7。

表 2-6　低碳钢板的极限翻边系数

翻边凸模形状	孔的加工方法	材料相对厚度									
		100	50	35	20	15	10	8	6.5	5	3	1
球形凸模	钻后去毛刺	0.70	0.60	0.52	0.45	0.40	0.36	0.33	0.31	0.30	0.25	0.20
	冲孔模冲孔	0.75	0.65	0.57	0.52	0.48	0.45	0.44	0.43	0.42	0.42	—
圆柱形凸模	钻后去毛刺	0.80	0.70	0.60	0.50	0.45	0.42	0.40	0.37	0.35	0.30	0.25
	冲孔模冲孔	0.85	0.76	0.65	0.60	0.55	0.52	0.50	0.50	0.48	0.47	—

表 2-7　其他一些材料的翻边系数

退火的材料	翻边系数	
	K_f	$K_{f\min}$
镀锌薄钢板	0.70	0.65
黄铜 H62 $\delta = 0.5 \sim 6$mm	0.68	0.62
铝 $\delta = 0.5 \sim 5$mm	0.70	0.64
硬铝	0.89	0.80

在竖边上允许有不大的裂纹时，可用 $K_{f\min}$ 翻边，预冲孔有毛刺的一侧应向上。

④ 翻边力的计算。用圆柱形凸模进行翻边时，翻边力（单位为 N）用式 (2-11) 近似计算：

$$F_{翻} = 1.1\pi\delta\sigma_s(D-d) \quad (2-11)$$

式中　σ_s——材料的屈服强度（MPa）；

　　　D——翻边直径（按中径计）（mm）；

　　　δ——毛坯厚度（mm）。

无预制孔的翻边力比有预制孔的翻边力大 1.33~1.75 倍,凸模形状和凸凹模间隙对翻边力有很大影响,如果用球形凸模或锥形凸模翻边,所需要的力略小于用式(2-11)计算的数值。

⑤ 翻边凸模与凹模之间的间隙。一般圆孔翻边凸凹模之间的间隙(单边)可控制在 $z=(0.75~0.85)\delta$(δ 为毛坯厚度),使直壁稍微变薄,以保证竖边成为直壁。当间隙增加至 $z=(4~5)\delta$ 时,翻边力可降低 30%~35%,这种翻边的特点是圆角半径大,竖边高度小。翻边的目的是减小质量,增加结构的刚度,如大、中型孔和窗口的翻边。

小的圆角半径和高的竖边的翻边,仅仅应用在螺纹底孔或与轴配合的小孔翻边,此时单边间隙 $z=0.65\delta$。

⑥ 翻边凸模的形式。图 2-8 所示为几种常见的圆孔翻边凸模。若翻边模采用压边圈时,则不需用台肩。

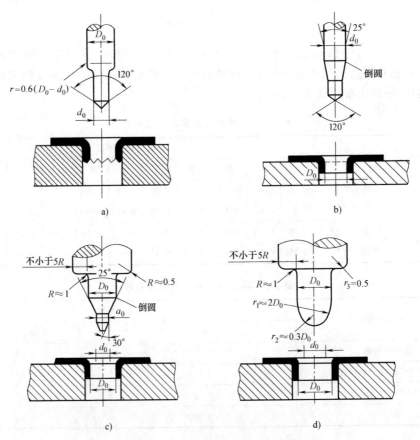

图 2-8 几种常见的圆孔翻边凸模
a) 用于无预制孔的翻边 b) 用于直径为 10mm 以下的翻边
c) 用于直径为 10mm 以上的翻边 d) 用于不要求有定位销的翻边

2) 非圆孔的翻边。在很多结构中,会遇到各种带有竖边的非圆孔及开口。这些开口的竖边高度一般不大,一般为 $(4~6)\delta$,同时对其精度也没有很高的要求。其翻边预制孔的形状和尺寸,可根据开口的形状分段考虑。图 2-9 所示零件的翻边,可分为 8 个区段,其中 2、4、6、7、8 可视为圆孔的翻边,1、5 可视为简单的弯曲,而内凸圆弧 3 可视为与拉深变形情况相同。因此,翻边前的预制孔的形状和尺寸应分别按圆孔的翻边、弯曲和拉深计算。转角处的翻边使竖边高度略有降低。为了消除误差,转角翻边的宽度应比直边部分增大5%～10%。由计算得出的孔的形状应加以适当的修正,以使各段连接处有相当平滑的过渡。

非圆孔翻边时,要对最小圆角部分进行允许变形程度的核算,由于相邻部分的减载作用,其极限变形系数比相应的圆孔翻边要小些。一般取$K' = (0.85 \sim 0.9)K$。

图2-10所示为用拉深的矩形孔翻边的方法生产零件的例子。

第一道工序为空心矩形件的拉深,第二道工序为切工艺孔,第三道工序为拉深外缘轮廓和内轮廓的翻边。

切工艺孔或卸载工艺切口常用于复杂形状的拉深,它们能显著地减小外凸缘的流动和利用毛坯底部材料的变形。

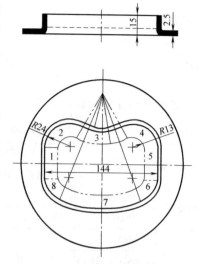

图2-9 非圆孔的翻边

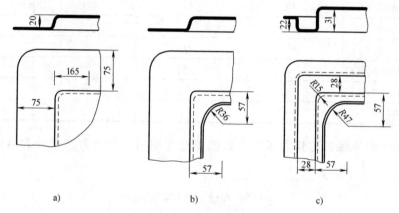

图2-10 用三道工序进行矩形孔的翻边
a) 第一道工序 b) 第二道工序 c) 第三道工序

(2) 外缘翻边 外缘翻边分为外凸翻边和内凹翻边两种,外缘外凸翻边又称压缩类翻边,其变形性质和应力状态类似于不用压边圈的浅拉深;外缘内凹翻边又称伸长类翻边,它与孔的翻边相似,如图2-11所示。

压缩类翻边,在翻边的凸缘内产生压应力,易起皱;伸长类翻边,在凸缘内产生拉应力,易破裂。其应变分布及大小主要取决于工件的形状。变形程度E可用式(2-12)和式(2-13)表示:

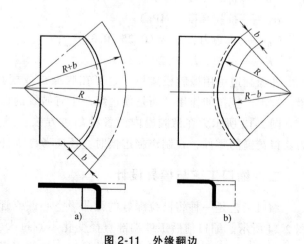

图2-11 外缘翻边
a) 压缩类翻边 b) 伸长类翻边

压缩类翻边
$$E_{压} = \frac{b}{R+b} \tag{2-12}$$

伸长类翻边
$$E_{伸} = \frac{b}{R-b} \tag{2-13}$$

各种材料在外缘翻边时的允许变形程度 E 见表2-8。

表2-8 外缘翻边时材料的允许变形程度

金属和合金		伸长类翻边变形程度 $E_{伸}$(%)		压缩类翻边变形程度 $E_{压}$(%)	
		橡胶成形	模具成形	橡胶成形	模具成形
铝合金	1035(软)	25	30	6	40
	1035(硬)	5	8	3	12
黄铜	H62(软)	30	40	8	45
	H62(半硬)	10	14	4	16
	H68(软)	35	45	8	55
	H68(半硬)	10	14	4	16
钢	10	—	38	—	10
	20	—	22	—	10
	12Cr18Ni9(软)	—	15	—	10
	12Cr18Ni9(硬)	—	40	—	10
	17Cr18Ni9	—	40	—	10

当把不封闭的外缘翻边作为带有压边的单边弯曲时，翻边力（单位为N）可以按式(2-14)计算：

$$F_{翻} = l\delta\sigma_b K + F_{边} \approx 1.25 l\delta\sigma_b K \tag{2-14}$$

式中　l——弯曲线长度（mm）；
　　　δ——材料厚度（mm）；
　　　σ_b——抗拉强度（MPa）；
　　　$F_{边}$——压边力，$F_{边} = (0.25 \sim 0.3)F_{翻}$；
　　　K——系数，$K = 0.2 \sim 0.3$。

外缘翻边可用橡胶模成形，也可在收缩机或模具上成形。用橡胶模成形对翻边没有压紧，故不产生拉伸作用，而是使边缘产生有皱纹的弯曲，需要用手工修整去掉皱纹。

图2-12所示为在橡胶模内的各种翻边方法，图2-13所示为用模具进行内、外缘翻边。为获得精确的零件，在制作翻边模时，还应考虑零件的回弹。

二、缩口工艺与模具设计

缩口工艺是一种将已拉深好的无凸缘空心件或管状毛坯开口端直径缩小的冲压方法，如图2-14所示。缩口前后工件端部直径变化不宜过大，否则端部材料会因压缩变形剧烈而起皱，因此由较大直径缩成很小直径的径口，往往需多次缩口。

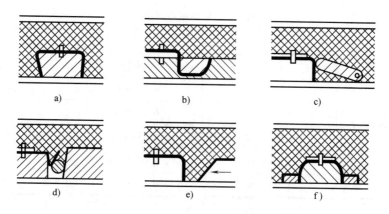

图 2-12 在橡胶模内的各种翻边方法

a）用橡胶 b）用模块 c）用铰链压板 d）用棒 e）用活动楔块 f）用圈

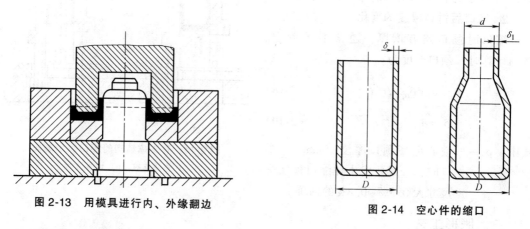

图 2-13 用模具进行内、外缘翻边　　　　图 2-14 空心件的缩口

1. 缩口变形程度的计算

1）总的缩口系数 $K_{缩}$ 为：

$$K_{缩} = d_n/D \tag{2-15}$$

式中　d_n——工件要求缩小的直径；

　　　D——空心毛坯的直径。

2）平均缩口系数 K_M。设各次的缩口系数相等，则：

$$K_M = \frac{d_1}{D} = \frac{d_2}{d_1} = \cdots = \frac{d_n}{d_{n-1}} \tag{2-16}$$

式中　d_1、d_2、$\cdots$、d_n——第 1 次、第 2 次、……、第 n 次缩口外径（mm）。

3）缩口次数 n 的计算式为：

$$n = \lg K_{缩}/\lg K_M \tag{2-17}$$

缩口系数与模具结构型式的关系极大，还与材料的厚度和种类有关。材料厚度越小，系数越大，如无心柱式的模具，材料为黄铜板，其厚度为 0.5mm 以下时，K_M 取 0.85；厚度为 0.5~1.0mm 时，K_M 取 0.7~0.8；厚度为 0.5mm 以下低碳钢的平均缩口系数按 0.8 计算。表 2-9 给出了不同材料和不同模具形式的平均缩口系数。

表 2-9 平均缩口系数

材料名称	模具形式		
	无支撑	外部支撑	内外支撑
低碳钢	0.70~0.75	0.55~0.60	0.30~0.35
黄铜 H62、H68	0.65~0.70	0.50~0.55	0.27~0.32
铝	0.68~0.72	0.53~0.57	0.27~0.32
硬铝(退火)	0.73~0.80	0.60~0.63	0.35~0.40
硬铝(淬火)	0.75~0.80	0.68~0.72	0.40~0.43

一般第一道工序的缩口系数采用 $K_1 = 0.9K_M$，以后各道工序为 $K_i = (1.05~1.1)K_M$。图 2-15 所示为有支撑结构的缩口模示意图。

2. 缩口后材料厚度的变化

缩口时颈口略有增厚，通常不予考虑。精确计算时，颈口厚度为：

$$\delta_1 = \delta_0 \sqrt{D/d_1} \quad (2-18)$$

$$\delta_n = \delta_{n-1} \sqrt{d_{n-1}/d_n} \quad (2-19)$$

式中 δ_0——空心毛坯颈口厚度（mm）（缩口时，一般要发生比缩口模实际尺寸大 0.5%~0.8% 的回弹）。

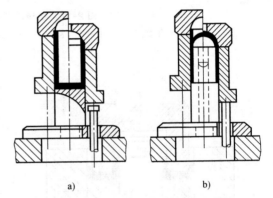

图 2-15 有支撑结构的缩口模示意图
a) 外部支撑 b) 内外支撑

三、胀形工艺

1. 胀形的形式

胀形是依靠材料的拉深，将直径小的空心零件或管状毛坯，在半径方向上向外扩张成所需形状的方法，所以又称扩径。

胀形一般用可分式凹模，其常用凸模形式有橡胶凸模（图 2-16）、分块式凸模（图 2-17）、液体凸模（图 2-18）。

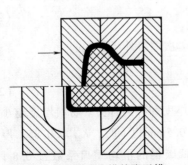

图 2-16 用橡胶凸模的胀形模

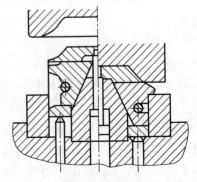

图 2-17 用分块式凸模的胀形模

用液体作为凸模的胀形方法有的是直接倒入毛坯内,此种操作不方便,且生产率低;有的是用装在凸模上的充满液体的橡皮囊。

由于橡胶弹性体优良的物理力学性能,用它作为工作介质的胀形,得到了越来越广泛的应用。

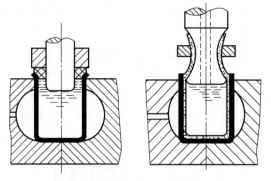

图 2-18　用液体作为凸模的胀形模

2. 胀形变形程度的计算

作为胀形的毛坯,一般已经经过几次拉深工序,金属已有冷作硬化的现象,故在胀形前应退火;毛坯上的擦伤、划痕、皱纹等缺陷也会导致毛坯的胀裂。胀形时的变形程度可用胀形系数 $K_{胀}$ 来表示,即:

$$K_{胀} = d_{max}/d \tag{2-20}$$

式中　d_{max}——胀形后的最大直径(mm);
　　　d——圆筒毛坯的直径(mm)。

表 2-10 给出了胀形系数的近似数值。

如果在对毛坯径向施加压力的同时,也在轴向加压,胀形的变形程度可以增大;对毛坯进行局部加热(变形区加热)会显著增大可能的变形程度。

表 2-10　胀形系数的近似数值

材料	毛坯相对厚度×100			
	0.35～0.45		0.28～0.32	
	未退火	退火	未退火	退火
10	1.1	1.2	1.05	1.15
铝	1.2	1.25	1.15	1.2

3. 胀形力

胀形时,其胀形力 $F_{胀}$ 为:

$$F_{胀} = P_{胀} A \tag{2-21}$$

式中　$P_{胀}$——胀形单位压力(MPa);
　　　A——胀形面积(mm²)。

胀形单位压力 $P_{胀}$ 可用下式计算:

$$P_{胀} = 1.15 \sigma_z \frac{2\delta}{D} \tag{2-22}$$

式中　σ_z——胀形变形区的真实应力,近似估算时取为材料的抗拉强度(MPa);
　　　D——胀形最大直径(mm);
　　　δ——材料原始厚度(mm)。

四、校平与整形

校平与整形属于修整性的成形工序,将毛坯或冲裁件的不平和挠曲压平,称为校平;将通过弯曲拉深或其他成形工艺得到的工件校正成最终的正确形状,称为整形。

1. 校平

根据板料厚度和工件表面要求的不同,校平可以采用光面模校平和齿形模校平两种方法。材料薄而软,且工件表面不允许有压痕时,一般采用光面模校平。为了使校平不受压力机滑块导向精度的影响,校平模最好采用浮动上模或浮动下模,如图 2-19 所示。光面模校平时,由于材料回弹的影响,材料强度较高的工件,校平效果较差。

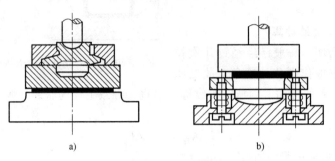

图 2-19 光面模校平

a) 浮动上模 b) 浮动下模

对于比较厚的工件,通常采用齿形模校平。齿形有细齿和粗齿两种:细齿模如图 2-20a 所示,齿的高度 $h=(1\sim2)\delta$,两齿之间的距离 $l=(1\sim1.2)\delta$,它适用于表面允许留有齿痕的工件;粗齿模如图 2-20b 所示,齿的高度 $h=\delta$,具有一定的宽度。齿形模校平适用于较薄的铝、青铜、黄铜等表面不允许有齿痕的工件。无论是细齿模还是粗齿模,上、下齿形均应互相错开。

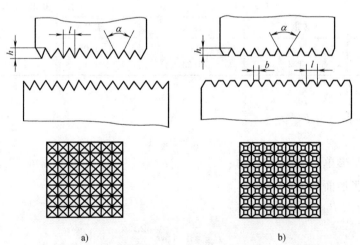

图 2-20 齿形模齿形

a) 细齿模齿形 b) 粗齿模齿形

校平压力 $F_{校}$ (单位为 N) 为:

$$F_{校}=Ap_x \tag{2-23}$$

式中 A——校平投影面面积 (mm²);

p_x——校平单位压力 (MPa) (一般取 50~200MPa)。

2. 整形

空间形状工件的整形在弯曲、拉深或其他成形工序之后，这时工件已接近成品零件的形状和尺寸，但圆角半径可能较大，或某些部位尺寸形状精度较低，需要整形使之完全达到图样要求。整形模和先行工序的成形模大体相似，只是模具工作部分的精度和表面粗糙度要求更高，圆角半径和间隙较小，由于工件形状和要求的不同，整形方法也不同。

对于弯曲件的整形，采用图 2-21 所示的镦校方法。这种方法使工件在模具内除了受垂直表面的压应力外，在长度方向上也受到压应力，形成三向受压的应力状态，使其产生不大的塑性变形，以得到较好的整形效果。

对于直筒形拉深件的整形，通常采用间隙 $z = (0.9 \sim 0.95)\delta$ 的整形模。这种整形也可以与最后一道拉深工序结合在一起进行。

带凸缘的拉深件需整形的部位可能包括凸缘平面、侧壁、底平面和外凸与内凹的圆角，其模具如图 2-22 所示。

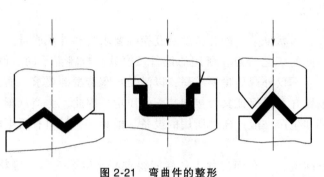

图 2-21 弯曲件的整形

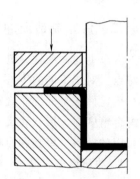

图 2-22 拉深件的整形兼角部精压

整形力 $F_{整}$（单位为 N）为：

$$F_{整} = A p_z \tag{2-24}$$

式中　A——整形投影面面积（mm^2）；

　　　p_z——整形单位压力（MPa）（一般取 50~200MPa）。

第四节　车身制造的冲压技术

一、冲压技术在汽车制造业中的应用

因为冲压工艺具有生产效率高、尺寸一致性好、原材料消耗小等优点，所以汽车上的许多结构件广泛采用冲压件。例如：

1) 车身的内外覆盖件和骨架件。
2) 车架的纵梁、横梁和保险杠等。
3) 车轮的轮辐、轮辋和挡圈等。
4) 散热器的散热片、冷却液管和储液室等。
5) 发动机的气缸垫、油底壳和滤清器等。

6）底盘上的制动器零件、减振器零件等。
7）座椅的骨架、滑轨和调角器等。
8）车厢的侧板和底板等。
9）车锁及其他附件上的零件等。

尤其需要指出的是，冲压成形工艺在汽车车身制造工艺中占有重要的地位，特别是汽车车身的大型覆盖件，因大多形状复杂，结构尺寸大，有的还是空间曲面，并且表面质量要求高，所以用冲压加工方法来制作这些零件是用其他加工方法所不能比的。货车的驾驶室、车前钣金件、货厢板以及轿车的各种车身覆盖件和客车的各种骨架等，几乎全都是用冲压加工方法制作的。

采用冲压工艺来生产，不仅零件质量小、强度和刚度大，而且工艺过程较简单、尺寸的一致性好、材料消耗少。因此，不仅可以提高生产效率，还可降低生产成本，使汽车工业得以迅速发展。

二、汽车制造业冲压生产特点

汽车上的冲压件，具有尺寸大、形状复杂、配合精度及互换性要求高和外观质量要求高等特点。对于不同的零件，还有不同的工艺特点，所用的设备、模具、材料都不同。例如，汽车覆盖件多是三维非规则曲面，它不仅外观质量要求高，以满足汽车造型的要求，而且要求配合精度高、形状和尺寸的一致性好，以保证其焊接和装配的质量。因此，生产汽车覆盖件所用的设备、模具和原材料，都和生产一般冲压件所用的设备、模具和原材料有所不同。

1. 冲压设备方面

汽车工业用的冲压设备，具有吨位大、台面尺寸大、性能要求高、生产效率高等特点。压力机吨位通常为 $160 \sim 40000 kN$。覆盖件的拉深多采用双动压力机。为了适应流水生产的要求，减少换模时间，广泛采用活动台面的压力机。为了满足大量生产的要求，还采用多工位压力机。机械化、自动化的冲压生产线被广泛采用。

2. 冲压材料方面

冲压材料的品种和规格很多。包括黑色金属、有色金属和非金属材料，厚度为 $0.05 \sim 16mm$。

对钢板（带），要求强度高、工艺性能好。例如，覆盖件和壳体件用的材料，对拉深性能要求特别高。纵梁和横梁用的材料，对弯曲性能和强度要求很高。针对这些汽车专用的材料，还制订了专门的技术标准。

3. 模具方面

由于汽车零件的尺寸大、形状复杂、生产批量大，因此，汽车工业的模具也具有尺寸大、形状和结构复杂等特点。例如，汽车覆盖件冲模，模具的形状复杂，需有主模型（或数据软件）为依据，在仿形铣床（或数控铣床）上加工，检测需用三坐标测量机，模具的研配需用专门的研配压床等，这些都是和一般模具制造不同的。

4. 生产和管理方面

汽车生产的规模，多数是大批量生产，尤其是轿车生产。冲压生产多采用机械化流水作业的生产方式，也有部分采用自动或半自动化生产的。

汽车生产采用专业化大协作配套生产，许多零部件都是由配套厂生产的。为了确保主机

（汽车）厂的产品质量和生产的顺利进行，主机厂对零部件（配套）厂家的选择和管理是非常严格和复杂的。例如，在质量的保证方面，主机厂要求零部件厂家，除了要按 ISO 9000 标准的要求做好外，还要求执行汽车行业的 QS 9000 标准。

三、汽车工业是推动冲压技术发展的强大动力

汽车工业是国民经济的支柱产业，它的提高和发展，受各行各业的影响和制约，同时，汽车工业的发展，又必然会推动各行各业的提高和发展。

冲压技术的提高和发展，也是与汽车工业的发展紧密相连的。例如：

（1）冲压材料　汽车工业的发展，促进了深拉深钢、汽车大梁用钢、低合金高强度钢、型钢等钢种的产生和发展。

（2）冲压设备　汽车工业的需要，促进了大吨位压力机、双动压力机、多工位压力机和活动台面压力机的发展。

（3）冲压工艺　轿车工业的发展，促进了双动拉深和精密冲裁技术的广泛应用与发展。

（4）模具方面　汽车工业的发展，促进了实型铸造、刃口堆焊和 CAD/CAM/CAE 技术的应用和发展。

由此可见，汽车工业的发展是推动冲压技术发展的强大动力。

第三章 冲裁工艺

冲裁是利用冲裁模在压力机上使板料的一部分与另一部分分离的冲压分离工序。从广义上说，冲裁是冲压分离工序的总称，它包括冲孔、落料、修边、切口等多种冲压分离工序，既可以直接冲制出成品零件，如垫圈等，也可为其他成形工序如弯曲、拉深等准备坯料或对已成形的零件如拉深件、弯曲件等进行修边、切口和冲孔等工作。从狭义上说，冲裁主要是指落料和冲孔工序。从板料上冲下所需形状的零件或毛坯称为落料（图3-1a），在工件上冲出所需形状的孔（冲去的为废料）称为冲孔（图3-1b）。

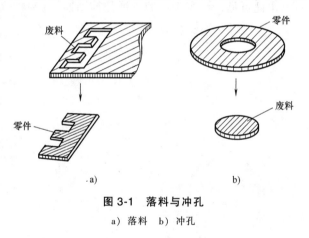

图3-1 落料与冲孔
a) 落料 b) 冲孔

在冲裁工序中，按材料分离形式的不同，冲裁一般可分为普通冲裁和精密冲裁两大类：以裂纹破坏形式实现分离的为普通冲裁，以塑性变形形式实现分离的为精密冲裁。在汽车车身冲压成形中，一般均为普通冲裁。

第一节 冲裁的变形过程

冲裁是冲压分离工序，板料受力从弹性变形开始，以断裂结束。在冲裁过程中，冲裁凸凹模组成上下刃口，板料放在凹模上，在压力机压力的作用下凸模逐步下降使板料发生变形，直至全部分离，完成冲裁。冲裁变形过程见表3-1。

由于冲裁变形的特点，冲出的工件断面明显地分为三个特征区，即圆角带、光亮带和断裂带（图3-2）。

表 3-1 冲裁变形过程

序号	变形阶段	简图	板料变形状态
1	弹性变形阶段	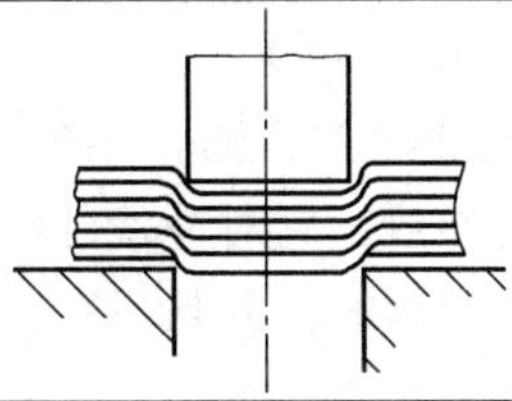	凸模接触板料,加压后板料发生弹性压缩与弯曲,并略微挤入凹模洞口。板料内应力没有超过屈服极限
2	塑性变形阶段	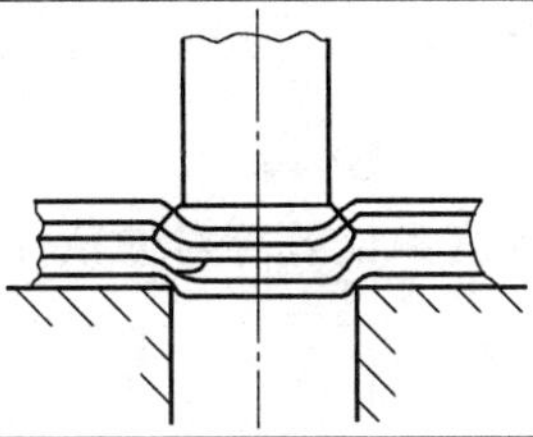	凸模继续加压后,板料内应力达到屈服极限,部分金属被挤入凹模洞口产生塑性剪切变形得到光亮的剪切断面。压力继续增加,在凸凹模刃口处板料产生应力集中,超过剪切强度而微裂
3	断裂阶段	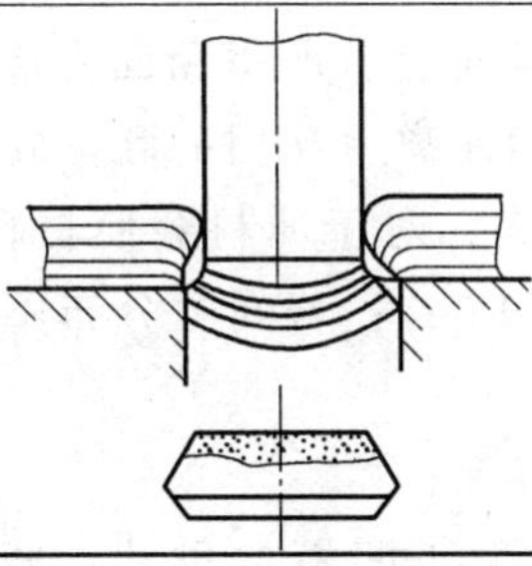	凸模继续下压,凸凹模刃口处的微裂不断向板料内部扩展,板料随即被拉裂分离。若凸凹模间隙合理,则上下裂纹相互重合,得到断面质量较高的制品

1. 圆角带

圆角带（塌角）是冲裁时刃口压入板料时,刃口附近板料产生变形的结果,实际上软材料比硬材料的圆角大。影响圆角带大小的因素除材料性质外,还有工件轮廓形状以及凸凹间模隙等。

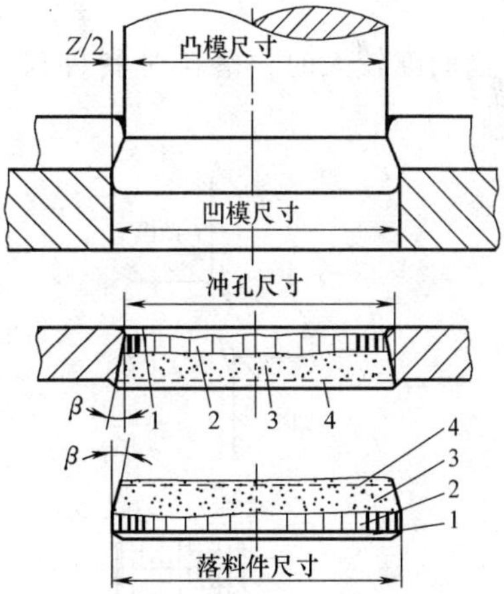

2. 光亮带

光亮带是板料塑性剪切变形时,在毛坯中的一部分相对另一部分移动中,模具侧压力将毛坯压平而形成的光亮垂直的断面。通常,光亮带占整个断面的1/3。塑性好的材料光亮带大,其光亮带还与凸凹模间隙及模具刃口的磨损程度等加工条件有关。

3. 断裂带

断裂带是由刃口处的微裂纹在拉应力作用下不断扩展而形成的撕裂面,断面粗糙,出现毛刺,且有斜度。塑性差的材料,其断裂带大。

图 3-2 冲裁件的剪切断面特征
1—圆角带 2—光亮带 3—断裂带 4—毛刺

圆角带、光亮带和断裂带三部分在冲裁件断面上必然存在,三者所占的比例随板料的力学性能、凸凹模间隙、模具结构等的不同而不同。要想提高冲裁件断面的光洁程度和尺寸精度,可通过增加光亮带的高度或采用整修工序来实现。增加光亮带高度的关键是延长塑性变形阶段,推迟裂纹产生,这可以通过增加金属的塑性和减小刃口附近的变形与应力集中来实现。

第二节 冲裁间隙与模具刃口尺寸

冲裁间隙是指凸凹模刃口工作部分尺寸之差,通常用于表示双面间隙,用 C 表示单面间隙。冲裁间隙是冲裁过程中的重要工艺参数,它对冲裁件的断面质量、尺寸精度、模具寿命、冲裁力、卸料力和顶件力等都有很大的影响,并且不存在一个同时满足全部要求的合理间隙。

一、冲裁间隙的影响

在冲裁工作中,间隙的大小、均匀程度和偏差等对冲裁件的断面质量、尺寸精度、冲模使用寿命和冲裁力均有不同程度的影响。

1. 对冲裁件质量的影响

若间隙合适,上下面出现的裂纹相互重合,所得断面光洁,略带斜度(图 3-3a);若间隙过小,上下两面裂纹不重合,隔着一定距离,互相平行,最后在其间形成毛刺和层片,并产生两个光亮带(图 3-3b);若间隙过大,对于薄料会使材料拉入间隙中,形成拉长的毛刺,对于厚料则形成很大的圆角带(图 3-3c);若间隙分布不均,则小的一边形成光亮带,大的一边形成很大的圆角带。

2. 对冲裁件尺寸精度的影响

当间隙较小时,落料时制件尺寸会大于凹模口尺寸;冲孔时,冲孔尺寸会小于凸模尺寸。

当间隙较大时,落料时制件尺寸会小于凹模口尺寸;冲孔时,冲孔尺寸会大于凸模尺寸。

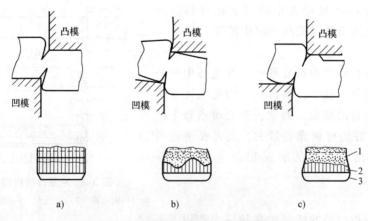

图 3-3 间隙大小对冲裁件质量的影响
a)间隙合适 b)间隙过小 c)间隙过大
1—断裂带 2—光亮带 3—圆角带(塌角)

3. 对冲模寿命的影响

冲裁时,板料对凸模和凹模刃口产生侧压力 N_1 和 N_2(图 3-4)。间隙偏小,侧压力加大,摩擦力 μN_1 和 μN_2 也增大,使刃口磨损加剧,寿命下降;间隙偏大,坯料弯曲相应增大，使刃口端面上的压力分布不均匀，容易崩刃或产生塑性变形，降低使用寿命。

4. 对冲裁时各种力的影响

间隙增大时，冲裁力有一定程度的减小，卸料力和推料力也随之降低；反之，间隙减小时，各种力均随之增加。

二、冲裁间隙的确定

冲裁间隙是直接关系冲裁件断面质量、尺寸精度、冲裁力大小和模具寿命的重要参数。冲裁间隙数值，主要与材料牌号、供应状态和厚度有关，但由于各种冲裁件对其断面质量和尺寸精度的要求不同，以及生产条件的差异，在生产实践中就很难有一种统一的间隙数值，而应区别情况，分别对待，在保证冲裁件质量和尺寸精度的前提下，模具寿命最高。合理的间隙值可由理论计算，但为了方便，生产中常用查表法确定。表3-2是依据冲裁时上、下裂纹重合时而确定的合理间隙，适用于汽车车身等尺寸公差范围较大的零件。

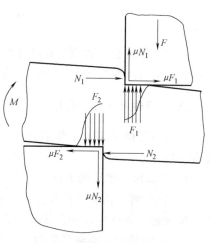

图3-4 冲裁时作用在模具刃口部位的力

表3-2 冲裁模双面间隙（汽车制造行业用） （单位：mm）

间隙 材料名称 板料厚度	08、10、35、Q235		Q345		40、50		65Mn	
	Z_{min}	Z_{max}	Z_{min}	Z_{max}	Z_{min}	Z_{max}	Z_{min}	Z_{max}
小于0.5	极小间隙							
0.5	0.040	0.060	0.040	0.060	0.040	0.060	0.040	0.060
0.6	0.048	0.072	0.480	0.072	0.048	0.072	0.048	0.072
0.7	0.064	0.092	0.064	0.092	0.064	0.092	0.064	0.092
0.8	0.072	0.104	0.072	0.104	0.072	0.104	0.064	0.092
0.9	0.090	0.126	0.090	0.126	0.090	0.126	0.090	0.126
1.0	0.100	0.140	0.100	0.140	0.100	0.140	0.090	0.126
1.2	0.126	0.180	0.132	0.180	0.132	0.180		
1.5	0.132	0.240	0.170	0.240	0.170	0.230		
1.75	0.220	0.320	0.220	0.320	0.220	0.320		
2.0	0.246	0.360	0.260	0.380	0.260	0.380		
2.1	0.260	0.380	0.280	0.400	0.280	0.400		
2.5	0.360	0.500	0.380	0.540	0.380	0.540		
2.75	0.400	0.560	0.420	0.600	0.420	0.600		
3.0	0.460	0.640	0.480	0.660	0.480	0.660		
3.5	0.540	0.740	0.580	0.780	0.580	0.780		
4.0	0.640	0.880	0.680	0.920	0.680	0.920		
4.5	0.720	1.000	0.680	0.960	0.780	1.040		
5.5	0.940	1.280	0.780	1.100	0.980	1.320		
6.0	1.080	1.400	0.840	1.200	1.140	1.500		
6.5			0.940	1.300				
8.0			1.200	1.680				

注：冲裁皮革、石棉和纸板时，间隙取08钢的25%。

考虑到模具在使用过程中的磨损使间隙增大，故设计与制造新模具时要采用最小合理间隙 $Z_{\min}$。

冲裁间隙的合理数值应在设计凸凹模工作部分尺寸时给予保证，同时在模具装配时必须保持间隙沿封闭轮廓线分布均匀，这样才能保证取得满意的效果。

三、冲裁模刃口尺寸

冲裁凸凹模刃口（工作部分）尺寸直接决定了冲裁件的尺寸和间隙大小，是冲裁模上最重要的尺寸。

1. 刃口尺寸确定的原则

1) 落料时，落料件的尺寸由凹模决定，因此应以落料凹模为设计基准。冲孔时的尺寸由凸模决定，因此应以冲孔凸模为设计基准。

2) 凸凹模应考虑磨损规律。凹模磨损后会增大落料件的尺寸，凸模磨损后会减小冲孔件的尺寸。为了提高模具寿命，在制造新模具时应根据凹模尺寸做得趋向于落料件的最小极限尺寸，把凸模尺寸做得趋向于冲孔件的最大极限尺寸。

3) 凸凹模之间应保证有合理间隙。对于落料件，凹模是设计基准，间隙应由减小凸模尺寸来取得，对于冲孔件，凸模是设计基准，间隙应由增大凹模尺寸来取得。由于间隙在模具磨损后会增大，所以在设计凸凹模时均取最小合理间隙为 $Z_{\min}$。

4) 凸凹模的制造公差应与冲裁件的尺寸精度相适应。

5) 刃口尺寸确定要考虑模具制造的特点。

2. 刃口尺寸确定的方法

刃口尺寸确定要考虑模具制造的特点，制造模具时常用分别加工法和配合加工法来保证合理间隙。

（1）凸凹模分别加工　分别规定凸凹模的尺寸和公差，分别进行制造。用凸模、凹模的尺寸和制造公差来保证间隙要求。这种加工方法必须把模具的制造公差控制在间隙的变动范围内，使模具制造难度增加。这种方法主要用于冲裁件的形状简单、间隙较大、精度较低的模具或用线切割等精密设备加工凸凹模的模具。分别加工的凸凹模具有互换性，制造周期短，便于成批制造。

由图 3-5 可以得出分别加工法的刃口尺寸计算式：

落料：
$$D_{凹} = (D_{\max} - x\Delta)_{0}^{+\delta_{凹}} \tag{3-1}$$

$$D_{凸} = (D_{凹} - Z_{\min}) = (D_{\max} - x\Delta - Z_{\min})_{-\delta_{凸}}^{0} \tag{3-2}$$

冲孔：
$$d_{凸} = (d_{\min} + x\Delta)_{-\delta_{凸}}^{0} \tag{3-3}$$

$$d_{凹} = (d_{凸} + Z_{\min}) = (d_{\min} + x\Delta + Z_{\min})_{0}^{+\delta_{凹}} \tag{3-4}$$

式中　$D_{凹}$、$D_{凸}$——落料凹模、凸模的刃口尺寸；

$\quad\quad\ d_{凹}$、$d_{凸}$——冲孔凹模、凸模的刃口尺寸；

$\quad\quad\ D_{\max}$——落料件的最大极限尺寸；

$\quad\quad\ d_{\min}$——冲孔件的最小极限尺寸；

$\quad\quad\ \delta_{凹}$、$\delta_{凸}$——凹模、凸模制造公差；

$\quad\quad\ \Delta$——冲裁件公差；

x——磨损系数，其值在 0.5~1.0 之间，与冲裁件精度有关。

采用分别加工法的凸凹模，应保证 $|\delta_凸| + |\delta_凹| \leq Z_{max} - Z_{min}$。

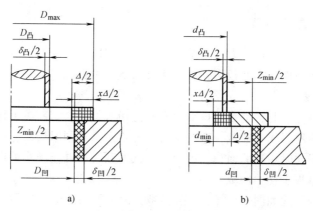

图 3-5 凸凹模刃口尺寸的确定
a）落料 b）冲孔

（2）凸凹模配合加工 用凸模与凹模相互单配的方法来保证合理间隙，加工后，凸模与凹模必须对号入座，不能互换。通常，落料件选择凹模为基准模。冲孔件选择凸模为基准模。在作为基准模的零件图上标注尺寸和公差，相配的非基准模的零件图上标注与基准模相同的刃口尺寸（公称尺寸），但不注公差，然后在技术条件上注明按基准模的实际尺寸配作，保证间隙在 $Z_{min} \sim Z_{max}$ 之间。这种方法多用于冲裁件的形状复杂、间隙较小的模具，不仅容易保证凸凹模的间隙很小，还可以放大基准件的制造公差，使制造容易，降低模具制造成本。

第三节 冲裁力及冲裁后相关力的计算

一、冲裁力的计算

计算冲裁力的目的是为了选用合适的压力机、设计模具和检验模具强度。压力机的压力必须大于所计算的冲裁力。

一般用平刃口模具冲裁时，冲裁力可按式（3-5）计算：

$$F = KA\tau = Kl\delta\tau \tag{3-5}$$

式中 F——冲裁力（N）；

A——冲裁断面面积（mm^2）；

l——冲裁周边长度（mm）；

δ——材料厚度（mm）；

τ——材料剪切强度（MPa）；

K——材料厚度及偏差等因素的安全系数，一般取 $K=1.3$，它是考虑模具刃口的磨损、凸凹模间隙的波动、材料力学性能的变化而确定的。

有时冲裁力可按式（3-6）估算：

$$F = l\delta\sigma_b \quad (3\text{-}6)$$

式中 σ_b——材料的抗拉强度（MPa），即取 $l = 0.8\sigma_b$。

二、减小冲裁力的方法

在冲裁高强度材料或厚料和大尺寸工件时，所需的冲裁力较大。若要用压力较小的压力机冲裁，必须采取措施以减小冲裁力，其方法有以下几种：

1. 斜刃模具冲裁

在用平刃口模具冲裁时，整个刃口平面都同时切入材料，切断沿工件周边同时发生，所需冲裁力大；若采用斜刃模具冲裁，整个刃口平面不是全部同时切入，而是逐步地将材料切断，这就等于减小了同时切断的面积，因而能降低冲裁力，并能减小冲击、振动和噪声。这种冲裁常用于大型厚板工件的冲裁。

各种斜刃冲裁的形式如图 3-6 所示。落料时，为了得到平整的工件，凹模做成斜刃，如图 3-6a、b 所示；冲孔时则相反，凸模做成斜刃，如图 3-6c、d 所示；冲裁弯曲状工件时，采用有圆头的凸模，如图 3-6e 所示；单边斜刃做成对称布置，以免冲裁时凹模承受单向侧压力而发生偏移，啃切刃口，如图 3-6f 所示。轮廓复杂的工件，不宜采用斜刃。斜刃角 φ 与斜刃高度 H 可参考以下数值选取：

板厚 $\delta < 3$mm：$H = 2\delta$，$\varphi < 5°$；板厚 $\delta = 3 \sim 10$mm：$H = \delta$，$\varphi < 8°$。

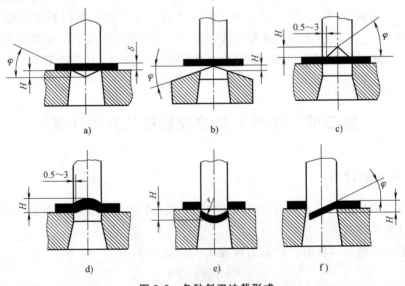

图 3-6 各种斜刃冲裁形式

斜刃冲裁力可按式（3-7）计算：

$$F_x = K_x F \quad (3\text{-}7)$$

式中 F_x——斜刃冲裁力；

F——用单刃冲模冲裁时所需的冲裁力；

K_x——斜刃冲模的减力系数，其值为：当 $H = \delta$ 时，$K_x = 0.4 \sim 0.6$；当 $H = 2\delta$ 时，$K_x = 0.2 \sim 0.4$；

斜刃冲裁厚板时，应验算冲裁功。其计算式为：

$$W = F_x \delta / 1000 \tag{3-8}$$

式中　W——冲裁功（J）；
　　　F_x——斜刃冲裁力（N）；
　　　δ——板厚度（mm）。

采用斜刃冲裁的主要缺点是刃口制造与修磨比较复杂，刃口极易磨损，工件不够平整。因此，一般情况下尽量不用斜刃冲裁，其只用于大型工件和厚料的冲裁。

2. 阶梯凸模冲裁

在多凸模的模具中，可根据凸模尺寸的大小做成不同的高度，使其呈阶梯形布置，如图3-7所示。

3. 加热冲裁

材料在加热状态下，剪切强度明显下降，易于冲裁，加热冲裁方法的缺点是材料加热后产生氧化皮，且因加热使劳动条件变差，故这种冲裁方法只适用于厚板或工件表面质量及尺寸精度要求不高的工件。

三、卸料力、推件力及顶件力的计算

当冲裁工作完成后，从板料上冲裁下来的工件或废料由于径向发生弹性变形而扩张，会卡在凹模中。同时，在板料上冲裁出的孔则沿着径向发生弹性收缩，会紧箍在凸模上。将紧箍在凸模上的料卸下来所需要的力，称为卸料力，用$F_{卸}$表示（单位为N），将卡在凹模中的料推出或顶出所需要的力，分别称为推件力与顶件力，以$F_{推}$和$F_{顶}$表示（单位为N），如图3-8所示。

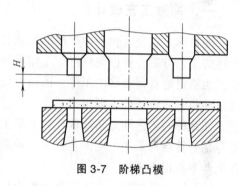

图3-7　阶梯凸模

卸料力、推件力与顶件力是由压力机和模具的卸料、顶件装置得到的。在选择压力机压力和设计模具时，要根据模具结构来考虑其大小，并进行必要的计算。影响这些力的因素较多，主要有材料的力学性能和厚度，工件形状和尺寸大小，凸凹模之间的间隙，搭边的多少及润滑情况等。生产中，常用下列经验公式计算：

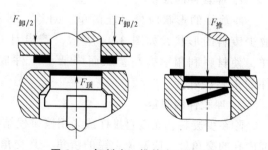

图3-8　卸料力、推件力和顶件力

$$\begin{cases} F_{卸} = K_{卸} F \\ F_{推} = K_{推} n F \\ F_{顶} = K_{顶} F \end{cases} \tag{3-9}$$

式中　$K_{卸}$、$K_{推}$、$K_{顶}$——卸料力系数、推件力系数和顶件力系数，其值见表3-3；
　　　F——冲裁力（N）；
　　　n——卡在凹模中的工件数，$n = h/\delta$（h为凹模刃孔的直壁高度，δ为工件厚度）。

表 3-3 卸料力、推件力及顶件力的系数

冲裁材料		$K_{卸}$	$K_{推}$	$K_{顶}$
纯铜、黄铜		0.02~0.06	0.03~0.09	
铝、铝合金		0.025~0.08	0.03~0.07	
钢板厚度 /mm	<0.1	0.06~0.075	0.1	0.14
	0.1~0.5	0.045~0.055	0.065	0.08
	0.5~2.5	0.04~0.05	0.050	0.06
	2.5~6.5	0.03~0.04	0.040	0.05
	>6.5	0.02~0.03	0.025	0.03

第四节 冲裁工艺

一、冲裁工艺设计

冲裁的工艺设计包括冲裁件的工艺分析和工艺方案的确定两方面内容。良好的工艺性和合理的工艺方案,可以使材料、工序数量和工时最少,并使模具结构简单,且模具使用寿命长,能稳定地获得合格的工件,因而可以减少劳动量和冲裁件的成本。劳动和工艺成本是衡量冲裁工艺设计的主要指标。

冲裁件的工艺性是指冲裁件对冲裁工艺的适应性,即冲裁件的形状结构、尺寸大小及偏差等是否符合冲裁加工的工艺要求。冲裁件的工艺性是否合理,对冲裁件的质量、模具寿命和生产率有很大影响。

冲裁除需达到尺寸公差等级和断面质量要求外,还应满足如下要求:

1. 冲裁件的形状

冲裁件的形状应尽可能简单、对称,排样废料少。在许可的情况下,把冲裁件设计成少废料的形状,如图 3-9a 所示,若设计成图 3-9b 所示的形状,便可采用无废料排样,使材料利用率提高,从而降低了工件成本。因此,改进后冲裁件的工艺性比原工件的工艺性好。

2. 冲裁件的圆角

除在少废料、无废料排样或采用镶拼模结构时允许工件有尖锐的清角外,冲裁件的外形或内孔的交角处,应避免尖锐的清角,其交角处应用适当的圆角相连,如图 3-10 所示。表 3-4 给出了冲裁件最小圆角半径。

表 3-4 冲裁件最小圆角半径 R (单位:mm)

零件种类		黄铜、铝	合金钢	低碳钢	备注
落料	$\alpha \geq 90°$	0.18δ	0.35δ	0.25δ	≥ 0.25
	$\alpha < 90°$	0.35δ	0.70δ	0.5δ	≥ 0.5
冲孔	$\alpha \geq 90°$	0.2δ	0.45δ	0.3δ	≥ 0.3
	$\alpha < 90°$	0.4δ	0.9δ	0.6δ	≥ 0.6

注:δ 表示板厚度。

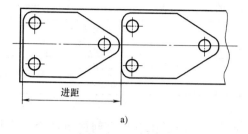

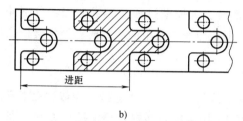

图 3-9 冲裁件形状对工艺性的影响
a) 改进前　b) 改进后

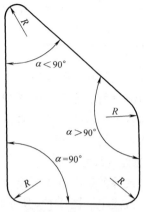

图 3-10 冲裁件的圆角

3. 冲裁件切口和切槽的宽度和长度

宽度不能太小，应避免有过窄的切口和切槽，如图 3-11 所示，否则会降低模具寿命和工件质量。一般情况下，B 应大于 1.5δ。当工件材料为黄铜、铝、低碳钢时，$B \geq 1.5\delta$；当工件材料为高碳钢时，$B \geq 1.9\delta$。当材料厚度 $\delta < 1mm$ 时，按 $\delta = 1mm$ 计算，切口宽与切槽长的关系为 $L \leq 5B$。

4. 冲裁件的开孔参数确定（孔径及孔与孔、孔与零件边缘之间的距离确定）

冲裁件的孔径尺寸需合理，如果孔径太小，凸模易折断或压弯。冲孔的最小尺寸取决于材料的力学性能以及凸模强度和模具结构。各种形状孔的最小尺寸可参考表 3-5。

冲小孔的凸模，如果采用保护套，凸模则不易损坏，使稳定性提高，最小冲孔尺寸可以减小，参考表 3-6。

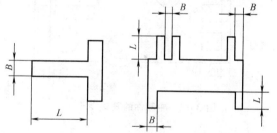

图 3-11 冲裁件的切口和切槽

表 3-5 用无保护套凸模冲孔的最小尺寸　　　　　　　　　（单位：mm）

材料	圆孔	方孔	长方孔	长圆孔
钢（剪切强度>685MPa）	$d \geq 1.5\delta$	$b \geq 1.35\delta$	$b \geq 1.2\delta$	$b \geq 1.1\delta$
钢（剪切强度=390~685MPa）	$d \geq 1.3\delta$	$b \geq 1.2\delta$	$b \geq 1.0\delta$	$b \geq 0.9\delta$
钢（剪切强度<390MPa）	$d \geq 1.0\delta$	$b \geq 0.9\delta$	$b \geq 0.8\delta$	$b \geq 0.7\delta$
黄铜、铜	$d \geq 0.9\delta$	$b \geq 0.8\delta$	$b \geq 0.7\delta$	$b \geq 0.6\delta$
铝、锌	$d \geq 0.8\delta$	$b \geq 0.7\delta$	$b \geq 0.6\delta$	$b \geq 0.5\delta$

注：δ 表示板厚度。

表 3-6　带保护套凸模冲孔的最小尺寸　　　　　　　　（单位：mm）

材料	圆孔直径 d	长方孔宽度 b
高碳钢	0.5δ	0.4δ
低碳钢及黄铜	0.35δ	0.3δ
铝、锌	0.3δ	0.28δ

注：δ 表示板厚度。

冲裁件上孔与孔、孔与边缘之间的距离也不应过小，否则孔与孔之间的材料会产生扭曲，或使边缘材料变形，如图 3-12 所示。复合冲裁时，因模壁过薄而容易破损；分别冲裁时，也会因材料易被拉入凹模而影响模具寿命。特别是冲裁小孔距的小孔时，经常会使凸模弯曲变形而卡住模具。

5. 冲裁件的尺寸标注

冲裁件尺寸的基准应尽可能与制造及制模时的定位基准重合，并选择在冲裁过程中不产生变形的面或线上。图 3-13a 所示的尺寸标注不合理，因为模具磨损，要求尺寸 B 和 C 都必须有较大的公差，并造成孔心距不稳定，图 3-13b 所示的标注方法就比较合理，这样孔心距不受模具磨损的影响。

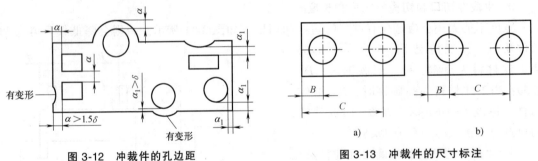

图 3-12　冲裁件的孔边距

图 3-13　冲裁件的尺寸标注
a）不合理　b）合理

6. 冲裁件孔中心与边缘距离的尺寸公差及两孔中心距公差

冲裁件孔中心与边缘距离的尺寸公差及两孔中心距公差分别见表 3-7 和表 3-8。

表 3-7　孔中心与边缘距离的尺寸公差　　　　　　　　（单位：mm）

材料厚度 δ	孔中心与边缘距离尺寸			
	≤50	50~120	120~220	220~360
≤2	±0.5	±0.6	±0.7	±0.8
2~4	±0.6	±0.7	±0.8	±1.0
>4	±0.7	±0.8	±1.0	±1.2

注：本表适用于先落料再进行冲孔的情况。

二、冲裁件的尺寸精度和表面粗糙度要求

冲裁件的精度应在经济精度范围内，普通冲裁的经济精度不高于 IT11，冲孔比落料高一级。冲裁件断面的表面粗糙度和允许的毛刺高度分别见表 3-9 和表 3-10。冲裁件外形与内孔尺寸公差见表 3-11。若工件的精度高于上述要求，则需在冲裁后进行修整或采用精密冲裁。冲裁件两孔中心距所能达到的公差见表 3-12。

第三章 冲裁工艺

表 3-8 冲裁件孔中心距公差 （单位：mm）

材料厚度 δ	普通冲孔公差			高级冲孔公差		
	孔中心距公称尺寸					
	≤50	50~150	150~300	≤50	50~150	150~300
≤1	±0.1	±0.15	±0.2	±0.03	±0.05	±0.08
1~2	±0.12	±0.2	±0.3	±0.04	±0.06	±0.1
2~4	±0.15	±0.25	±0.35	±0.06	±0.08	±0.12
4~6	±0.2	±0.3	±0.40	±0.08	±0.10	±0.15

注：1. 表中所列孔中心距公差，适用于两孔同时冲出的情况。
2. 普通冲孔公差指模具工作部分达 IT7~IT8 公差等级，凹模后角为 15°~30°。
3. 高级冲孔公差指模具工作部分达 IT6~IT7 公差等级及以上，凹模后角不超过 15°。

表 3-9 冲裁件断面的表面粗糙度

材料厚度 δ/mm	~1	>1~2	>2~3	>3~4	>4~5
表面粗糙度 Ra/μm	Ra 3.2	Ra 6.3	Ra 12.5	Ra 25	Ra 50

表 3-10 冲裁件断面允许的毛刺高度 （单位：mm）

材料厚度 δ	~1	>1~2	>2~3	>3~4	>4~5
新模试冲时允许的毛刺高度	≤0.015	≤0.02	≤0.03	≤0.04	≤0.05
生产时允许的毛刺高度	≤0.05	≤0.08	≤0.10	≤0.13	≤0.15

表 3-11 冲裁件外形与内孔尺寸公差 （单位：mm）

材料厚度 δ	工件尺寸							
	一般公差等级工件				较高公差等级工件			
	<10	10~50	50~150	150~300	<10	10~50	50~150	150~300
0.2~0.5	0.08/0.05	0.10/0.08	0.14/0.12	0.2	0.025/0.02	0.03/0.04	0.05/0.08	0.08
0.5~1	0.12/0.05	0.16/0.08	0.22/0.12	0.3	0.03/0.02	0.04/0.04	0.06/0.08	0.10
1~2	0.18/0.06	0.22/0.10	0.30/0.16	0.50	0.04/0.03	0.06/0.06	0.08/0.10	0.12
2~4	0.24/0.08	0.28/0.12	0.40/0.20	0.70	0.06/0.04	0.08/0.08	0.10/0.12	0.15
4~6	0.30/0.10	0.31/0.15	0.50/0.25	1.0	0.10/0.06	0.12/0.10	0.15/0.15	0.20

注：表中分子上的数值为外形尺寸公差值，分母上的数值为内孔尺寸公差值。

表 3-12　冲裁件孔中心距的公差　　　　　　　　　　　　　　（单位：mm）

材料厚度 δ	普通冲孔公差			高级冲孔公差		
	孔中心距公称尺寸					
	≤50	50~150	150~300	≤50	50~150	150~300
≤1	±0.1	±0.15	±0.2	±0.03	±0.05	±0.08
1~2	±0.12	±0.2	±0.3	±0.04	±0.06	±0.01
2~4	±0.15	±0.25	±0.35	±0.06	±0.08	±0.12
4~6	±0.2	±0.3	±0.40	±0.08	±0.10	±0.15

三、冲裁加工的经济性分析

1. 冲裁件的制造成本

所谓经济性好就是尽可能地减少生产消费，获得尽可能大的经济效益。在进行冲压工艺设计时，应运用经济分析方法找到降低成本，获取最优经济效果的工艺途径。

冲裁件制造成本：

$$C_\Sigma = C_C + C_J + C_M \tag{3-10}$$

式中　C_Σ——冲裁件制造成本；
　　　C_C——冲裁件材料费用；
　　　C_J——加工费用（包括工人工资、设备折旧、管理等费用）；
　　　C_M——模具费用。

上述成本中，模具费用、设备折旧费与生产量无关，加工费用中的工人工资、管理费在一定时间内也基本不变，这部分费用称为固定费用，用 C_a 表示；而材料、外购件费用随产量变化而变化，这部分费用称为可变费用，用 C_b 表示。若产量为 Q，则：

$$C_\Sigma = C_a + QC_b \tag{3-11}$$

所以，产品的制造成本就由固定费用和可变费用两部分组成。降低固定费用或可变费用都可以降低制造成本。图 3-14 所示为总固定费用与产量、单位固定费用与产量的关系，图 3-15 所示为总可变费用与产量、单位可变费用与产量的关系。图 3-16 所示为成本曲线，由图可知，单位成本随产量增加而下降。

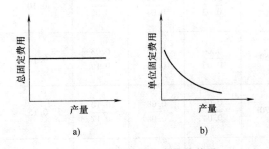

图 3-14　固定费用与产量的关系
a）总固定费用与产量的关系　b）单位固定费用与产量的关系

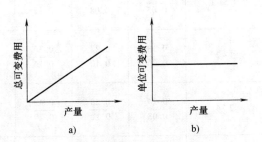

图 3-15　可变费用与产量的关系
a）总可变费用与产量的关系　b）单位可变费用与产量的关系

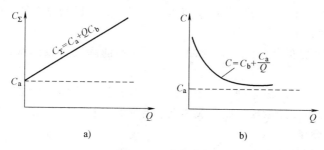

图 3-16 成本曲线

a）制造成本与产量的关系　b）单位成本与产量的关系

2. 降低成本的途径

1）降低小批量生产的成本费用。如试制或小批量生产时，以降低固定费用最有效，其中模具费用是最主要的。

2）工艺合理化。合理的工艺是降低成本的可靠保证。工艺的制订与生产批量有着密切关系，工艺安排可采用工序集中或工序分散的原则：批量大采用工序集中原则，设计复合模具或级进模具；批量小采用工序分散原则，尽量采用简单模具。

3）多件同时冲压。产量大时采用多件同时冲压，但要工件结构、尺寸允许，这样可大大降低成本。

4）采用高速或自动化生产。

5）提高材料利用率。

6）节约模具费用。

四、冲裁工艺方案的确定

1. 冲裁工序的组合

冲裁可分为单工序冲裁、复合冲裁和连续冲裁。复合的冲裁工序比单工序冲裁生产效率高，加工精度高。复合冲裁方式由下列因素确定：

（1）生产批量　一般来说，小批量生产或试制采用单工序冲裁；中批量和大量生产采用复合冲裁或连续冲裁。

（2）工件位置精度　复合冲裁所得到的工件位置精度较高，因为它避免了多次冲压的定位误差，并且在冲裁过程中可以进行压料，所以工件比较平整，连续冲裁所得到的工件位置精度较复合冲裁低。

（3）对工件尺寸及形状的适应性　工件的尺寸较小，考虑到单工序上料不方便和生产率低，常用复合冲裁或连续冲裁。对于尺寸中等的工件，由于制造多副单工序模的费用比复合模高，所以只宜用复合冲裁。因连续冲裁可以加工形状复杂、宽度很小的异形工件（图3-17），且可冲裁的材料厚度比复合冲裁时要大，但连续冲裁受压力机工作台面尺寸与工序数的限制，冲裁工件尺寸不宜过大。

（4）模具制造、安装调整和成

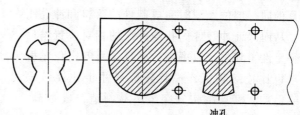

图 3-17　连续冲裁

本 复杂形状的工件,采用复合冲裁比采用连续冲裁为好。因为复合冲裁模具的制造、安装和调整较容易,成本较低。

(5) 操作方便性及安全方面 复合冲裁的出件和清除废料较困难,工作安全性较差,连续冲裁较安全。

对于一个工件,可以得出多种工艺方案,但必须对这些方案进行比较。在满足工件质量与生产率要求的前提下,选取模具制造成本低、寿命长、操作方便及安全的工艺方案。

2. 冲裁顺序的安排

连续冲裁的顺序安排如下:

1) 先冲孔或切口,最后落料或切断,将工件与条料分离。这样首先冲出的孔可作为后续工序定位用的工艺孔。

2) 采用定距侧刃时,定距侧刃切边工序应与首次冲孔同时进行,以便控制送料进距。采用两个定距侧刃时,可以安排成一前一后。

多工序工件用单工序冲裁时的顺序安排,应先落料使毛坯与条料分离,再冲孔或冲缺口;后续各冲裁工序的定位基准要一致,以免定位误差和尺寸链换算。冲大小不同、相距较近的孔时,为了减小孔的变形,应先冲大孔,后冲小孔。

3. 冲裁模的典型结构

冲裁模的种类较多,对其可按不同的特征进行分类。根据工序性质可分为冲孔模、切边模、切断模、剖切模、落料模、切口模、整修模、精密冲裁模等;根据工序的组合可分为单工序模(又称简单模)、连续模(又称级进模或跳步模)、复合模;根据上下模间的导向方式可分为无导向的开式模和有导向的导板模、导柱模、导筒模;根据卸料装置可分为带固定卸料板和弹压卸料板的冲模;根据挡料或定料的形式可分为固定挡料销、活动挡料销、导正销和侧刃的冲模;根据凸凹模材料的不同,可分为硬质合金冲模、钢结硬质合金冲模、钢皮冲模、橡皮冲模、聚氨酯冲模。

图 3-18 所示为同时冲孔、落料的复合模。复合模的结构特点是具有一个既是落料凸模又是冲孔凹模的所谓凸凹模的零件。利用复合模能够在模具的同一部位上同时完成制件的落料和冲孔工序,从而保证冲裁件内孔与外缘的相对位置精度和平整性,其生产效率高,而且条料的定位精度要求也比连续模低,模具轮廓尺寸也比连续模小。但是,模具结构复杂,不易制造,成本高,只适用于大批量生产。

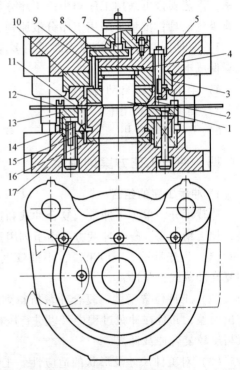

图 3-18 复合模

1—凸模 2—凹模 3—上模固定板 4—坐垫
5—上模 6—模柄 7—推杆 8—推块
9—推销 10—顶件 11—活动挡料销
12—固定挡料销 13—卸料板 14—凸凹模 15—下模固定板 16—垫板
17—下模板

第四章 弯曲工艺

弯曲是指把金属坯料弯折成具有一定角度或形状的冲压方法，弯曲属于变形工序。弯曲所用的模具称为弯曲模。

本章讲述弯曲工艺与弯曲模设计，涉及弯曲变形过程、弯曲件的结构工艺性、弯曲卸载后的回弹及影响因素、弯曲工艺的计算、弯曲模的设计。

第一节 弯曲变形

一、弯曲变形过程

板料在 V 形模内的校正弯曲是一种最基本的弯曲变形，其弯曲变形工艺过程见表 4-1。

表 4-1　板料弯曲变形工艺过程分析

弯曲过程	简图	弯曲时板料状况
第一阶段（初始）		弯曲初始阶段，材料自由弯曲
第二阶段		凸模下压，坯料与凹模工作表面靠近，弯曲半径由 R_0 变为 R_1，弯曲力臂由 L_0 变为 L_1
第三阶段		坯料弯曲区逐渐减小，直到凸模三点接触弯曲半径由 R_1 变为 R_2，直边部分则向相反方向弯曲

(续)

弯曲过程	简图	弯曲时板料状况
第四阶段（行程终了）	（图：R_3，L_3）	凸模行程终了时，凸凹模对坯料进行校正，使其圆角、直边与凸模完全靠紧

二、弯曲变形分析

研究材料的变形，常采用网格法，如图 4-1 所示。弯曲前在毛坯侧面画上网格，观察弯曲变形后的网格变化，就可以分析毛坯的受力情况。从毛坯弯曲变形后的网格变化可以发现：

弯曲变形主要发生在弯曲带中心角 α 范围内，中心角以外基本不变形，如图 4-2 所示。弯曲带中心角为 α，弯曲后工件的成形角为 θ，两者之间的关系为：

$$\alpha = 180° - \theta$$

在变形区内，毛坯在长、宽、厚三个方向都产生了变形。

1. 长度方向

网格由正方形变成了扇形，靠近凹模的外侧长度伸长，靠近凸模的内侧长度缩短，即

$$\widehat{bb} > \widehat{aa}$$

$$\widehat{bb} > \overline{bb}$$

$$\widehat{aa} < \overline{aa}$$

即由内向外逐渐伸长，在缩短和伸长的两个变形区之间，必然有一个层面，其长度在变形前后没有变化，这一层面称为中性层，如图 4-1 所示的 o—o。

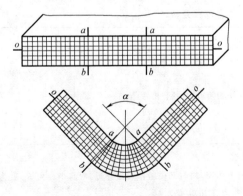

图 4-1 弯曲前后坐标网格的变化

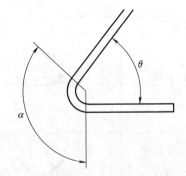

图 4-2 弯曲角与弯曲带中心角

2. 宽度方向

因内层受压，宽度增加，外层受拉，宽度减小。在宽度方向的变形情况根据毛坯的宽度不同分为两种情况：

1) 宽板毛坯（宽度与厚度之比大于3，$b/\delta > 3$）弯曲时，材料在宽度方向的变形会受到

相邻金属的限制，横断面几乎不变，基本保持矩形，如图 4-3b 所示。

2) 窄板毛坯（宽度与厚度之比小于或等于 3，$b/\delta \leq 3$）弯曲时，材料在宽度方向的变形不受约束，断面变成内宽外窄的扇形，如图 4-3c 所示。

3. 厚度方向

因内侧长度方向缩短，所以厚度增加。但由于凸模紧压毛坯，厚度方向变形困难，厚度增加量很小。毛坯外侧长度伸长，厚度变小。外侧变薄量大于内侧变厚量，使得中性层内移。

4. 弯曲件中性层位置

在计算弯曲件的毛坯尺寸时，需先确定中性层的位置，中性层位置可用其弯曲半径 ρ 确定，如图 4-3a 所示。ρ 值可计算如下：

$$\rho = r + X\delta \tag{4-1}$$

式中 ρ——中性层弯曲半径（mm）；

r——内弯曲半径（mm）；

δ——材料厚度（mm）；

X——中性层位置系数，见表 4-2。

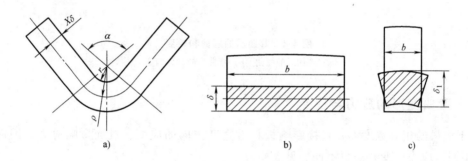

图 4-3 弯曲后断面变化

a) 毛坯 b) $b/\delta > 3$ c) $b/\delta \leq 3$

表 4-2 中性层位置系数

r/δ	0.1	0.2	0.3	0.4	0.5	0.6	0.7	0.8	1.0	1.2
X	0.21	0.22	0.23	0.23	0.25	0.26	0.28	0.30	0.32	0.33
r/δ	1.3	1.5	2.0	2.5	3.0	4.0	5.0	6.0	7.0	≥ 8.0
X	0.34	0.36	0.38	0.39	0.40	0.42	0.44	0.46	0.48	0.50

三、弯曲变形特点

1. 中性层内移

当变形程度较小时（r/δ 较大），中性层基本位于断面中心；当变形程度较大时（r/δ 较小），中性层向内侧移动，其位置按式（4-1）确定。

2. 变形区板料厚度变薄长度增加

在弯曲变形时，内侧增厚，外侧变薄。但由于中性层内移，增厚区变小，减薄区变大，综合结果，板料的减薄大于板料的加厚，整个板料便出现变薄现象。r/δ 越小，变薄现象越明显。

3. 弯曲后的翘曲与剖面畸变

细而长的板料，弯曲后纵向产生翘曲变形。由图 4-4a 可知，在弯折处外区（a 区）沿材料长度方向受压应变，内区（b 区）受拉应变，弯曲后结果产生图示的翘曲。管材、型材弯曲后的剖面畸变如图 4-4b 所示，这种现象是径向压应力所致。另外，在薄壁管的弯曲中，还会出现内侧因受压应力作用而失稳起皱的现象，因此弯曲薄管时常在管中加入填料（如沙）或芯棒。

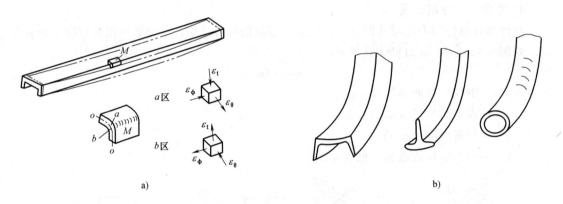

图 4-4 弯曲后的翘曲和畸变

a) 弯曲后的翘曲 b) 弯曲后的剖面畸变

四、弯曲变形的应力与应变

由于板料的相对宽度 b/δ 直接影响板料沿宽度方向的应变，进而影响应力，因而随着 b/δ 的不同，应力应变状态也不同，见表 4-3。

表 4-3 板料弯曲变形的应力应变状态

区域 \ 板宽	宽板 $b/\delta>3$		窄板 $b/\delta\leq3$	
内区	σ_ρ, σ_θ, σ_B	ε_ρ, ε_θ	σ_ρ, σ_θ	ε_ρ, ε_θ, ε_B
外区	σ_ρ, σ_θ, σ_B	ε_ρ, ε_θ	σ_ρ, σ_θ	ε_ρ, ε_θ, ε_B

1. 应变状态

（1）切向 外侧拉伸应变，内侧压缩应变。其切向应变为绝对值最大的主应变。

（2）厚向（径向） 根据塑性变形体积不变条件可知，沿着板料的宽度方向和径向，必

然产生与 ε_θ 符号相反的应变。在板料的外侧，切向主应变 ε_θ 为拉应变，所以厚度方向应变 ε_ρ 为压应变；在板料的内侧，切向主应变 ε_θ 为压应变，所以厚向的应变 ε_ρ 为拉应变。

（3）宽向　分两种情况：弯曲窄板（$b/\delta \leqslant 3$）时，材料在宽度方向可以自由变形，故外侧应变 ε_B 应为与切向主应变 ε_θ 符号相反的压应变，内侧应变 ε_B 为拉应变；弯曲宽板（$b/\delta > 3$）时，沿宽度方向，材料之间变形相互制约，材料的流动受阻，故外侧和内侧沿宽向的应变 ε_B 近似为零。

2. 应力状态

（1）切向　外侧受拉应力，内侧受压应力，其应力为绝对值最大的主应力。

（2）厚向（径向）　在弯曲过程中，材料有挤向曲率中心的倾向，越靠近材料外表面，其切向拉应变 ε_θ 越大，材料挤向曲率中心的倾向越大。这种不同步的材料转移，使板料在厚度方向产生了压应力 σ_ρ。在板料的内侧，板厚方向的拉应变 ε_ρ 受到外侧材料向曲率中心移近所产生的阻碍，也产生了压应力 σ_ρ。

（3）宽向　分两种情况：弯曲窄板（$b/\delta \leqslant 3$）时，由于材料在宽向的变形不受限制，因此其内侧和外侧的应力 σ_B 均为零；弯曲宽板（$b/\delta > 3$）时，外侧材料在宽向的收缩受阻，产生拉应力 σ_B，内侧宽向拉伸受阻产生压应力 σ_B。

由表 4-3 可知，就应力而言，宽板弯曲是立体的，窄板弯曲是平面的；就应变而言，窄板弯曲是立体的，宽板弯曲是平面的。

第二节　弯曲工艺分析与质量控制

一、弯曲力的计算

弯曲力是弯曲工艺设计和选用压力机的重要依据。但由于弯曲力受材料性能、弯曲件的形状尺寸、弯曲方法和模具结构等多种因素的影响，因此很难用理论分析的方法进行准确的计算。实践中采用经验公式概略计算弯曲力。

1. 自由弯曲

对于 V 形件（图 4-5a），自由弯曲力为

$$P_{自} = \frac{0.6Kb\delta^2 \sigma_b}{r+\delta} \qquad (4-2)$$

对于 U 形件（图 4-5b），自由弯曲力为

$$P_{自} = \frac{0.7Kb\delta^2 \sigma_b}{r+\delta} \qquad (4-3)$$

式中　$P_{自}$——板料在冲压行程结束时的自由弯曲力（N）；

　　　K——系数，一般取 $K=1.3$；

　　　b——弯曲件的宽度（mm）；

　　　δ——弯曲件的厚度（mm）；

　　　r——弯曲件的内弯曲半径（mm）；

　　　σ_b——材料的强度极限（MPa）。

2. 校正弯曲

如果弯曲件在冲压行程结束时受到模具的校正（图4-6），则校正力近似计算为：

$$P_{校} = Fq \quad (4\text{-}4)$$

式中　$P_{校}$——校正弯曲力（N）；

　　　F——校正部分投影面积（mm^2）；

　　　q——单位校正应力（MPa）。

对于厚度小于 1mm 的 10~30 号钢，$q = 30 \sim 50 \text{MPa}$。

3. 顶件力和压料力

对于设有顶件装置或者压料装置的弯曲模，其顶件力或压料力 Q 值可近似取自由弯曲力的 30%~80%，即 $Q = (30\% \sim 80\%)P_{自}$。

4. 弯曲时压力机压力 $P_{公称}$ 的确定

对于有压料装置的自由弯曲，

$$P_{公称} \geq P_{自} + Q \quad (4\text{-}5)$$

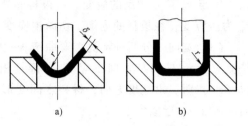

图 4-5　自由弯曲示意图

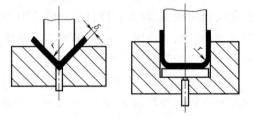

图 4-6　校正弯曲示意图

对于校正弯曲，由于校正弯曲力是发生在下死点位置，校正弯曲力和自由弯曲力并非重叠关系，而且校正弯曲力的数值比压料力大得多，Q 值可忽略不计，因此只按校正弯曲力选择设备就可以了。即：

$$P_{公称} \geq P_{校} \quad (4\text{-}6)$$

二、弯曲件毛坯尺寸的确定

根据应变中性层的定义，毛坯的长度等于中性层的长度。应变中性层的位置用弯曲半径 ρ 表示（图4-3）。

由于弯曲件结构形状不同、弯曲半径大小不同以及弯曲方法不同，其毛坯尺寸的计算方法也不同。

1. 有圆角半径的弯曲 ($r > 0.5\delta$)

这类弯曲件由于弯曲时厚度变小不明显，断面畸变较小，展开长度是根据弯曲前、后中性层长度不变的原则进行计算的。图4-7所示弯曲件的展开总长度等于直线部分的长度和弯曲部分中性层展开长度之和。具体计算步骤如下：

1) 计算直线段 a、b、c、d 的长度。
2) 根据 r/δ 的值，由表4-2查出中性层位置系数。
3) 计算中性层弯曲半径：$\rho = r + X\delta$。
4) 计算各弯曲段展开长度：$L_i = \pi \rho_i \alpha_i / 180 (i = 1, \cdots, n)$。
5) 计算毛坯的总长度：$L = a + b + c + \cdots + L_1 + L_2 + \cdots + L_n$。

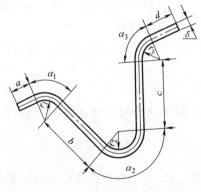

图 4-7　圆角半径 $r > 0.5\delta$ 的弯曲件

2. 无圆角半径或圆角半径较小时的弯曲（$r<0.5\delta$）

这类弯曲件的毛坯尺寸是根据弯曲前、后板料体积不变的原则进行计算的。由于弯曲时弯曲处材料明显变薄，因此按体积不变的原则计算的毛坯，还需进行修正。具体计算方法可查阅有关冲压手册。

3. 铰链卷圆的展开长度计算

如图4-8所示，铰链卷圆时，由于所用的凸模是对毛坯一端施加压力，故产生很复杂的塑性变形，为了使毛坯在球向弯曲时保持稳定，只有当 $R<3.3\delta$ 时才能实现。故铰链的卷制方法一般只适用于 $R=(2\sim3.3\delta)$ 的情况。当 R 更大时，卷制铰链就需使用与铰链圈内径相等的芯轴。

铰链卷圆时，材料不是变薄而是增厚了，即中性层由板料中间向弯曲外层移动，因此中性层位置系数大于或等于0.5。表4-4给出了铰链卷圆的中性层位置系数 K。

图4-9所示为两种铰链形式，毛坯的展开长度 L 为：

图4-9a 所示形式
$$L=\frac{\Pi(R+K\delta)}{180°}\alpha+L_1 \tag{4-7}$$

图4-9b 所示形式
$$L=\frac{\Pi(R+K\delta)}{180°}\alpha+L_1+L_2 \tag{4-8}$$

表4-4　铰链卷圆的中性层位置系数 K

R/δ	0.5~0.6	0.6~0.8	0.8~1.0	1.0~1.2	1.2~1.5	1.5~1.8	1.8~2.0	2.0~2.2	>2.2
K	0.76	0.73	0.70	0.67	0.64	0.61	0.58	0.54	0.50

图4-8　铰链卷圆

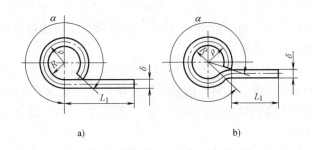

图4-9　铰链形式

三、弯曲件回弹现象的原因及减小回弹的措施

在实际冲压生产中，弯曲件出现的质量问题有回弹、弯裂和偏移等，为了提高弯曲件的成形精度，应具体分析弯曲件在弯曲成形过程中产生回弹、弯裂和偏移的原因，并采取相应的措施，提高弯曲件质量。

1. 弯曲件回弹现象的理论分析

从弯曲变形过程分析得知，在板料塑性弯曲时，总是伴随着弹性变形，所以当弯曲件从模具里取出后，中性层附近纯弹性变形以及内、外侧区域总变形中弹性变形部分的恢复，使弯曲件的形状和尺寸都发生与加载时变形方向相反的变化，这种现象称为弯曲件的回弹（回跳或弹复）。

由于弯曲时内、外区切向应力与应变的性质不同，因此弹性恢复方向相反，即外区缩短，内区伸长，这种反向的弹性恢复，引起弯曲件形状和尺寸的改变。因此减小和控制板料弯曲时的回弹量，是研究和拟定弯曲工艺的主要内容之一。

通常用回弹角 $\Delta\alpha$ 来表示弯曲件的回弹程度：$\Delta\alpha=\alpha_0-\alpha$。回弹角 $\Delta\alpha$ 越大，表示回弹越明显（图4-10）。

2. 影响回弹的因素

弯曲成形零件所用材料、工艺、模具和零件的形状复杂程度不同，成形后零件的回弹量也不相同，因此对影响回弹现象的各种因素详加讨论，有助于在制定弯曲零件工艺和模具设计中，寻找控制回弹的有效途径。

（1）材料的力学性能　弯曲回弹量的大小大致与材料的屈服强度 σ_s 成正比，与材料的弹性模量 E 成反比，即材料的 σ_s/E 值越大，弯曲回弹量也越大。材料的应变硬化指数 n 值越小，弯曲回弹量也越大。

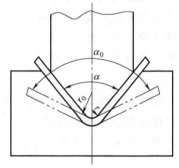

图4-10　弯曲件的回弹现象

（2）相对弯曲半径 r/δ　相对弯曲半径 r/δ 的不同，反映了板料弯曲时变形程度的不同。对于给定的弯曲成形薄板，其弹性弯曲变形量是一定的，随着弯曲变形程度的改变，弹性弯曲变形量在总的弯曲变形量中的比例是不断变化的，弯曲变形程度越大，弹性弯曲部分所占的比例就越小。因此，当相对弯曲半径 r/δ 减小时，回弹角 $\Delta\alpha$ 相应减少。

（3）弯曲零件的形状　一般来说，弯曲零件的形状越复杂，弯曲变形时各部分变形的相互制约作用越大，增加了弯曲时的变形阻力，使薄板内区受压变形成分减小，薄板截面上的切向应力 σ_θ 的分布趋向均匀，因而降低了一次弯曲成形的回弹量。如U形件的回弹量比V形件的回弹量小。

（4）模具间隙　U形弯曲模的凸凹模间隙越大，卸载后零件的回弹量也越大。因为过大的模具间隙，使材料的贴模程度降低，也减小了对弯曲件直边的径向约束作用，这样在其他条件不变的情况下，间隙越大，弯曲件的塑性变形成分就越小，从而卸载后零件的回弹量也越大。

（5）弯曲校正力　实际生产中的弯曲力的大小是超过零件弯曲成形所需的力的，这个超出部分的力称为弯曲校正力。弯曲校正力能够改变零件弯曲变形区的应力状态和应变性质，改善变形区内外层应力分布的不均匀性，达到减小回弹量的目的。因此，弯曲校正力越大，卸载后零件的回弹量越小。由于弯曲方法和模具工作部分结构形状的不同，校正力的大小对弯曲零件精度的影响程度也不同，掌握这一影响规律对设计弯曲成形工艺是必要的。

（6）弯曲方式　板料的压弯成形有两种弯曲方式：无底凹模的自由弯曲和有底凹模的校正弯曲。由于这两种方式的变形不同，卸载后零件的弯曲回弹量也不相同。板料在无底凹模中自由弯曲时，其弯曲角度的大小与凸模进入凹模的深度有关，因凸模无法施加弯曲校正力，卸载后零件的弯曲回弹量较大。板料在有底凹模中弯曲，在成形终了时，凸模可以施加弯曲校正力，以使板料坯料与凸凹模紧密接触。因压平的直边部分在卸载后反向回弹，能够减小甚至抵消变形区的角度回弹，所以零件的弯曲回弹量小。

此外，材料性能的波动、板厚的偏差和弯曲角度等，都会影响弯曲回弹量。

3. 减小回弹量的措施

塑性弯曲成形零件时，不可避免地存在回弹现象。回弹的存在，使弯曲成形零件精度差、外形尺寸不符合要求等，这是在设计弯曲成形工艺和模具时必须予以考虑并采取相应措施加以解决的主要问题。减小回弹量的措施可以归纳为如下几个方面：

（1）选用合适的材料及改进零件局部结构　弯曲零件的回弹量大小与板料的力学性能有着直接的关系，采用弹性模量大、屈服强度小的材料，可以减小回弹量。对于较硬的材料，弯曲成形前进行退火处理能够减小回弹量。采用加热弯曲的方法，利用热变形时材料的变形抵抗力下降、塑性增加的特点，也可以减小回弹量。在弯曲零件的变形区压制合适的加强筋（图4-11），以改变变形区材料应力、应变分布，不仅可以增加零件的刚度，而且可以减小弯曲回弹量。

（2）补偿法　根据弯曲件的回弹趋势和回弹量的大小，修正凸模或凹模工作部分的形状和尺寸，使工件的回弹量得到补偿，这种方法简单且实用，在生产中得到广泛应用。

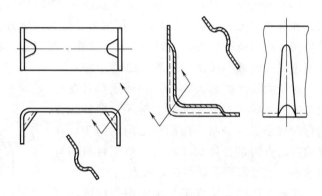

图 4-11　在弯曲变形区压制加强筋

V形件弯曲时，根据估算的回弹量，预先将凸模圆角半径 r、顶角 α 做小些，经调试修磨补偿回弹（图 4-12c、e）。

U形件弯曲时，可在凸模两侧做出回弹角（图 4-12a），或在凹模底部做出弧面（图 4-12b），使工件局部弯曲，当工件从

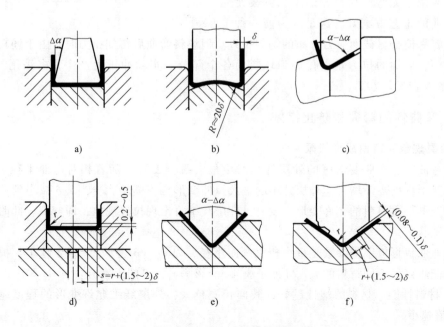

图 4-12　减小回弹量的措施

凹模取出后，由于弧面回弹伸直，而使两侧产生负回弹，从而补偿圆角部位的正回弹。

由于预先难以精确计算出零件的回弹量，因此在根据零件的回弹量修整模具时，需要反复试压和调整，才能得到满意的零件形状尺寸。

（3）校正法 弯曲成形终了时，板料坯料与模具贴合以后，对坯料施加一定的附加压力以校正弯曲变形区，迫使变形区内层纤维沿切向产生拉深应变。这样经校正后的板料内、外层纤维都伸长变形，卸载以后，内、外层纤维都要缩短，其回弹趋势互相抵消，从而达到减小回弹量的目的。

加压校正的压力可以附加弯曲力增量得到，这时在制定弯曲工艺时，必须确定弯曲力增量的大小。也可以在凸模上做出"突起"部分来得到（图4-12d、f），利用"突起"部分对弯曲件进行过量压缩，以达到校正的目的。

（4）拉弯法 拉弯法的原理是在薄板弯曲的同时施加切向拉力，改变板料内部的应力状态和分布情况，使中性层以内的压应力转化为拉应力。此时，整个板料剖面都受到拉应力的作用，应力应变分布趋于均匀一致，这样，卸载后，内、外层纤维的回弹趋势相互抵消，从而可以大大减小回弹量（图4-13）。

对于大尺寸的薄板零件，拉弯成形可在专用机床（如拉弯机）上进行。对于一般冲压件的弯曲成形，可以减小凸凹模之间的间隙。在弯曲件的直边部分施加压料力，牵制材料的自由流动，也可取得明显的拉弯效果。

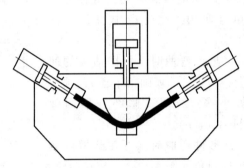

图4-13 拉弯工艺

实际生产中，拉弯工艺主要用于成形曲率大、外形准确度要求高的零件。拉弯时，拉深变形和弯曲变形的先后顺序对回弹量大小有影响。一般来说，先弯曲后拉深的工艺方案比先拉深后弯曲的工艺方案好。这是因为前一种工艺方案更容易使板料截面应力分布的均匀一致。但坯料弯曲后再加拉力时，由于坯料与模具的摩擦作用，后加的拉力难以传递到坯料的各个部分。实际冲压生产中，多采用拉深+弯曲+拉深的复合工艺方案。

四、弯曲件的弯裂和防止措施

1. 弯裂现象和弯曲成形极限

薄板弯曲时，弯曲变形区的外层纤维产生最大拉伸变形，随着相对弯曲半径r/δ的减小，弯曲变形程度逐渐增大，外层纤维的最大拉伸变形也不断增大。当r/δ减小到使外层纤维的拉伸变形超过材料的允许变形程度时，外层纤维将出现拉裂现象，即弯裂。此时弯曲变形达到极限状态。

表示弯曲成形极限的参数是最小相对弯曲半径，以r_{min}/δ表示。r_{min}/δ越小，板料的弯曲成形性能越好。不同材料的r_{min}/δ列于表4-5。影响r_{min}/δ的因素有：

（1）材料性能 材料的塑性越好，其伸长率越大，外层纤维允许变形的程度越大，则r_{min}/δ数值越小。

（2）折弯方向 金属板料经碾压后得到纤维状组织，使板料呈现出各向异性。沿纤维方向的力学性能较好，不易拉裂。因此，当弯曲线与纤维组织方向垂直时，r_{min}/δ 数值最小；平行时 r_{min}/δ 数值最大。

（3）板料的热处理状态　经退火的板料塑性好，r_{min}/δ 小些。经冷作硬化的板料塑性降低，则 r_{min}/δ 会增大。

（4）板料的边缘及表面状态　下料时板料边缘的冷作硬化、毛刺及板料表面带有划伤等缺陷，弯曲时易受到拉伸应力而破裂，则 r_{min}/δ 会增大。

表 4-5　最小相对弯曲半径 r_{min}/δ

材料	正火或退火的		硬化的	
	弯曲线方向			
	与轧纹垂直	与轧纹平行	与轧纹垂直	与轧纹平行
08、10	0.1	0.4	0.4	0.8
15、20	0.15	0.5	0.5	1
25、30	0.2	0.6	0.6	1.2
35、40	0.3	0.8	0.8	1.5
45、50	0.5	1	1	1.7
55、60	0.7	1.3	1.3	2
软黄铜	0.1	0.35	0.35	0.8
纯铜	0.1	0.35	1	2
铝	0.1	0.35	0.5	1

（5）板材宽度的影响　窄板（$b/\delta \leqslant 3$）弯曲时，沿板料宽度方向的应力为零。宽度方向的材料可以自由流动，以缓解弯曲圆角外侧的切向拉应力和拉深应变状态，因此，可以使 r_{min}/δ 减小。

（6）弯曲角度　弯曲角度 θ 越小，则最小相对弯曲半径 r_{min}/δ 越小（图 4-14）。这是因为在弯曲过程中，毛坯的变形并不是局限在圆角变形区，由于材料的相互牵连，其变形影响到圆角附近的直边，实际扩大了弯曲变形区范围，分散了集中在圆角部位的弯曲应变，对圆角外层纤维濒于拉裂的极限状态有所缓解，使 r_{min}/δ 减小。θ 越小，圆角中段变形程度的降低值越多，所以 r_{min}/δ 越小。

2. 防止弯裂的措施

1）要选用表面质量好、无缺陷的材料做弯曲件的毛坯。如果毛坯有缺陷，应在弯曲前清除掉，否则弯曲时会在缺陷处开裂。

2）在设计弯曲件时，应使工件弯曲半径大于其最小弯曲半径（$r_件 > r_{min}$），防止弯曲时由于变形程度过大产生裂纹。若需要 $r_件 < r_{min}$ 时，

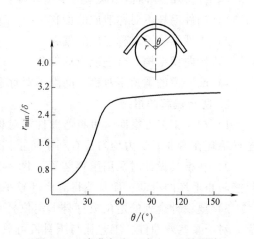

图 4-14　弯曲角度 θ 对 r_{min}/δ 的影响

则应两次弯曲，最后一次以校正工序达到工件圆角半径的要求。

3）弯曲时，应尽可能使弯曲线与材料的纤维方向垂直。对于需要双向弯曲的工件，应尽可能使弯曲线与纤维方向成45°角（图4-15）。

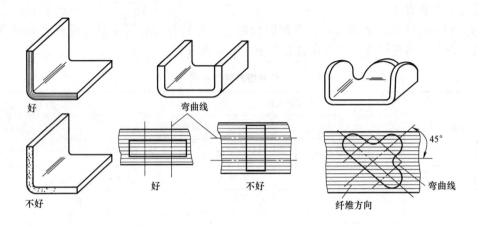

图4-15 弯曲线与材料纤维方向的关系

4）弯曲时，毛刺会引起应力集中而使工件开裂（图4-16），应把毛刺的一边放在弯曲内侧。

五、弯曲偏移现象和防止措施

1. 偏移现象

板料在弯曲过程中沿凹模圆角滑移时，会受到凹模圆角处摩擦阻力的作用。当板料各边所受的摩擦阻力不等时，有可能使毛坯在弯曲过程中沿工件长度方向产生移动，使工件两直边的高度不符合图样的要求，这种现象称为偏移（图4-17）。

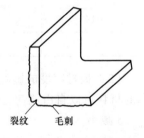

图4-16 冲裁表面对弯曲件质量的影响

2. 产生偏移的原因

产生偏移的原因概括起来有下面几种：

1）制件毛坯不对称造成的偏移。
2）工件结构不对称造成的偏移。
3）弯曲模结构不合理造成的偏移。
4）凸凹模的圆角不对称、间隙不对称造成的偏移。

3. 防止偏移的措施

1）拟定工艺方案时，可将弯曲件不对称形状组合成对称形状，然后再切开（图4-18），这样毛坯在弯曲时受力均匀，有利于防止偏移。

2）在模具设计时采用压料装置（图4-19），使毛坯在压紧状态逐渐弯曲成形，这样不仅能防止毛坯的滑动，而且能得到底部较平整的工件。

3）要设计合理的定位板（外形定位）或定位销（图4-20），保证毛坯在模具中定位可靠。对于某些弯曲件，工艺孔与压料板可兼用。

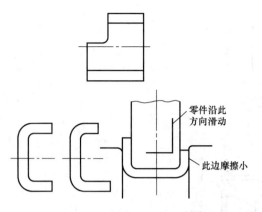

图 4-17 制件弯曲时的偏移现象

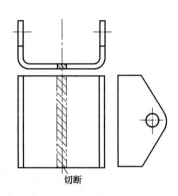

图 4-18 防止偏移措施（一）

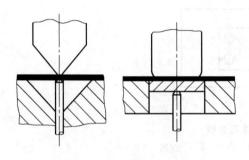

图 4-19 防止偏移措施（二）

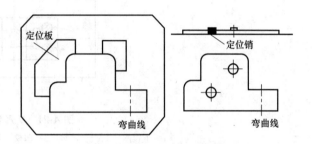

图 4-20 防止偏移措施（三）

第三节 弯曲模设计

一、弯曲模的典型结构

1. V 形件弯曲模

V 形件弯曲模又称单角弯曲模，大部分没有模架，如图 4-21 所示。该模具结构简单，在压力机上安装、调试方便，对板料厚度偏差要求不高，弯曲终了时得到一定程度的校正，故回弹量较小，零件平面度较好。

V 形件弯曲模的一般结构形式如图 4-22 所示。

2. U 形件弯曲模

U 形件弯曲模一般是同时弯曲两个角度，图 4-23 所示为其 6 种基本结构。

图 4-23a 所示为无顶件块结构，主要用于底面无平面度要求的零件，结构简单，制造容易，但弯曲精度低。

图 4-23b 所示的结构用于底部要求平整的弯曲件。

图 4-23c 所示的结构用于料厚公差较大而外侧尺寸要求较高的弯曲件。凸模可随料厚自动横向调整尺寸。

图 4-23d 所示的结构用于料厚公差较大而内侧尺寸要求较高的弯曲件。凹模两侧为活动

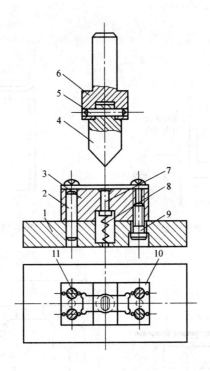

图 4-21 V 形件弯曲模
1—下模座 2、5—销钉 3—凹模 4—凸模 6—上模座 7—顶杆
8—弹簧 9、11—螺钉 10—定位板

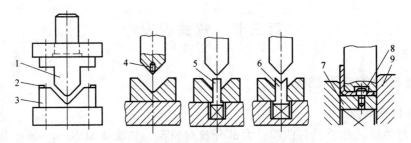

图 4-22 V 形件弯曲模的一般结构形式
1—凸模 2—定位板 3—凹模 4—定位尖 5—顶杆 6—V 形顶板 7—顶板 8—定位销 9—反侧压块

结构，可随料厚横向调整凹模尺寸。

图 4-23e 所示为 U 形件精弯模。

图 4-23f 所示为厚度变薄的弯曲。

3. Z 形件弯曲模

Z 形弯曲件两个直边的弯曲方向相反，模具结构必须有两个相反方向的弯曲部分，具体结构如图 4-24 所示。

图 4-24a 所示为无压料装置的 Z 形件弯曲模，结构简单，用于精度要求不高的场合。

图 4-24b 所示为有顶板和定位销的 Z 形件弯曲模，结构较图 4-24a 所示的复杂，但成形精度比前者高，适于精度要求较高的场合。

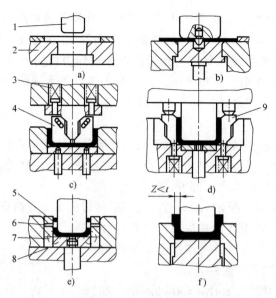

图 4-23 U 形件弯曲模

1—凸模　2—凹模　3—弹簧　4—凸模活动镶块　5、9—凹模活动镶块　6—定位销　7—转轴　8—顶板

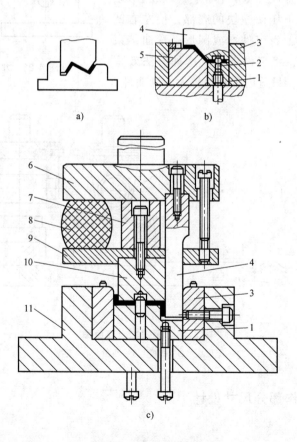

图 4-24 Z 形件弯曲模

1—顶板　2—定位销　3—反侧压板　4—凸模　5—凹模　6—上模座　7—压块
8—橡皮　9—凸模托板　10—活动凸模　11—下模座

图 4-24c 所示为有压料、定位和校正的 Z 形件弯曲模，精度高，结构较复杂，适于压制精度要求高的 Z 形件。其工作过程是：冲压前活动凸模 10 在橡皮 8 的作用下与凸模 4 端面平齐。冲压时，活动凸模与顶板将坯料夹紧，在橡皮弹力作用下顶板下移并使坯料左端弯曲。当顶板接触下模座 11 后，橡皮 8 压缩，凸模 4 相对于活动凸模下移使坯料右端弯曲成形。当压块 7 与上模座 6 相碰时，整个工件得到校正。

4. 圆形件弯曲模

圆形件尺寸大小不同，其弯曲方法也不同，一般分为小圆形件和大圆形件。

（1）小圆形件弯曲（直径 $d \leqslant 5\mathrm{mm}$） 小圆形件弯曲一般先将毛坯弯成 U 形，然后利用芯轴弯成圆筒形。具体结构如图 4-25 所示。

（2）大圆形件弯曲（直径 $d \geqslant 20\mathrm{mm}$） 大圆形件弯曲是先弯曲成波浪形，然后再弯曲成圆形。如图 4-26 所示，首次弯曲成波浪形，其尺寸要进行试验修正。在末次弯曲后，零件会套在凸模 3 上，可以推开支撑 4 取出弯曲件。

（3）转动凹模式弯曲模（直径 $d = 10 \sim 40\mathrm{mm}$） 如图 4-27 所示，弯曲时，毛坯先由两侧定位板以及凹模块的上端定位，弯曲时凸模 4 先将坯料压成 U 形，然后凸模继续下行，下压凹模块的底部，使左右凹模块绕各自的轴转动，将工件弯成圆形。弯曲结束后，向右推开支撑 3，将工件取出。这种方法效率较高，但回弹量较大，只适用于直径较大的弯曲件。

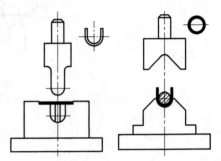

图 4-25 小圆形件弯曲模

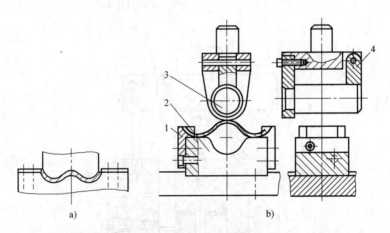

图 4-26 大圆二次弯曲模

1—定位板　2—凹模　3—凸模　4—支撑

二、弯曲模工作部分尺寸设计

1. 凸模圆角半径

当相对弯曲半径 r/δ 较小时，取凸模圆角半径等于或略小于工件内侧的圆角半径 r，但不能小于材料允许的最小弯曲半径 $r_{\min}$。若弯曲件的 $r/\delta < r_{\min}/\delta$，则应取凸模圆角半径 $r_{\mathrm{t}} >$

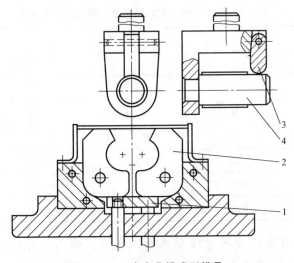

图 4-27 一次弯曲模成形模具
1—顶板 2—转动凹模 3—支撑 4—凸模

r_{min}，然后增加一道整形工序，使整形模的凸模圆角半径 $r_t = r$。

当 r/δ 较大（$r/\delta > 10$），且精度要求较高时，必须考虑回弹的影响，根据回弹量的大小对凸模圆角半径进行修正。

2. 凹模圆角半径

凹模入口处圆角半径 r_a 的大小对弯曲力及弯曲件的质量均有影响。在生产中，通常根据材料的厚度选取凹模圆角半径。

当 $\delta \leq 2$ mm 时，$r_a = (3\sim 6)\delta$；当 $\delta = 2\sim 4$ mm 时，$r_a = (2\sim 3)\delta$；当 $\delta > 4$ mm 时，$r_a = 2\delta$。

对于 V 形件凹模，其底部圆角半径可依据弯曲变形区坯料变薄的特点取值：

$$r_a = (0.6\sim 0.8)(r_t + \delta) \tag{4-9}$$

3. 弯曲凹模的深度

弯曲凹模的深度要适当，若深度过小，则弯曲件两端自由部分太长，工件回弹量大，不平直；若深度过大，则凹模增高，模具耗材增多，且压力机工作行程增大。

V 形件凹模深度、底部直径如图 4-28a 所示，数值见表 4-6。

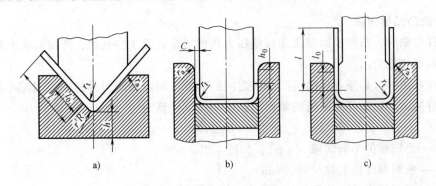

图 4-28 弯曲模工作部分的尺寸
a）V 形件 b）U 形件：深度小于高度 c）U 形件：深度大于高度

表 4-6 弯曲 V 形件的凹模深度及底部最小厚度 h (单位：mm)

弯曲件边长 l	板料厚度					
	≤2		2~4		>4	
	h	l_0	h	l_0	h	l_0
10~25	20	10~15	22	15	—	—
>25~50	22	15~20	27	25	32	30
>50~75	27	20~25	32	30	37	35
>75~100	32	25~30	37	35	42	40
>100~150	37	30~35	42	40	47	50

对于 U 形件，若直边高度不大或要求两边平直，则凹模深度应大于工件深度，如图 4-28b 所示，图中 h_0 见表 4-7。

表 4-7 弯曲 U 形件凹模 h_0 (单位：mm)

板料厚度	≤1	1~2	2~3	3~4	4~5	5~6	6~7	7~8	8~10
h_0	3	4	5	6	8	10	15	20	25

如果弯曲件的直边较长，且对平直度的要求不高，凹模深度可以小于工件高度，如图 4-28c 所示，凹模深度 l_0 见表 4-8。

表 4-8 弯曲 U 形件凹模深度 l_0 (单位：mm)

弯曲件边长 l	板料厚度				
	<1	>1~2	>2~4	>4~6	>6~10
<50	15	20	25	30	35
50~75	20	25	30	35	40
75~100	25	30	35	40	40
100~150	30	35	40	50	50
150~200	40	45	55	65	65

4. 弯曲凸凹模间隙

V 形件弯曲时，凸凹模间隙是靠调整压力机的闭合高度来控制的，弯曲时模具的工作部分与工件应紧密贴合。

U 形件弯曲时，必须合理确定凸凹模之间的间隙，间隙大则回弹量大；间隙小则弯曲力增大，工件减薄。U 形件凸凹模的单面间隙值一般可计算为：

$$C = \delta + \Delta + k\delta \tag{4-10}$$

式中　C——凸凹模的单面间隙（mm），如图 4-28b 所示；
　　　δ——板料厚度的公称尺寸（mm）；
　　　Δ——板料厚度的正偏差（mm）；
　　　k——间隙系数，见表 4-9。

表 4-9　间隙系数 k

弯曲件高度 h	$b/h \leqslant 2$				$b/h > 2$				
	板料厚度								
	<0.5	0.6~2	2.1~4	4.1~5	<0.5	0.6~2	2.1~4	4.2~7.6	7.6~12
10	0.05	0.05	0.04	—	0.10	0.10	0.08	—	—
20	0.05	0.05	0.04	0.03	0.10	0.10	0.08	0.06	0.06
36	0.07	0.05	0.04	0.03	0.15	0.10	0.08	0.06	0.06
50	0.10	0.07	0.05	0.04	0.20	0.15	0.10	0.06	0.06
70	0.10	0.07	0.05	0.05	0.20	0.15	0.10	0.10	0.08
100	—	0.07	0.05	0.05	—	0.15	0.10	0.10	0.08
150	—	0.10	0.07	0.05	—	0.20	0.15	0.10	0.10
200	—	0.10	0.07	0.07	—	0.20	0.15	0.15	0.10

注：b 为弯曲件宽度。

当弯曲件精度要求较高时，间隙值适当减小，可取 $C=\delta$。

第五章 拉深工艺

第一节 拉深变形过程概述

拉深是利用拉深模将已冲裁好的平面毛坯压制成各种形状的开口空心零件,或将已压制的开口空心毛坯进一步制成其他形状、尺寸的开口空心零件的冲压成形工序,拉深又称拉延或压延。

拉深时所用的模具与冲裁模不同,其凸模与凹模没有锋利的刃口,而具有较大的圆角半径,并且凸凹模之间的间隙一般稍大于板厚。拉深工艺的主要特征在于拉深时金属有较大的流动,要求凸凹模采用较大的圆角及较大的间隙就是为了金属的流动。

用拉深工艺可以压制成圆筒形、阶梯形、球形、锥形以及其他不规则形状的开口空心零件,如图 5-1 所示。如果与其他成形工艺配合,还可制成形状极其复杂的零件。拉深件的尺

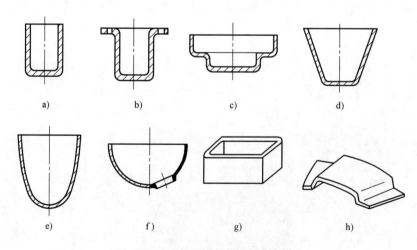

图 5-1 拉深成形的各种零件

a) 圆筒形零件 b) 带凸缘的筒形零件 c) 阶梯形零件 d) 锥形零件
e) 抛物线形零件 f) 球形零件 g) 盒形零件 h) 复杂曲面形状零件

寸范围很大，小至几毫米，大至几米；拉深件的精度也较高。因此，拉深成形方法在汽车、飞机、军工产品、电子仪表以及日用品等工业部门的冲压生产中应用十分广泛。

拉深件种类很多，形状各异，各种零件的变形区位置、受力情况、变形特点和成形机理等也不相同，因此确定工艺参数、工序顺序及设计模具的原则和方法也有很大差异。为了便于工艺分析，在设计模具时，可按拉深件的变形力学特点，将其分为四种类型：直壁旋转件（如圆筒形件）、非直壁旋转件（如球形件）、盒形件及不规则形状的零件（如复杂曲面的汽车车身覆盖件）。

图 5-2 所示为一个拉深过程，其凸模与凹模的工作部分均有较大的圆角；凸模与凹模之间的间隙一般大于板料厚度 δ，在凸模的作用下，原直径为 D 的毛坯，在凹模端面和压边圈之间的缝隙中变形，并被拉入凹模孔内，形成直径为 d 的筒形工件。

表 5-1 列出了拉深件的类型及变形特点，从表中列出的变形特点看，由于每类零件都有自己的变形特点，因而可以用相同的原则和方法去研究，分析该类零件的拉深成形问题，并解决所出现的质量问题。需要说明的是，对于非直壁旋转件及某些不规则形状的零件，它们的成形是外周边拉深和内部胀形的复合。

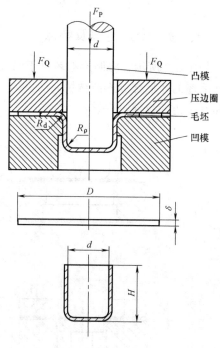

图 5-2 拉深过程

表 5-1 拉深件类型及变形特点

拉深件类型		变形特点
直壁旋转件	圆筒形件、带凸缘圆筒形件、阶梯圆筒形件	凸缘部分圆环形区域为变形区，筒壁部位为传力区，变形区毛坯径向受拉、切向受压，其变形是拉深变形
非直壁旋转件	球形件、锥形件、抛物线形件	这类零件变形区有三部分：凸缘为拉深变形区；凹模口内悬空部分为拉深变形区；凸模顶端至变形过渡环间材料是胀形变形区，其变形是拉深变形与胀形变形的复合
盒形件		盒形件圆角部分接近拉深变形，直边部分基本上是弯曲变形，其变形是拉深变形与弯曲变形的复合 毛坯周边变形不均匀，变形大的部分与变形小的部分互相制约与影响
不规则形状拉深件		不规则零件变形复杂，一般外缘是拉深变形，内部大多数为胀形变形（有些也是拉深变形），并且具有周边变形不匀的特点

第二节 圆筒形零件拉深的工艺计算

一、拉深变形过程及特点

如图 5-3 所示，将圆形毛坯置于凹模上，随着凸模的下行，在拉深力的作用下，凹模口以外毛坯的环形部分逐渐被拉入凹模内，最终形成一个圆筒形件。图 5-3a、b 分别表示无压边和有压边的拉深过程。

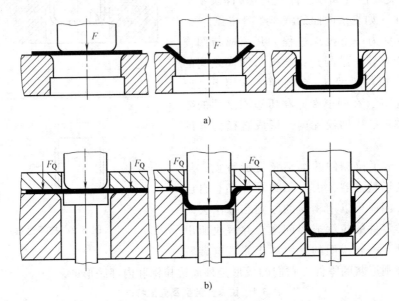

图 5-3 拉深变形过程
a) 无压边 b) 有压边

为了解变形时金属流动的情况，进行坐标网格试验，通过拉深时网格的变化来了解金属流动情况，如图 5-4 所示。

将直径为 D 的圆形毛坯拉深成直径为 d 的圆筒形工件，拉深前先在平板毛坯上画一些间距都为 a 的同心圆和分度相等的辐射线，形成一些小的扇形网格，拉深后小于 d 部分的坯料变成工件的底，直径为 D 和 d 之间的环形部分成了筒体部分。筒底部分网格基本没有变化，而环形部分即侧壁上的网格变化很大，同心圆变成了圆筒侧壁上互相平行、直径相同的圆，而且间距 a 也变大了。越靠近筒的上部越大，即：

$$a_1 > a_2 > a_3 > \cdots > a$$

辐射线在工件侧壁变成了相互平行且垂直于底部的直线，且间距相等，即

$$b_1 = b_2 = b_3 = \cdots = b$$

测量工件高度，则 $h > (D-d)/2$。

网格的上述变化说明，圆筒形工件拉深时底部变形小，而处于凹模平面上的环形部分变形大，变形区主要集中在凸缘区，即直径为 D 与 d 之间的环形部分。

工件高度 $h > (D-d)/2$ 说明拉深时有一部分金属向上流到口部增加了工件的高度。

二、拉深中的主要工艺问题

在拉深过程中，由于毛坯各部分受到的应力应变状态不同，且随着拉深过程的进行还在变化，因而出现的质量问题也不同。在实际生产中，拉深工艺出现质量问题的形式主要是拉深件厚度的变化、凸缘变形区的起皱和传力区的拉裂。

1. 拉深件厚度的变化

由于拉深过程中处于不同部分的材料其应力应变状态不同，从工件底部到口部厚度方向的变形，其性质和大小都是不同的。变形区内各点受到的切向压应力 σ_3 和径向拉应力 σ_1 的比例是变化的，在凹模口部径向拉应力 σ_1 最大，在凸缘的外缘处切向压应力 σ_3 最大。变形区厚度方向的变形取决于 σ_1 与 σ_3 之间的比例关系，越靠近凸缘外缘，变形程度越大，板厚增加越多。因而当凸缘部分全部转化为侧壁时，拉深件在侧壁的上部厚度增加的最多。从凸缘区

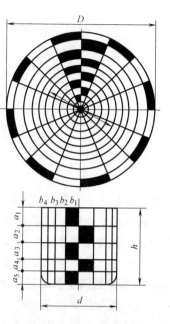

图 5-4 拉深坐标网格试验

内某处开始一直到工件底部，厚度方向都是压缩变形，只是各点变形大小不同而已。从侧壁下部的某点开始，工件的厚度开始变薄，越接近圆角，工件变得越薄，筒壁与凸模圆角相切处板料变薄最严重，所以这里是拉深时最容易被拉断的地方，通常称此断面为危险断面。拉深件的壁厚和硬度变化如图 5-5 所示。

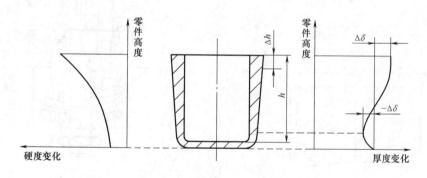

图 5-5 拉深件的壁厚和硬度变化

2. 起皱

拉深时凸缘区板料出现波纹状皱折称为起皱，如图 5-6 所示。起皱是一种受压失稳现象。拉深时，板料相对厚度 δ/D 越小，越容易起皱。

通常起皱首先在凸缘外边缘产生，因为凸缘外边缘处的切向压应力的绝对值最大。

如图 5-6a 所示，起皱严重时，拉深便无法顺利进行。起皱部位相当于板厚增加了许多，使其在进入凸模与凹模之间时不能顺利通过，并使径向拉应力急剧增大，继续拉深，会在危险断面被拉裂，如图 5-6b 所示。

3. 拉裂

在拉深过程中，当筒壁处最大拉应力超过了危险断面处材料的抗拉强度时，将在危险断

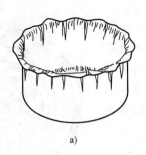 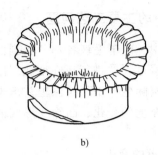

图 5-6 拉深件的起皱

面处产生拉裂，如图 5-7 所示。

影响筒壁强度的因素有毛坯材料的力学性能、毛坯直径及厚度、拉深系数、凸凹模圆角半径、压料力及摩擦系数。因此，为了防止工件严重变薄、拉裂，在拟定拉深工艺、设计模具及进行生产时，应采取有效措施来预防拉裂。

4. 解决拉深主要工艺问题的方法

（1）有效压料　压料防止起皱的实质是在板料刚出现弯曲时又由压边圈压平了。在单动压力机上进行拉深加工时，必须借助压料装置中的弹性元件，使工件在受压时提供压边力。弹性元件可以是橡胶块、弹簧或气压装置。带弹性压料装置的拉深模具如图 5-8 所示。

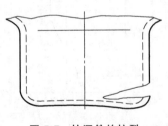

图 5-7 拉深件的拉裂

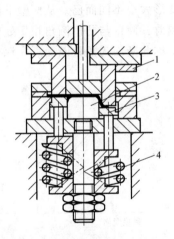

图 5-8 带弹性压料
装置的拉深模具

1—凹模　2—凸模　3—压边圈
4—弹性元件

（2）再拉深与反拉深　再拉深就是首次拉深以后再进行拉深，又称多次拉深。多次拉深的次数与拉深变形程度有关。反拉深的工艺过程如图 5-9 所示。反拉深是将前道工序拉成的圆筒形工序件倒扣在凹模上，凸模从工序件底部进行反向拉深的一种方法。当凸模进入凹模时，工序件的表面将发生翻转，外表面转为内表面，内表面转为外表面。

（3）辅助工序　为了保证拉深工艺过程的顺利进行，解决拉深工艺问题，提高拉深工件的尺寸精度和表面质量，提高模具的使用寿命，需要安排一些必要的辅助工序，如坯料或工序件的润滑、热处理和酸洗等。

1) 润滑。拉深时毛坯与模具表面接触时相互之间产生很大的压力，使毛坯在拉深时与接触表面产生摩擦力。在凸缘部分和凹模入口处的有害摩擦不仅会降低拉深的许用变形程度，而且会导致零件表面的擦伤，降低模具寿命，这种情况在拉深不锈钢、高温合金等黏性大的材料时更加严重。为此，在凹模圆角、平面、压边圈表面及与这些部位相接触的毛坯表面，应每隔一定周期均匀涂抹一层润滑油。

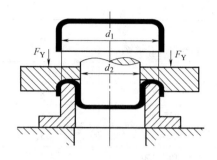

图 5-9　反拉深工艺

2) 热处理。在拉深过程中，除铅和锡等金属外，其他金属都会产生加工硬化，使金属强度指标增加，而塑性指标降低。同时，由于塑性变形不均匀，拉深后材料内部还存在残余应力。在进行多道拉深时，一般拉深工序间常采用低温退火，拉深工序后还要安排去应力退火。

3) 酸洗。退火后工件表面会有氧化皮和其他污物，继续加工时会增加模具的磨损，因此应酸洗，否则使拉深不能正常进行。退火、酸洗是延长生产周期和增加生产成本、产生环境污染的工序，应尽可能避免。

三、拉深件毛坯尺寸的确定

计算拉深件毛坯尺寸的理论依据是：

1. 体积不变原理

拉深前和拉深后材料的体积不变。

2. 相似原理

毛坯的形状一般与工件截面形状相似。毛坯的周边必须制成光滑曲线，无急剧的转折。具体的方法有等质量法、等体积法、等面积法、分析图解法和作图法等。生产上用得最多的是等面积法。具体求解步骤如下：

（1）确定修边余量 t　由于材料的各向异性以及拉深时金属流动条件的差异，拉深后工件口部不平，通常拉深后需切边，因此计算毛坯尺寸时应在工件高度方向上（无凸缘件）或凸缘上增加修边余量 t。修边余量 t 的值可根据零件的相对高度查表 5-2 和表 5-3。

表 5-2　无凸缘拉深件的修边余量　　　　　　　　　　　（单位：mm）

拉深高度 h	拉深相对高度 $\frac{h}{d}$ 或 $\frac{h}{B}$			
	0.5~0.8	0.8~1.6	1.6~2.5	2.5~4
≤10	1.0	1.2	1.5	2
10~20	1.2	1.6	2	2.5
20~50	2	2.5	3.3	4
50~100	3	3.8	5	6
100~150	4	5	6.5	8
150~200	5	6.3	8	10
200~250	6	7.5	9	11
>250	7	8.5	10	12

注：1. B 为正方形边宽或长方形短边宽。
　　2. 对于高拉深件，必须规定中间修边工序。
　　3. 材料厚度小于 0.5mm 的薄材料做多次拉深时，修边余量应按表值增加 30%。

表 5-3 有凸缘拉深件的修边余量　　　　　　　　　（单位：mm）

凸缘直径 d_1 或 B_1	拉深相对高度 $\frac{d_1}{d}$ 或 $\frac{B_1}{B}$			
	<1.5	1.5~2	2~2.5	2.5~3
<25	1.8	1.6	1.4	1.2
25~50	2.5	2	1.8	1.6
50~100	3.5	3	2.5	2.2
100~150	4.3	3.6	3.0	2.5
150~200	5.0	4.2	3.5	2.7
200~250	5.5	4.6	3.8	2.8
>250	6.0	5.0	4.0	3.0

（2）计算工件表面积　为了便于计算，把零件分解成若干个简单几何体，分别求出其表面积后再相加。若毛坯的厚度 δ<1mm，且以外径和外高或内部尺寸来计算时，毛坯尺寸的误差不大；若毛坯的厚度 δ≥1mm，则各个尺寸应以零件厚度的中线尺寸代入进行计算。

图 5-10 所示的零件可看成由圆筒直壁部分、圆弧旋转而成的球台部分以及底部圆形平板三部分组成。

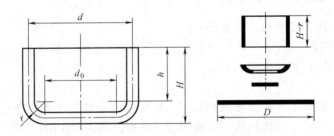

图 5-10　简单旋转体拉深坯料尺寸的确定

圆筒直壁部分的表面积为：

$$A_1 = \pi d(h+t) \tag{5-1}$$

圆角球台部分的表面积为：

$$A_2 = \pi(2\pi r d_0 + 8r^2)/4 \tag{5-2}$$

式中　d_0——底部平板部分的直径；

　　　r——工件中线在圆角处的圆角半径。

底部表面积为：

$$A_3 = \pi d_0^2/4 \tag{5-3}$$

工件的总面积为 A_1、A_2 和 A_3 部分之和，即：

$$A = A_1 + A_2 + A_3 = \pi d(h+t) + \pi(2\pi r d_0 + 8r^2)/4 + \pi d_0^2/4 \tag{5-4}$$

设毛坯的直径为 D，根据毛坯表面积等于工件表面积的原则，有：

$$D = \sqrt{d_0^2 + 4d(h+t) + 2\pi r d_0 + 8r^2} \tag{5-5}$$

四、拉深系数及其影响因素

1. 拉深系数的概念和意义

如图 5-11 所示，拉深系数是指拉深后圆筒形件的直径与拉深前毛坯（或半成品）的直径之比：

$$\begin{cases} m_1 = \dfrac{d_1}{D} \\ m_2 = \dfrac{d_2}{d_1} \\ \quad \vdots \\ m_{n-1} = \dfrac{d_{n-1}}{d_{n-2}} \\ m_n = \dfrac{d_n}{d_{n-1}} \end{cases} \tag{5-6}$$

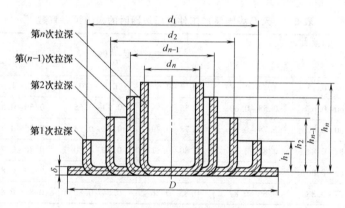

图 5-11　拉深系数的确定

工件的直径与毛坯直径之比称为总拉深系数，即：

$$m_{总} = \frac{d_n}{D} = \frac{d_1}{D} \times \frac{d_2}{d_1} \times \cdots \times \frac{d_{n-1}}{d_{n-2}} \times \frac{d_n}{d_{n-1}} = m_1 \times m_2 \times \cdots \times m_{n-1} \times m_n \tag{5-7}$$

拉深系数的倒数称为拉深程度或拉深比，其值为：

$$K_n = \frac{1}{m_n} = \frac{d_{n-1}}{d_n} \tag{5-8}$$

拉深时采用的拉深系数既不能太大，也不能太小，应在充分利用材料塑性的同时又不致使其拉破。生产上为减少拉深次数，一般希望采用小的拉深系数。拉深系数的限度称为极限拉深系数。无凸缘圆筒形工件无压边圈和有压边圈时的极限拉深系数分别见表 5-4 和表 5-5。

2. 影响极限拉深系数的因素

在不同的条件下极限拉深系数是不同的，影响极限拉深系数的因素有以下几方面：

（1）材料方面

1）材料的力学性能：屈强比 σ_s/σ_b 越小对拉深越有利。屈服应力 σ_s 小，凸缘材料容易变形；强度极限 σ_b 高，材料不易破裂。

表 5-4 无凸缘圆筒形工件无压边圈时的极限拉深系数

拉深系数	毛坯相对厚度 $\frac{\delta}{D}$(%)				
	1.5	2.0	2.5	3.0	>3
m_1	0.65	0.60	0.55	0.53	0.50
m_2	0.80	0.75	0.75	0.75	0.70
m_3	0.84	0.80	0.80	0.80	0.75
m_4	0.87	0.84	0.84	0.84	0.78
m_5	0.90	0.87	0.87	0.87	0.82
m_6	—	0.90	0.90	0.90	0.85

注：1. 表中的拉深系数适用于 08、10、15Mn、H62，对拉深性能比较差的 20、25、Q235、硬铝等应比表中数据大 1.5%~2%。而塑性较好的软铝等材料比表中小 1.5%~2%。
2. 表中数值适用于未经中间退火的拉深，若中间退火则比表中数据小 2%~3%。
3. 表中较小的数值适用于大的凹模圆角半径（$r_A = (8~15)\delta$），较大的数值适用于小的凹模圆角半径（$r_A = (4~8)\delta$）。

表 5-5 无凸缘圆筒形工件有压边圈时的极限拉深系数

拉深系数	毛坯相对厚度 $\frac{\delta}{D}$(%)					
	0.08~0.15	0.15~0.3	0.3~0.6	0.6~1.0	1.0~1.5	1.5~2.0
m_1	0.60~0.63	0.58~0.60	0.55~0.58	0.53~0.55	0.50~0.53	0.48~0.50
m_2	0.80~0.82	0.79~0.80	0.78~0.79	0.76~0.78	0.75~0.76	0.70~0.75
m_3	0.82~0.84	0.81~0.82	0.80~0.81	0.79~0.80	0.78~0.79	0.76~0.78
m_4	0.85~0.86	0.83~0.84	0.82~0.83	0.81~0.82	0.80~0.81	0.78~0.80
m_5	0.87~0.88	0.86~0.87	0.85~0.86	0.84~0.85	0.82~0.84	0.80~0.82

2）材料的相对厚度：材料的相对厚度大时，可减小极限拉深系数。

3）材料的表面质量：材料的表面光滑，拉深时摩擦力小而容易流动，所以极限拉深系数可减小。

（2）模具方面

1）模具间隙：模具间隙小时，材料进入间隙后的挤压力增大，摩擦力增加，拉深力大，故极限拉深系数提高。

2）凹模圆角半径：凹模圆角半径过小，则材料沿圆角部分流动时的阻力增加，导致拉深力加大，故极限拉深系数应取较大值。

3）凸模圆角半径：凸模圆角半径过小时，毛坯在此处的弯曲变形程度增加，危险断面强度过多地被削弱，故极限拉深系数应取较大值。

4）模具表面质量：模具表面光滑，表面粗糙度的值小，则摩擦力小，极限拉深系数低。

5）凹模形状：图 5-12 所示的锥形凹模，因其支撑材料变形区的面是锥面而不是平面，故防皱效果好，可以减小材料流过凹模圆角时的摩擦阻力和弯曲变形力，因而极限拉深系数降低。

（3）拉深条件

1）是否采用压边圈：拉深时若不用压边圈，每次拉深时变形不能太大，故极限拉深系数应增大。

2）拉深次数：拉深次数越多，以后的拉深因材料硬化，塑性越来越低，变形越来越困难，故拉深系数越来越大。

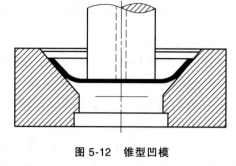

图 5-12　锥型凹模

3）润滑情况：润滑好则摩擦力小，极限拉深系数可小些。

4）工件形状：工件的形状不同，则变形时应力与应变状态不同，极限变形量也就不同，因而极限拉深系数不同。

在这些影响拉深系数的因素中，对于一定的材料和零件来说，相对厚度是主要因素，其次是凹模圆角半径。在生产中则应注意润滑以减小摩擦力。

五、后续各次拉深的特点

后续各次拉深与首次拉深相比，有许多不同之处：

1）首次拉深时，平板毛坯的厚度和力学性能都是均匀的，而后续各次拉深时筒形毛坯的壁厚及力学性能都不均匀。

2）首次拉深时，凸缘变形区是逐渐缩小的。而后续各次拉深时，其变形区保持不变，只是在拉深终了后才逐渐缩小。

3）首次拉深时，拉深力的变化是变形抗力增加与变形区减小两个相反的因素互相消长的过程。而后续各次拉深变形区保持不变，但材料的硬化及厚度增加都是沿筒的高度方向进行的，所以其拉深力在整个拉深过程中一直都在增加，直到拉深的最后阶段才由最大值下降至零，如图 5-13 所示。

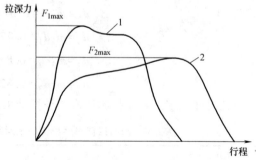

4）后续各次拉深时的危险断面与首次拉深时一样，都是在凸模的圆角处，但首次拉深的最大拉深力发生在初始阶段，所以破裂也发生在初始阶段，而后续各次拉深的最大拉深力发生在拉深的终了阶段，所以破裂往往发生在终了阶段。

图 5-13　首次拉深与二次拉深的拉深力

1—首次拉深　2—二次拉深

5）后续各次拉深变形区的外缘有筒壁的刚性支持，所以稳定性较首次拉深为好。

6）后续各次拉深时由于材料已冷作硬化，加上变形复杂（毛坯的筒壁必须经过两次弯曲才被凸模拉入凹模内），所以它的极限拉深系数要比首次拉深大得多，而且通常后一次都大于前一次。

六、无凸缘圆筒形零件的拉深次数和工序尺寸的确定

1. 拉深次数的确定

（1）判断能否一次拉出　判断零件能否一次拉出，仅需比较实际所需的总拉深系数和第一次允许的极限拉深系数的大小即可。若 $m_总 > m_1$，说明拉深该工件的实际变形程度比第一次容许的极限变形程度要小，工件可以一次拉成。反之，则需要多次拉深才能够成形零件。

对于图 5-14 所示的零件，$\delta > 1mm$，则 $d = 88mm$，$d_0 = 82mm$，$h = 198mm$。由表 5-2 查得修边余量 $t = 8$，则由式（5-5）计算得 $D = 283.3mm$，取 $D = 283mm$。

毛坯的相对厚度为

$$100 \times \delta/D = 100 \times 2/283 = 0.7$$
$$m_总 = d/D = 88/283 = 0.31$$

查表 5-5 得出各次的拉深系数：

$$m_1 = 0.54$$
$$m_2 = 0.77$$
$$m_3 = 0.8$$
$$m_4 = 0.82$$

而零件的总拉深系数 $m_总 = 0.31$ 小于 $m_1 = 0.54$，故该零件需经多次拉深才能够达到所需尺寸。

（2）计算拉深次数　计算拉深次数的方法有多种。生产上经常用推算法辅以查表法进行计算，即把毛坯直径或中间工序毛坯尺寸依次乘以查出的极限拉深系数，得各次半成品的直径。直到计算出的直径小于或等于工件直径为止。例如（直径的下标即表示拉深次数）：

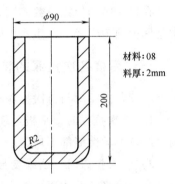

图 5-14　无凸缘零件

$$d_1 = m_1 D = 0.54 \times 283mm = 153mm$$
$$d_2 = m_2 d_1 = 0.77 \times 153mm = 117.8mm$$
$$d_3 = m_3 d_2 = 0.8 \times 117.8mm = 94.2mm$$
$$d_4 = m_4 d_3 = 0.82 \times 94.2mm = 77.2mm$$

由此可知该零件需要拉深四次。计算结果是否正确可由表 5-6 的数据校核。

表 5-6　无凸缘筒形件拉深的相对高度与拉深次数和相对厚度的关系

拉深次数 \ 毛坯相对厚度 相对高度	0.08~0.15	0.15~0.3	0.3~0.6	0.6~1.0	1.0~1.5	1.5~2.0
1	0.38~0.64	0.45~0.52	0.5~0.62	0.57~0.71	0.65~0.84	0.77~0.94
2	0.7~0.9	0.83~0.96	0.94~1.13	1.1~1.36	1.32~1.60	1.54~1.88
3	1.1~1.3	1.3~1.6	1.5~1.9	1.8~2.3	2.2~2.8	2.7~3.5
4	1.5~2.0	2.0~2.4	2.4~2.9	2.9~3.6	3.5~4.3	4.3~5.6
5	2.0~2.7	2.7~3.3	3.3~4.1	3.3~4.1	4.1~5.2	6.6~8.9

2. 半成品尺寸的确定

半成品尺寸包括半成品的直径 d_n、筒底圆角半径 r_n 和筒壁高度 h_n。

（1）推算各次拉深系数　半成品的直径拉深次数确定后，再根据计算直径应等于工件直径的原则，对各次拉深系数进行调整，使实际采用的拉深系数大于推算拉深次数时所用的极限拉深系数。

设实际采用的拉深系数为 m'_1，m'_2，m'_3，…，m'_n，应使各次拉深系数依次增加，即 $m'_1 < m'_2 < m'_3 < \cdots < m'_n$，且

$$m_1 - m'_1 \approx m_2 - m'_2 \approx m_3 - m'_3 \approx \cdots \approx m_n - m'_n$$

据此，图 5-14 所示零件实际所需拉深系数应调整为：

$$m_1 = 0.57$$
$$m_2 = 0.79$$
$$m_3 = 0.82$$
$$m_4 = 0.85$$

调整好拉深系数后，重新计算各次拉深的圆筒直径即得半成品直径。图 5-14 所示零件的各次半成品尺寸为：

第 1 次：$d_1 = 160\text{mm}$，$m'_1 = 160/283 = 0.57$

第 2 次：$d_2 = 126\text{mm}$，$m'_2 = 126/160 = 0.79$

第 3 次：$d_3 = 104\text{mm}$，$m'_3 = 104/126 = 0.82$

第 4 次：$d_4 = 88\text{mm}$，$m'_4 = 88/104 = 0.85$

（2）半成品高度的确定　各次拉深直径确定后，紧接着是计算各次拉深后零件的高度。计算高度前，应先确定各次半成品底部的圆角半径，现取 $r_1 = 12\text{mm}$、$r_2 = 8\text{mm}$、$r_3 = 5\text{mm}$。

计算各次半成品的高度可由毛坯的直径公式推出，即：

第 1 次
$$h_1 = \frac{D^2 - d_{10}^2 - 2\pi r_1 d_{10} - 8r_1^2}{4d_1} \tag{5-9}$$

第 2 次
$$h_2 = \frac{D^2 - d_{20}^2 - 2\pi r_2 d_{20} - 8r_2^2}{4d_2} \tag{5-10}$$

第 3 次
$$h_3 = \frac{D^2 - d_{30}^2 - 2\pi r_3 d_{30} - 8r_3^2}{4d_3} \tag{5-11}$$

式中　d_1、d_2、d_3——各次拉深的直径中线值（mm）；

　　　r_1、r_2、r_3——各次半成品底部的圆角半径中线值（mm）；

　　　d_{10}、d_{20}、d_{30}——各次半成品底部平板部分的直径（mm）；

　　　h_1、h_2、h_3——各次半成品底部圆角半径圆心以上的筒壁高度（mm）；

　　　D——毛坯直径（mm）。

将图 5-15 所示零件的以上各项具体数值分别代入式（5-9）、式（5-10）、式（5-11），即求出各次高度：

$$h_1 = \frac{283^2 - 136^2 - 2\pi \times 12 \times 136 - 8 \times 12^2}{4 \times 160} \text{mm} = 78 \text{mm}$$

$$h_2 = \frac{283^2 - 110^2 - 2\pi \times 8 \times 110 - 8 \times 8^2}{4 \times 126} \text{mm} = 123 \text{mm}$$

$$h_3 = \frac{283^2 - 94^2 - 2\pi \times 5 \times 94 - 8 \times 5^2}{4 \times 104} \text{mm} = 164 \text{mm}$$

各次半成品的总高度为

$$H_1 = h_1 + r_1 + \frac{\delta}{2} = (78 + 12 + 1) \text{mm} = 91 \text{mm}$$

$$H_2 = h_2 + r_2 + \frac{\delta}{2} = (123 + 8 + 1) \text{mm} = 132 \text{mm}$$

$$H_3 = h_3 + r_3 + \frac{\delta}{2} = (164 + 5 + 1) \text{mm} = 170 \text{mm}$$

拉深后得到的各次半成品如图 5-15 所示。

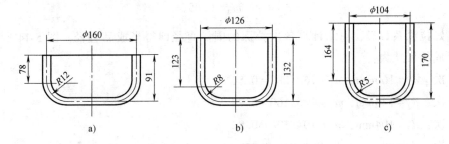

图 5-15 各次拉深半成品尺寸
a) 第 1 次 b) 第 2 次 c) 第 3 次

七、有凸缘圆筒形零件的拉深方法及工艺计算

有凸缘圆筒形零件的拉深变形原理与一般圆筒形零件是相同的，但由于带有凸缘（图 5-16），其拉深方法及计算方法与一般圆筒形零件有一定的差别。

1. 有凸缘圆筒形零件的拉深特点

有凸缘圆筒形拉深件可以看成是一般圆筒形零件在拉深未结束时的半成品。图 5-17 所示为圆筒形零件拉深过程中不同时刻毛坯的形状和尺寸，以及该瞬时在拉深力和行程关系曲线上的位置。有凸缘圆筒形零件的拉深相当于图中的 A、B、C 和 D 的状态。

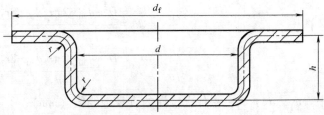

图 5-16 凸缘件毛坯的计算

根据凸缘的相对直径比值的不同，有凸缘圆筒形零件可分为窄凸缘圆筒形零件（$d_f/d = 1.1 \sim 1.4$）和宽凸缘圆筒形零件（$d_f/d > 1.4$）。

窄凸缘圆筒形零件拉深时的工艺计算完全按一般圆筒形零件的计算方法，若大于一次拉深的许用值，只在倒数第二次才拉出凸缘或者拉成锥形凸缘，最后校正成水平凸缘，如图 5-18 所示。若小于一次拉深的许用值，则第一次可拉成锥形凸缘，然后校正成水平凸缘。

宽凸缘圆筒形零件毛坯直径的计算公式为：

$$D = \sqrt{d_f^2 + 4dh - 3.44dr} \quad (5\text{-}12)$$

根据拉深系数的定义，宽凸缘圆筒形零件总的拉深系数仍可表示为：

$$m = \frac{d}{D} = \frac{1}{\sqrt{(d_f/d)^2 + 4h/d - 3.44r/d}} \quad (5\text{-}13)$$

式中　D——毛坯直径（mm）；
　　　d_f——凸缘直径（mm）；
　　　d——筒部直径（中径）（mm）；
　　　r——底部和凸缘部的圆角半径（mm），当料厚大 1mm 时，r 值按中线尺寸计算。

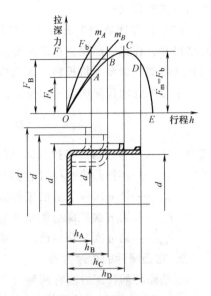

图 5-17　圆筒形零件拉深过程中不同时刻毛坯的形状和尺寸

由式（5-13）可知，凸缘件的拉深系数取决于三个尺寸因素：相对凸缘直径 d_f/d、相对拉深高度 h/d 和相对圆角半径 r/d。其中，d_f/d 的影响最大，而 r/d 的影响最小。

宽凸缘圆筒形零件拉深与圆筒形零件拉深特点的对比：
1）宽凸缘圆筒形零件的拉深变形程度不能用拉深系数的大小来衡量。
2）宽凸缘圆筒形零件的首次极限拉深系数比圆筒形零件要小。

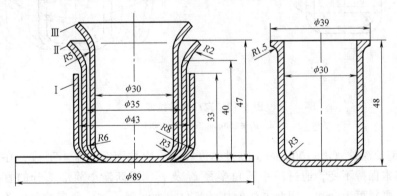

图 5-18　窄凸缘拉深

3）宽凸缘圆筒形零件的首次极限拉深系数值与零件的相对凸缘直径 d_f/d 有关。

2. 宽凸缘圆筒形零件的工艺计算要点

（1）毛坯尺寸的计算　毛坯尺寸的计算仍按等面积原理进行，参考无凸缘圆筒形零件毛坯的计算方法计算，其中要考虑修边余量。

（2）判别工件能否一次拉成　比较工件实际所需的总拉深系数和 h/d 与凸缘件第一次拉深的极限拉深系数和极限拉深相对高度即可。当 $m_总 > m_1$，$h/d \leq h_1/d_1$ 时，可一次拉成，否则应进行多次拉深。

（3）拉深次数和半成品尺寸的计算　凸缘件进行多道拉深时，第一道拉深后得到的半成品尺寸，在保证凸缘直径满足要求的前提下，其筒部直径应尽可能小，以减少拉深次数，同时又要能尽量多地将板料拉入凹模。

宽凸缘件的拉深次数可用推算法求出。各次拉深后的筒部高度为

$$h_n = \frac{0.25}{d_n}(D_n^2 - d_f) + 0.43(r_{pn} + r_{dn}) + \frac{0.14}{d_n}(r_{pn}^2 - r_{dn}^2) \qquad (5\text{-}14)$$

式中　D_n——考虑每次多拉入筒部的材料量后求得的假想毛坯直径（mm）；

　　　d_f——零件凸缘直径（包括修边量）（mm）；

　　　d_n——第 n 次拉深后的工件直径（mm）；

　　　r_{pn}——第 n 次拉深后侧壁与底部的圆角半径（mm）；

　　　r_{dn}——第 n 次拉深后凸缘与筒部的圆角半径（mm）。

3. 宽凸缘件的拉深方法

宽凸缘件的拉深方法有两种（图5-19）：

1）对中小型料薄的零件（$d_f \leq 200$mm），通常靠减小筒形直径，增加高度来达到尺寸要求，即圆角半径 r_p 及 r_d 在首次拉深时就与 d_f 一起成形到工件的尺寸，在后续的拉深过程中基本保持不变。

用这种方法拉深时不易起皱，但制成的零件表面质量较差，容易在直壁部分和凸缘上残留中间工序形成的圆角部分弯曲和厚度局部变化的痕迹，所以最后应加一道压力较大的整形工序。

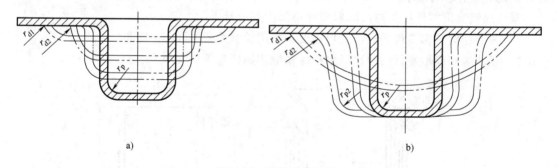

图5-19　宽凸缘件拉深

a）$d_f \leq 200$mm　　b）$d_f > 200$mm

2）对大型拉深件（$d_f > 200$mm），零件高度在第一次拉深时就基本形成，在以后的整个拉深过程中基本保持不变。通过减小圆角半径 r_p 及 r_d，逐渐缩小筒形部分的直径来拉成零件，此方法对厚料更为合适。用此方法制成的零件表面光滑平整，厚度均匀，不存在中间工序中圆角部分的弯曲与局部变薄的痕迹。但在第一次拉深时，因圆角半径较大，容易发生起皱，当零件底部圆角半径较小，或者对凸缘有不平度要求时，也需要在最后加一道整形工序。

在实际生产中往往将上述两种方法综合起来运用。

八、阶梯圆筒形件的拉深

阶梯圆筒形件从形状来说相当于若干个直壁圆筒形件的组合（图5-20），与直壁圆筒形

件的拉深相比，每一个阶梯的拉深即相当于相应的圆筒形件的拉深。但由于其形状相对复杂，其拉深次数的确定和拉深方法与直壁圆筒形件有较大的差别。

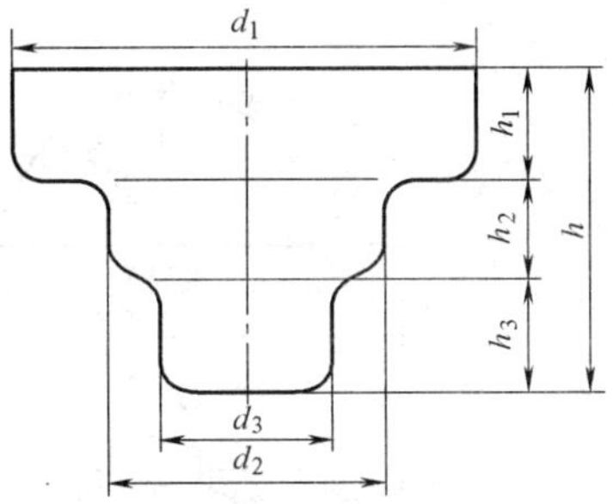

1. 拉深次数的确定

判断阶梯形件能否一次拉成，主要根据零件的总高度与其最小阶梯筒部的直径之比是否小于相应圆筒形件第一次拉深所允许的相对高度，即：

$$\frac{h_1+h_2+h_3+\cdots+h_n}{d_n} \leq \frac{h}{d_n} \quad (5-15)$$

式中 h_1、h_2、h_3、$\cdots$、h_n——各个阶梯的高度（mm）；

$\qquad d_n$——最小阶梯筒部的直径（mm）；

$\qquad h$——直径为 d_n 的圆筒形件第一次拉深时可能得到的最大高度（mm）；

$\qquad h/d_n$——第一次拉深允许的相对高度。

图 5-20 阶梯圆筒形件

若上述条件不能满足，则该阶梯件需多次拉深。

2. 拉深方法的确定

常用的阶梯形件的拉深方法有以下几种：

1）若任意两个相邻阶梯的直径比 d_n/d_{n-1} 都大于或等于相应的圆筒形件的极限拉深系数，则先从大的阶梯拉起，每次拉深一个阶梯，逐一拉深到最小的阶梯。图 5-21 所示为由大阶梯到小阶梯的拉深（Ⅰ、Ⅱ、Ⅲ为工序顺序），阶梯数也就是拉深次数。

2）相邻两阶梯直径之比 d_n/d_{n-1} 小于相应的圆筒形件的极限拉深系数，则按带凸缘圆筒形件的拉深进行，先拉小直径 d_n，再拉大直径 d_{n-1}，即由小阶梯拉深到大阶梯。图 5-22 所示为由小阶梯到大阶梯的拉深（Ⅰ、Ⅱ、Ⅲ、Ⅳ、Ⅴ为工序顺序），图中 d_2/d_1 小于相应的圆筒形件的极限拉深系数，故先拉 d_2，最后用工序Ⅴ拉出 d_1。

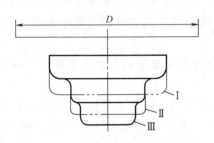

图 5-21 由大阶梯到小阶梯拉深

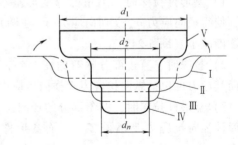

图 5-22 由小阶梯到大阶梯拉深

3）若最小阶梯直径 d_n 过小，即 d_n/d_{n-1} 过小，h_n 又不大时，最小阶梯可用胀形法得到。

4）若阶梯形件较浅，且每个阶梯的高度又不大，但相邻阶梯直径相差又较大而不能一次拉出时，可先拉成球形或带有大圆角的筒形，最后通过整形得到所需零件，如图 5-23 所示。

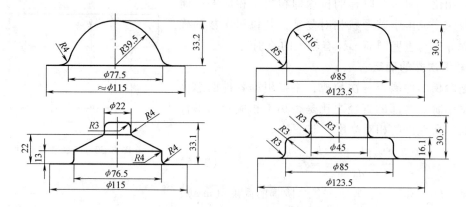

图 5-23 浅阶梯形件的拉深方法

第三节 其他形状零件的拉深

一、盒形件的拉深

盒形件的拉深成形与圆筒形件的拉深成形相比,在变形性质上是一致的,变形区的材料都是在拉、压应力状态下产生塑性变形。它们之间的差异在于,盒形零件拉深变形时,沿变形区周边的应变分布是不均匀的,并随零件的几何参数、坯料形状及拉深成形条件的不同,这种不均匀变形程度也不同。因此,盒形件的拉深成形比圆筒形件拉深成形的变形情况要复杂得多。

盒形件可以看成由直边部分及圆角部分组成。盒形件拉深成形时,圆角部分近似圆筒形件拉深,直边部分近似板料弯曲。因此,盒形件拉深成形是圆角部分拉深、直边部分弯曲两种变形方式的复合。盒形件拉深的变形特点可以归纳为下列 6 点:

1)盒形件拉深时,圆角部分变形基本与圆筒形件拉深相似,只是由于金属向直边流动,使得径向应力 σ_ρ 及切向应力 σ_θ 在圆角部位的分布是不均匀的,圆角中部最大,向两边逐渐减小(图 5-24)。

2)拉深时,直边部分除弯曲变形外,在与圆角的连接部分还有横向压缩及纵向伸长,因而其应力也包括纵向拉应力和横向压应力两部分。

3)盒形件拉深时,圆角部分的径向拉应力分布不均匀,而其平均拉应力比相同半径的圆筒件径向拉应力要小得多。因而盒形件的极限变形程度可相应加大,拉深系数可相应减小。

4)盒形件的最大应力出现在圆角部,因而破裂、起皱等现象也多在圆角部产生。在远离圆角部的直边部分一般不会产生起皱现象。

5)盒形件变形时,圆角与直边相互影响的大小,取决于其相对圆角半径 r/B 的值。r/B 的值越小,两者的变形影响越显著,圆角部的变形情况与圆筒形件的变形情况差别越大。当 $r/B=0.5$ 时,盒形件就变成圆筒形件了。

6)盒形件拉深时,容易出现拉裂的现象,除了在圆角侧壁底部与凸模圆角相切处发生的拉裂外（拉深拉裂），还会因凹模圆角半径过小等原因，引起盒形零件凸缘根部圆角附近侧壁产生拉裂——侧壁破裂。

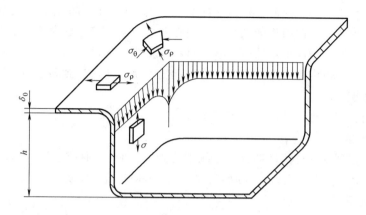

图 5-24　盒形件拉深时应力分布

二、盒形件的首次拉深极限

盒形件的拉深变形程度，主要受到圆角部分侧壁强度的限制。而其拉深的极限变形程度，可用盒形件的相对高度 H/r 来表示。毛坯首次拉深可能达到的最大相对高度取决于盒形件的相对圆角半径 r/B 以及毛坯的相对厚度 δ/B 等参数，还取决于材料的力学性能。

相对圆角半径 r/B 反映盒形件角部与直边相互影响的大小，r/B 越小，影响越大，所允许的 H/r 也越大。毛坯的相对厚度 δ/B，反映盒形件抗失稳的能力，δ/B 越大，抗失稳能力越强，而允许的 H/r 也越大。

三、球形件的拉深变形

对于球形、抛物线形及锥形等非直壁类拉深件，其变形区除凸缘环形部分外，在凹模口内的毛坯材料也参与变形。在很多情况下，凹模口内的材料反而成为这类拉深的主要变形区。

现以球形拉深件为例，分析其拉深过程的应力与应变状态（图 5-25）。球形件拉深时，其凸缘部分与圆筒形件相似：径向受拉、切向受压，厚度方向受到压料力作用，而凹模口内毛坯的受力情况与圆筒形件大不相同。

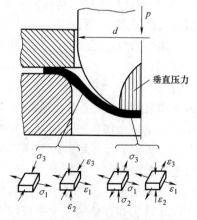

在开始拉深时，凹模口内毛坯与凸模只有小区域接触，径向应力和切向应力都较大，使接触区的材料屈服而变薄，并紧紧地贴合凸模。很明显，这部分材料处于切向、径向两向受拉，厚度方向受压的应力状态为胀形应力状态，因此这一区域称为胀形变形区。随着拉深变形的进行，凸模贴模区逐渐增大，作用到贴膜区的单位压力逐渐减小，毛坯变薄也减小。因而

图 5-25　球形件拉深过程的应力与应变状态

毛坯的变薄量从球形件顶端往外逐渐减小。

在凹模口内，有一部分材料既不与凹模接触也不与凸模接触，称为悬空状态的毛坯。这部分毛坯，也和凸缘一样，径向受拉，切向受压。由于切向压力的作用，材料也要增厚，材料的增厚量从凹模口起，向内逐渐减小。因而在凹模口内，接近贴模处，必然存在着这样一环材料，这环材料既不增厚也不减薄，这环材料可称为变形过渡环。变形过渡环以外为拉深变形区，变形过渡环以内为胀形变形区。应该指出的是，变形过渡环在贴模区以外，即胀形变形区略大于贴模区。

按应力应变状态，可将球形件分为三个区域：

1. 胀形变形区

从球形件顶端到变形过渡环部分，是胀形变形区。材料两向受拉，一向受压。其应力：σ_1、σ_3 为拉应力，σ_2 为压应力；其应变：ε_1、ε_3 为伸长应变，ε_2 为压缩应变。

2. 拉深变形区

从凹模口到变形过渡环的圆环部分，是拉深变形区。这部分材料径向受拉，切向受压，厚度方向不受力，且材料与凸凹模都不接触，处于悬空状态，抗失稳能力比凸缘部分差，起皱可能性更大（内皱）。因而防止此区域材料的起皱，是球形件等非直壁拉深件需要解决的主要问题。其应力：σ_1 为拉应力，σ_3 为压应力，而 σ_2 为零，是平面应力状态；其应变：ε_1 为伸长应变，ε_2、ε_3 为压缩应变。

3. 凸缘变形区

压边圈下的圆环部分，是拉深变形区，与圆筒形件凸缘一样，其径向受拉，切向受压。

四、抛物线形件拉深

抛物线形件的拉深，其应力与变形特点都与球形件的拉深相似。但由于抛物线形件曲面部分的高度与口部直径之比，即高径比 h/d 比球形件大，所以拉深难度更大。在生产中将抛物线形件分为两类：

1) 浅抛物线零件：高径比 $h/d<0.6$。这类零件的高径比与球形件一致，因而其拉深方法也与球形件一致。

2) 深抛物线零件：高径比 $h/d>0.6$。这类零件拉深要注意防止起皱。通常要采用多次拉深或反拉深方法进行。

在顶部圆角半径较大时，仍可采用有两道拉深筋的模具，以增加径向拉应力的方法，直接拉出，如汽车灯罩的拉深（图5-26）。但在零件深度大，顶部圆角半径又较小时，单纯增加径向拉应力会导致坯料顶端开裂，因而必须采用多道工序逐步成形的方法进行拉深。其主要特点是：第一道工序采用正拉深法拉出深度较小而顶端圆角较大的中间坯件，在以后的工序中采用正拉深或反拉深的方法，再逐渐增加深度和缩小顶端圆角半径，直到最后成形。为了保证工件的

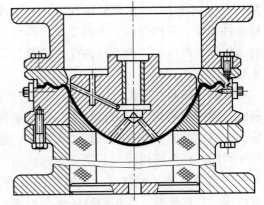

图 5-26 汽车灯罩的拉深

精度及表面质量，在最后一道工序时，要使中间坯件的面积略小于最后成形工件的面积，以获得胀形效果。

目前，一些复杂的抛物线形件已广泛采用液压拉深方法成形。采用液压拉深时，毛坯在压力的作用下，在凸模与凹模的间隙处形成与拉深筋相似的凸筋，同时使毛坯紧贴凸模。这样成形的零件壁厚均匀，尺寸精确，表面光滑美观。对于高径比大于 0.6 的某些深抛物线形件，利用普通拉深要多次才能成形，但采用液压拉深，一次即可成形。

第四节　拉深模设计

一、拉伸模种类及设计要点

1. 拉深模种类

根据拉深工艺特点，拉深模分为有压料和无压料装置两种；从压料装置结构上分，拉深模有刚性压料模和弹性压料模两种；从拉深工序次数上又分为首次拉深模和多次拉深模；从坯料变形方向上，分为正拉深模和反拉深模；此外从工序特点上还有复合拉深模、连续拉深模。

2. 拉深模的设计要点

1) 在进行拉深工艺设计时，材料要产生大的流动，因此应采用必要的措施以保证毛坯各个方向变形均匀，对非圆形毛坯更要慎重处理。常用的方法是调节压料力，增设拉深筋（槛）等。

2) 起皱是拉深过程中常见的问题，因此在设计拉深模时，首先要确定是否采用压料装置，采用何种压料装置。压料方式、压料装置形式和压边圈面积等都直接影响拉深件的质量，因而要设计得合理、正确。

3) 压料装置的设计既要有利于工件的成形，也要有利于坯料的送进及工件的取出。

4) 拉深凸模要考虑排气孔，拉深凹模要考虑润滑。

5) 根据需要，在拉深模上考虑设置拉深深度限程器或压料限程器。

二、拉深模结构

1. 无压料装置的简单拉深模

如图 5-27 所示，无压料装置的简单拉深模结构简单，上模往往是整体的。当拉深凸模 3 直径过小时，则还应加上模座，以增加上模部分与压力机滑块的接触面积，下模部分有定位板 1、下模座 2 与拉深凹模 4。为使工件在拉深后不至于紧贴在凸模上难以取下，在拉深凸模 3 上应有直径为 $\phi 3mm$ 以上的小通气孔。拉深成形后，冲压件靠凹模下部脱料颈勒下。这种拉深模适用于拉深材料厚度较大（$\delta > 2mm$）及深度较小的零件。

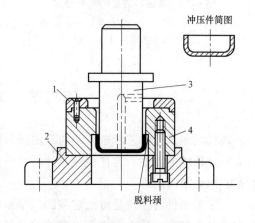

图 5-27　无压料装置的简单拉深模
1—定位板　2—下模座　3—拉深凸模　4—拉深凹模

2. 有压料装置的简单拉深模

有压料装置的简单拉深模用于材料厚度较小及拉深深度大易于起皱的工件。图5-28所示为弹簧装在上部的模具。由于上模的空间有限，不能安装粗大的弹簧，因而这种模具仅适用于需要压料力小的拉深件。

3. 落料拉深复合模

图5-29所示为落料拉深复合模。制件为带凸缘的拉深件。落料时，由定位销定位，在落料凹模和落料凸模的作用下，冲下拉深时所带的圆形毛坯，废料由卸料橡皮卸下，落料完毕后，随即进行拉深工作，这时落料的凸模即成为拉深时凹模，拉深凸模固定在下模座上。顶件器兼具压料作用，可防止制件在拉深过程中产生起皱，顶件器上部的压边圈在橡皮作用下，通过顶杆产生压力。当落料工作完成后，压边圈就与拉深凸模将毛坯压紧，直至拉深完毕，当拉深完毕上模上升时，压料装置将制件顶出。若制件卡在拉深凹模内，则由卸料杆将制件顶出。

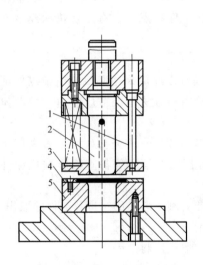

图5-28 带压料装置的简单拉深模
1—压料螺钉 2—拉深凸模 3—压边圈
4—定位板 5—拉深凹模

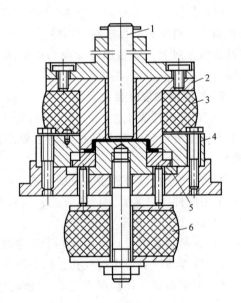

图5-29 落料拉深复合模
1—卸料杆 2—上模 3—卸料橡皮
4—落料凹模 5—拉深凸模 6—顶件器

第五节 车身拉深工艺

现代汽车车身的艺术造型趋向于曲线急剧过渡，显示出棱角清晰、线条分明、流线型以适应高速行驶的需要，这往往使零件的冲压工艺性变差，拉深时容易起皱和破裂，并给冲模制造和维修带来困难。

汽车覆盖件的分块是将已定型的汽车车身划分为大小合适的零件，以便成形出组装车身所需的各个部分。分块时应考虑零件的成形工艺性、装配工艺性以及车身整体组装后的外形美观性。汽车覆盖件的形状设计与其成形工艺性有着更直接的联系，而零件的成形难易程度是最重要的因素。分块时,既要保证零件能够容易成形,同时又要使材料的极限变形能力得到最充分的发挥,提高覆盖件的成形工艺性。

一、车身覆盖件拉深成形工艺的设计原则

在进行覆盖件的拉深工艺设计时,应遵循以下设计原则:

1)尽可能用一道拉深工序成形出覆盖件形状。因为二次拉深经常会发生拉深不完整的情况,造成覆盖件表面质量变差。

2)覆盖件的拉深深度应尽可能平缓均匀,使各处的变形程度趋于一致。在多道工序成形时,预先要很好地考虑前后各工序间的相互协调,并保证使各个工序的成形条件达到良好状态。

3)拉深表面较为平坦的覆盖件时,其主变形方式应为胀形变形。适当地设置拉深筋、拉深槛并设计合适的压料面,以调整各个部位的材料变形流动状况,达到良好的效果。

4)覆盖件主要结构面上往往有急剧的凸凹折曲和较深的鼓包等局部形状,在形状设计时,应尽可能满足合理拉深成形条件的要求。在制订拉深工艺时,可以通过加大过渡区域和过渡圆角、预加工艺切口等办法,改善材料的流动和补充条件。

5)覆盖件的焊接面不允许存在皱折、回弹等质量问题,对不规则的形状只能考虑用拉深成形制出焊接面。

6)覆盖件上的孔一般应在零件拉深成形后冲出,以预防预先冲制的孔在拉深过程中发生变形。若孔位于零件上不变形或变形极小的部位,也可在零件拉深前制出。

7)覆盖件拉深的压边圈形状设计,应以材料不发生皱折、翘曲等质量问题为原则,保证压料面材料变形流动顺利。同时,压料面的形状还应保证坯料定位的稳定性、可靠性以及送料、取件的方便性、安全性。

8)覆盖件在拉深工序之后,一般为翻边、修边等工序,在进行拉深工序的坯料形状尺寸和拉深工艺设计时,应充分考虑为后续翻边、修边等工序提供良好的工艺条件,包括变形条件、模具结构、零件定位、送料、取件等。

9)坯料的送进和拉深件的取出装置应安全、方便,有利于覆盖件的自动化、流水线生产。当拉深模具的内表面与坯料发生干涉时,有必要在模具内设置导向装置。

二、覆盖件拉深工艺参数的确定

1. 拉深方向

汽车覆盖件的拉深成形一般是以拉深变形和胀形变形的复合形式来实现的,多数情况下,拉深变形为主要的变形方式。确定拉深方向,就是确定零件在模具中的三个坐标(x、y、z)位置;拉深方向的好坏,直接影响拉深零件的质量和模具的结构复杂性,有时拉深方向确定不合理,甚至会使拉深无法进行。因此,确定拉深方向是拉深工艺设计中一项十分重要的工作。

合理的拉深方向应满足以下要求:

(1)保证凸模能够进入凹模 确定拉深方向首先应保证凸模能够进入凹模。这类问题主要出现在某些覆盖件的某一部位或局部形状成凹形或有反拉深。为了使凸模能够进入凹模,只有使拉深方向满足于凹形或反拉深的要求,因此,覆盖件本身的凹形和反拉深的要求决定

了拉深方向。图 5-30 所示为覆盖件的凹形决定拉深方向的示意图，图 5-30a 所示的拉深方向表明凸模不能进入凹模，若将覆盖件旋转一定角度，采用图 5-30b 所示的拉深方向，凸模才能进入凹模。图 5-31 所示为覆盖件的反拉深决定拉深方向的示意图，其形状决定了拉深方向必须与窗口侧壁面平行。

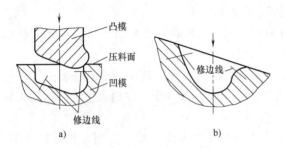

图 5-30 覆盖件的凹形决定拉深方向示意图
a) 凸模不能进入凹模　b) 凸模能进入凹模

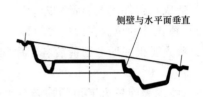

图 5-31 覆盖件的反拉深决定拉深方向示意图

图 5-32 所示为某货车顶盖的拉深方向。若按箭头 1 所示的拉深方向，虽满足了窗口部分的凸模能够进入凹模的要求，但凸模开始拉深时与拉深毛坯接触面积小而又不在中间，这样在拉深过程中拉深毛坯容易产生开裂和坯料窜动而影响表面质量，因此不能采用。考虑到整个形状的拉深条件，改变为按箭头 2 所示的拉深方向，其优点是凸模顶部是平的，凸模开始拉深时与坯料接触面积大而又在中间，有利于拉深，但窗口部分凸模不能进入凹模，则必须改变窗口部分凹形的形状。其方法是从 A 线往左弯成垂直面，在拉深以后适当的工序中再整形回来。改变部分与整形回来的部分的材料应是相等的。

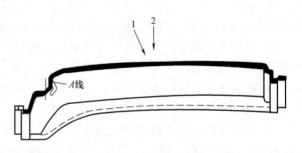

图 5-32 某货车顶盖的拉深方向

(2) 凸模开始拉深时与毛坯的接触状态　开始拉深时凸模与拉深毛坯的接触状态应保持接触面积大，接触面位于冲模中心。

1) 凸模开始拉深时与毛坯的接触面积要大（图 5-33a），若接触面积小，且接触面与水平面夹角大，会使应力集中，容易产生裂纹。

2) 凸模开始拉深时与毛坯的接触位置应接近中间部分（图 5-33b），这样凸模在拉深过程中使材料均匀拉入凹模。如果接触位置不接近中间，则在拉深过程中，拉深毛坯经凸模顶部窜动而影响表

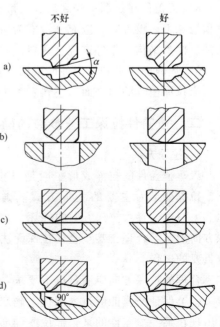

图 5-33 凸模与毛坯的接触状态

面质量。

3）凸模开始拉深时与毛坯接触的位置要求多且分散,最好同时接触(图5-33c)。若不同时接触,也会由于经凸模顶部窜动而影响拉深件的表面质量,为了使凸模开始拉深时与毛坯接触的位置多又分散,可改变拉深方向,改善接触状态。若拉深方向因拉深件确定了不能改变(图5-33d),应在工艺补充部分设法改变压料面为倾斜面,使两个地方同时接触。

(3) 压料面各部位进料阻力要均匀　拉深深度均匀是保证压料面各部位进料阻力均匀的主要条件。进料阻力不一样,在拉深过程中拉深毛坯就有可能经凸模顶部窜动,严重的会产生破裂和皱纹。图5-34所示为某微型双排座汽车立柱的上段,若将拉深方向旋转6°,则使压料面一样高,进料阻力均匀,同时凸模开始拉深时与拉深毛坯的接触位置接近中间,拉深成形好。

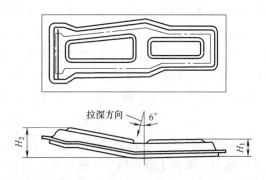

图5-34　某微型双排座汽车立柱上段的拉深方向

2. 工艺补充部分

为了实现拉深,将覆盖件的翻边展开,窗口补满,再加上工艺补充部分构成一个拉深件。工艺补充部分是拉深件不可缺少的组成部分,它的确定直接影响拉深成形,以及拉深后修边、整形、翻边等工序的方案。因此,必须慎重考虑工艺补充部分。

(1) 确定工艺补充部分需考虑的问题

1）拉深深度尽量小。拉深深度的大小直接影响拉深成形。拉深深度大,拉深成形困难,拉深时容易开裂;拉深深度小,拉深成形容易。因此,工艺补充部分应尽量使拉深深度小,便于拉深成形。

2）尽量采用垂直修边。垂直修边比水平修边或倾斜修边工艺补充部分小,模具结构简单,废料也易于排除。

3）工艺补充部分尽量小。工艺补充部分在拉深以后将被修掉,工艺补充部分是工艺上必要的材料消耗,因此在能够拉深出满意的拉深件的条件下,应尽可能减小工艺补充部分,这样可节约材料。

图5-35所示为某汽车前围板拉深件工艺补充部分三个方案的比较示意图。图5-35a所示为将翻边展开为水平面,再加上工艺补充部分,垂直修边。图5-35b所示为将翻边展开为斜面,再加上工艺补充部分,垂直修边。图5-35c所示为将翻边展开为垂直面,再加上工艺补充部分,水平修边。

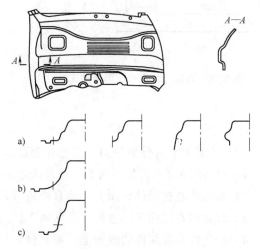

图5-35　某汽车前围板拉深件
工艺补充部分的三个方案

a) 将翻边展开为水平面　b) 将翻边展开为斜面
c) 将翻边展开为垂直面

以上三个方案中，图 5-35a 所示的方案最好，拉深深度小，易成形，垂直修边模具结构简单，工艺补充部分最小，节约材料。

4) 定位可靠。要考虑拉深件在修边时和修边以后工序的定位可靠。拉深件在修边时和修边以后工序的定位必须在确定拉深件工艺补充部分时考虑，一定要定位可靠，否则会影响修边和翻边的质量。深的拉深件如汽车前围板、左右车门内蒙皮、后围板等均用拉深件侧壁定位。浅的拉深件如汽车顶盖、左右车门外蒙皮、地板等用拉深槛定位。而对一些不能用拉深件侧壁和拉深槛定位的零件，应在拉深时穿刺孔或冲工艺孔来定位（图 5-36）。

5) 拉深条件。对斜面大的拉深件要考虑凸模对拉深毛坯的拉深条件。凸模对拉深毛坯的拉深条件（材料紧贴凸模）主要取决于拉深件形状。图 5-37 所示为拉深件形状决定凸模对拉深毛坯的拉深条件示意图。图 5-37a 所示为拉深件没有直壁，因此凸模 1 的 A 点一直到下死点才和拉深毛坯接触。如果由于进料阻力小，在拉深过程中斜壁部分已经形成了皱纹，虽然凸模 1 和凹模 2 最后是压合的，仍不能将皱纹压平。若在拉深件工艺补充部分上加一段直壁 AB（图 5-37b），这样凸模 1 和凹模 2 之间就形成一段垂直料厚间隙 AB，在拉深直壁 AB 过程中，增大了进料阻力，使拉深毛坯紧贴凸模成形，这样就可以减少或消除拉深过程中产生的皱纹，同时也增加了拉深件的刚度。直壁 AB 一般取 10~20mm，因此表面质量要求高的拉深件最好加一段直壁。

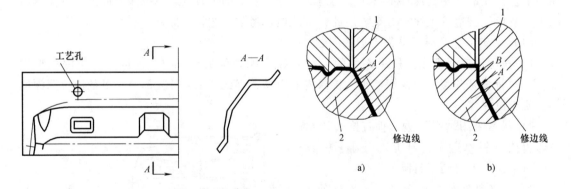

图 5-36　前窗上内侧板拉深时冲工艺孔

图 5-37　拉深条件
a) 没有直壁　b) 有直壁
1—凸模　2—凹模

(2) 工艺补充部分的种类　工艺补充部分的种类如图 5-38 所示。
1) 修边线在拉深件压料面上，垂直修边，压料面就是覆盖件本身的凸缘面（图 5-38a）。
2) 修边线在拉深件底面上，垂直修边（图 5-38b）。
3) 修边线在拉深件翻边展开的斜面上，垂直修边（图 5-38c）。
4) 修边线在拉深件的斜面上，垂直修边（图 5-38d）。
5) 修边线在拉深件的侧壁上，水平修边（图 5-38e）。

图 5-39 所示为修边线在拉深件的底部，为最大的工艺补充部分，其各部分的作用和尺寸见表 5-7。

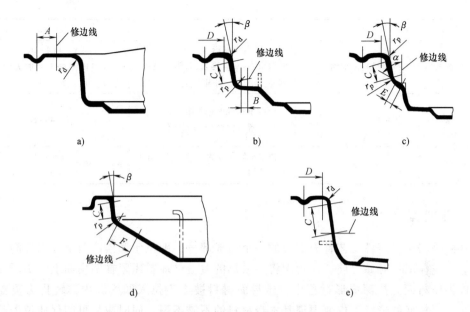

图 5-38 工艺补充部分的种类

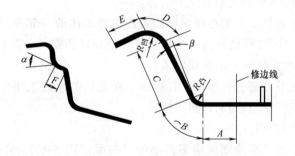

图 5-39 最大工艺补充部分示意图

表 5-7 工艺补充部分各部分的作用及尺寸

区域	名称	性质	作用	尺寸/mm
A	底面	从工件的修边线到凸模圆角	1) 调整时,不致因为 $R_凸$ 修磨变大而影响工件尺寸 2) 保证修边刃口的强度要求 3) 满足定位结构的要求	用拉深槛定位时:$A \geq 8$ 用侧壁定位时:$A \geq 5$
B	凸模圆角面	凸模圆角处的表面	降低变形阻力	一般拉深件:$R_凸 = (4 \sim 8)\delta$ 复杂拉深件:$R_凸 \geq 10\delta$
C	侧壁面	使拉深件沿凹模周边形成一定的深度	1) 控制工件表面有足够的拉应力,保证毛坯全部延展,减少皱纹的形成 2) 调节深度,配置较理想的压料面 3) 满足定位和取件要求 4) 满足修边刃口强度要求	$C = 10 \sim 20$ $\beta = 6° \sim 10°$

(续)

区域	名称	性质	作用	尺寸/mm
D	凹模圆角面	拉深材料流动面	$R_{凹}$的大小直接影响毛坯流动的变形阻力。$R_{凹}$越大，则阻力越小，容易拉深。$R_{凹}$小则反之	$R_{凹}=(4\sim10)\delta$ 料厚或深度大时取大值，允许在调整中变化
E	凸缘面	压料面	1) 控制拉深时进料阻力的大小 2) 布置拉深筋(槛)和定位	$E=40\sim50$
F	棱台面	—	使水平修边改为垂直修边，简化冲模结构	$F=3\sim5$ $\alpha\geqslant40°$

三、压料面

压料面是汽车覆盖件工艺补充部分的一个组成部分，即位于凹模圆角半径以外的那一部分坯料。在拉深成形开始之前，压边圈将要成形的覆盖件坯料压紧在凹模面上，被压住的坯料部分即为压料面。拉深成形过程中，压料面材料被逐步拉入凹模腔内，转化为覆盖件形状。因此，压料面的形状不仅要保证其本身材料的不皱不裂，同时应尽可能促使位于凸模底部的坯料下凹，以减小零件的拉深成形深度。更重要的是，应保证被拉入凹模腔内的材料不皱不裂。压料面与拉深零件的关系有以下两种：

1) 压料面就是覆盖件本身的凸缘面，即为覆盖件本体的一部分。这种压料面的形状是确定的，为便于拉深成形过程的进行，虽然也可以做局部的变动，但必须在以后的适当工序中加以整形，以达到覆盖件的整体形状要求。

2) 压料面由工艺补充部分所组成，在拉深工序之后的修边工序中，这种压料面将被切除。所以应尽量减少这种压料面的材料消耗。

确定压料面的基本原则为：

1) 压料面应为平面、单曲面或曲率很小的双曲面（图5-40），不允许有局部的起伏或折棱，当毛坯被压紧时，不产生褶皱，而且要求塑性流动阻力小，向凹模内流动顺利。

图 5-40 合理的压料面形状
a) 单曲面　b) 双曲面

2) 凸模对拉深毛坯一定要有拉伸作用。压料面展开长度比凸模表面展开长度短时（图5-41），凸模才能对拉深毛坯产生拉伸作用，保证在拉深过程中使毛坯处于张紧状态，并能平稳、逐渐地紧贴凸模，以防产生皱纹。

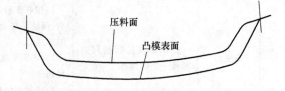

图 5-41 压料面展开长度比凸模表面展开长度短

3）合理选择压料面与拉深方向的相对位置。最有利的压料面位置是水平位置（图 5-42a）；相对水平面由上向下的压料面，倾角 α 不太大时也是允许的（图 5-42b）；压料面相对水平面由下向上倾斜时，倾角 φ 必须采用很小的角度，图 5-42c 所示的倾角太大，是不恰当的，因为拉深过程中金属的流动条件差。

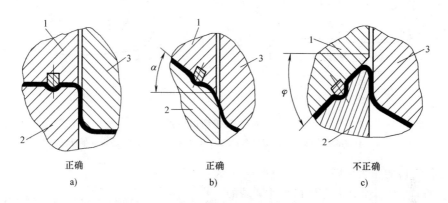

图 5-42　压料面与拉深方向的相对位置
a）水平位置的压料面　b）由上向下倾斜的压料面　c）由下向上倾斜的压料面
1—压料面　2—凹模　3—凸模

4）凹模里凸包的要求。凹模里的凸包必须低于压料面。拉深时，拉深毛坯受凹模内的凸包影响而弯曲变形，压料面未压到坯料，即没有起到压料的作用，这样拉深就要起皱、开裂，而得不到合格的零件（图 5-43）。

四、工艺切口

1. 工艺切口的作用

当需要在覆盖件的中间部位冲出某些深度较大的局部突起或鼓包时（属于胀形变形性质），在一次拉深中，往往不能从毛坯的外部得到材料的补充而导致零件的局部破裂。这时，可考虑在局部变形区的适当部位冲出工艺切口或工艺孔，使容易破裂的区域从变形区内部得到材料的补充。

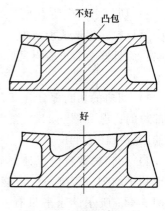

图 5-43　凹模里的凸包

2. 工艺切口的布置

必须在容易破裂的区域附近设置工艺切口，而此切口又必须处在拉深件的修边线以外，以便在修边工序中切除，而不影响覆盖件形体，如车门内、外板和上后围的玻璃窗口部位（图 5-44、图 5-45）。

3. 工艺切口的制法

（1）落料时冲出　用于局部成形深度较小的场合（工艺孔）。

（2）拉深过程中切出　它充分利用材料的塑性，即在拉深开始阶段利用材料的径向延伸，然后切出工艺切口，利用材料的切向延伸，这样成形深度可以大一些。在拉深过程中冲切工艺切口，并不希望切割材料与工件本体完全分离，切口废料可在以后的修边工序中一并切除。否则，将产生从冲模中清除废料的困难。

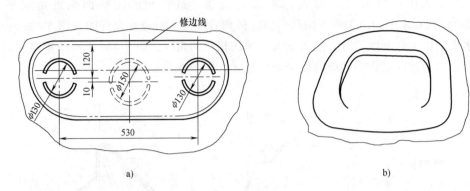

图 5-44 工艺切口布置

a) 上后围成形部位工艺切口布置 b) 门内板成形部位工艺切口布置

4. 工艺切口的布置原则

工艺切口的大小和形状要视其所处区域的情况和其向外补充材料的要求而定。

一般须注意以下几点：

1) 切口应与局部突起周缘形状相适应，以使材料合理流动。

2) 切口之间应留有足够的搭边，以使凸模张紧材料，保证成形清晰，避免产生波纹等缺陷；而且修边后可获得良好的窗口翻边孔缘质量。

3) 切口的切断部分（即开口）应邻近突起部位的边缘（图 5-44a、图 5-45）或容易破裂的区域（图 5-44b）。

4) 切口的数量应保证突起部位各处材料变形趋于均匀，否则不一定能防止裂纹产生。如图 5-44a 所示，原来只有左右两个工艺切口，结果中间仍产生裂纹，后来添加了中间切口（虚线所示），才完全避免破裂现象。

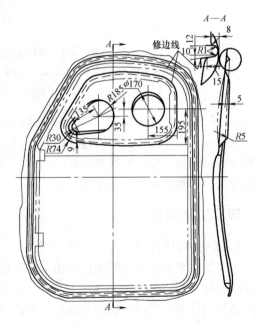

图 5-45 外门板

五、变形阻力与拉深筋

拉深变形阻力包括材料的塑性流动阻力、弯曲阻力和摩擦阻力。变形阻力的大小，表现在材料流动的速度大小上，影响着拉深件塑性变形的程度，对毛坯的起皱和拉裂有直接的影响。因此，应该通过对变形阻力的影响因素的分析，适当地调节变形阻力。拉深变形阻力的调节和控制是覆盖件拉深工艺设计的一个主要内容。

1. 影响拉深变形阻力的因素

(1) 凹模口形状 凹模口若由多种线条组成，则各线段处的变形阻力有较大的差别。图 5-46 所示的凹模口由直线和圆弧线组成。直线段 5 处的毛坯属于弯曲变形，其压料面不产生切向和径向的应力,其变形阻力最小,材料最容易流入凹模;内凹圆弧 1、3 等处的毛坯属拉深变形,在其压料面上有切向压应力和径向拉应力,其塑性流动阻力随曲率半径减小而增大;外凸圆弧 2、4 处的毛坯属伸长类翻边变形性质,在其压料面上有切向拉应力和径向拉应力,其塑性流动阻力也随曲率半径的减小而增大。在各不同变形区段的交接部位,变形要受到邻近区的影响。内凹圆弧有向邻近部位扩散多余材料的趋势,外凸圆弧有使邻近部位受拉并向其本身集中材料的趋势,这些都会使相邻部位的塑性流动阻力变化。

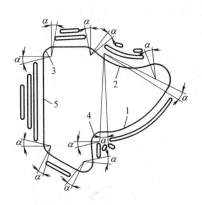

图 5-46 凹模口的形状及拉深筋的位置（$\alpha = 8° \sim 12°$）

（2）拉深深度　塑性流动阻力沿凹模口的分布与拉深深度有直接关系。在内凹和外凸的曲线部位上,拉深深度的过大变化能引起变形阻力的不均匀分布,应尽量避免。只有在属于弯曲变形的直线部位上,拉深深度的变化才不会直接引起变形阻力的变化。

（3）拉深件的侧壁形状　拉深件侧壁形状对变形阻力有显著的影响。在相同条件下,垂直的侧壁比倾斜的侧壁变形阻力大。具有垂直侧壁的拉深件在拉深过程中不易起皱。

（4）压料力　压料力越大,摩擦阻力就越大。局部调节压料力,可以调节相应部位的变形阻力。

（5）凹模圆角半径　凹模圆角半径越小,毛坯向凹模内流动经过凹模圆角时产生弯曲变形的弯曲阻力越大。弯曲阻力过大时,会加速凹模表面的磨损,使摩擦阻力增加,造成拉深件表面拉毛。

（6）润滑条件　毛坯的压料面上、下表面有良好的润滑时,可以显著地减小摩擦阻力和提高拉深件表面质量。

（7）压料面面积　压料面越大,拉深变形阻力就越大。通过局部增大或减小压料面,可以局部调节变形阻力。

上述各因素的影响使得在拉深过程中沿凹模口的变形阻力不均匀。针对这些因素,可以采用相应的措施对各部位的变形阻力进行调节和控制,使拉深件上各部分的塑性变形均匀。

2. 拉深筋（槛）

在压料面上设置拉深筋是调节和控制变形阻力的一种有效和实用的方法。这是由于压料面的毛坯在向凹模流动中要经过反复弯曲变形,增大了变形阻力（图 5-47）。

（1）拉深筋（槛）介绍

1）拉深筋。拉深筋的剖面呈半圆弧形状（图 5-48）。拉深筋一般装在压边圈上,而在凹

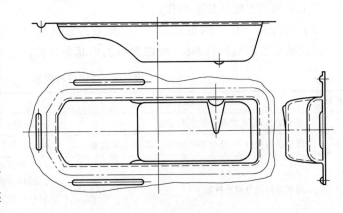

图 5-47　油底壳拉深工序图

模压料面上开出相应的槽。由于拉深筋比拉深槛在采用的数量上、形式上都比较灵活，故应用比较广泛。但其流动阻力不如拉深槛高。

2）拉深槛。拉深槛的剖面呈梯形（图 5-49），类似门槛，安装于凹模的洞口。它的流动阻力比拉深筋大，主要用于拉深深度小而外形平滑的零件，这可减小压边圈下的凸缘宽度及毛坯尺寸。

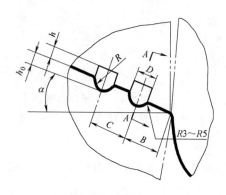
图 5-48 拉深筋

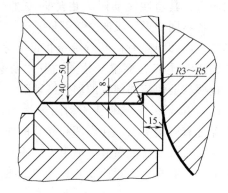
图 5-49 拉深槛

(2) 拉深筋的作用

1）增加进料阻力，使拉深表面承受足够的拉应力，提高拉深件的刚度和减少由于弹复而产生的凹面、扭曲、松弛和波纹等缺陷。

2）调节材料的流动情况，使拉深过程中各部分流动阻力均匀，或使材料流入模腔的量适合工件各处的需要，防止"多则皱、少则裂"的现象。

3）扩大压料力的调节范围。在双动压力机上，调节外滑块四个角的高低，只能粗略地调节压料力，并不能完全控制各处的进料量正好符合工件的需要，因此还需靠压料面和拉深筋来辅助控制各处的压料力。

4）当具有深拉深筋时，有可能降低对压料面的加工光洁度的要求，这便降低了大型拉深模的制造工作量。同时，由于拉深筋的存在，增加了上、下压料面之间的间隙，使压料面的磨损减小，因而提高了压料面的使用寿命。

5）纠平材料不平整的缺陷，因为材料在通过拉深筋产生弯曲后再向凹模流入的过程中，产生了相当于辊压校平的作用。

(3) 拉深筋（槛）的布置原则　拉深筋的数目及位置视零件外形、拉深深度而定。拉深筋布置原则见表 5-8，按凹模口的形状布置拉深筋的方法见表 5-9。

表 5-8　拉深筋布置原则

序号	要求	布置原则
1	增加进料阻力，提高材料变形程度	放整圈的或间断的 1 条拉伸槛或 1~3 条拉伸筋
2	增加径向拉应力，降低切向压应力，防止毛坯起皱	在容易起皱的部位设置局部的短筋
3	调整进料阻力和进料量	1）拉伸深度大的直线部位，放 1~3 条拉伸筋 2）拉伸深度大的圆弧部位，不放拉深筋 3）拉伸深度相差较大时，在深的部位不设置拉深筋，浅的部位设置拉深筋

表 5-9 按凹模口的形状布置拉深筋的方法

凹模口的形状及拉深筋的位置	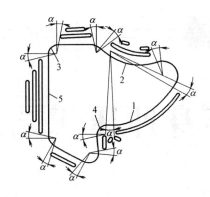		
位置序号	形状	要求	布置方法
1	大内凹圆弧	补偿变形阻力不足	设置 1 条长筋
2	大外凸圆弧	1) 补偿变形阻力不足 2) 防止拉深时材料从相邻两侧凹圆部分挤过来而形成皱纹	设置 1 条长筋和 2 条短筋
3	小内凹圆弧	塑性流动阻力大,应让材料有可能向直线区段挤流	1) 不设拉深筋 2) 相邻筋的位置与凸圆弧保持 $\alpha = 8° \sim 12°$ 夹角关系
4	小外凸圆弧	将相邻侧面挤过来的多余材料延展开,并保证压料面下的板料处于良好状态	1) 沿凹模口不设筋 2) 在离凹模口较远处设置 2 条短筋
5	直线段	补偿变形阻力不足	根据直线长短设置 1~3 条拉深筋(长者多设,并呈塔型分布;短者少设)

第六章 车身冲压工艺装备

车身冲压就是车身覆盖件的冲压制造，是指覆盖汽车发动机、底盘，构成驾驶室和车身的薄钢板冲压成形的表面零件（外覆盖件）和内部零件（内覆盖件）的冲压制造过程。货车的车前钣金件和驾驶室及轿车的车身等，一般都是由冲压件构成的。与一般的冲压件相比较，覆盖件具有材料薄、形状复杂（多为空间曲面形状）、结构尺寸大、表面质量高等特点。在覆盖件的冲压工艺编制、冲模制造工艺上也有其特点，因此，需把汽车覆盖件作为一类特殊的冲压件来研究。

覆盖件通常由厚度为 0.7~1.2mm 的 08 系列冷轧薄钢板冲压而成。由于覆盖件形状的复杂程度引起拉深塑性变形各异和拉深深度不等等诸因素的影响，正确地选用钢板的拉深性能等级，对减少废品和降低成本具有重要的影响。

第一节 车身拉深模

拉深是把一定形状的平板坯料或空心件通过拉深模制成各种开口空心件的冲压加工方法。采用拉深工艺可以制成圆筒形、锥形、阶梯形、球形、盒形、抛物线形和其他不规则形状的薄壁零件。若拉深与其他冲压成形工艺配合，还可以制造出形状更为复杂的零件。因此，在汽车车身制造过程中应用非常广泛。

1. 拉深模的典型结构

覆盖件拉深设备有单动压力机和双动压力机，形状复杂的覆盖件必须采用双动压力机拉深。根据设备不同，覆盖件拉深模也可分为单动压力机上覆盖件拉深模和双动压力机上覆盖件拉深模。图 6-1 和图 6-2 所示分别为单动压力机上和双动压力机上覆盖件拉深模的结构示意图。

图 6-1 所示为汽车顶盖拉深模，拉深时的压边力是由压力机工作台下部的压缩空气垫提供的。上、下模的导向采用外导板 2，压边圈 4 和凸模 7 间的导向采用内导板 3。导板采用

MoS_2 自动润滑导板。凸模 7、凹模 1 和压边圈 4 采用铸铁 HT300 制作。限位柱 8 控制压边圈 4 的位置。

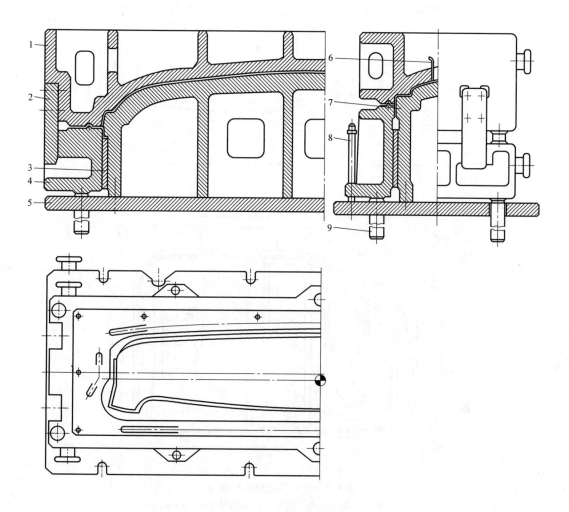

图 6-1　单动压力机上的汽车顶盖拉深模
1—凹模　2—外导板　3—内导板　4—压边圈　5—下模板
6—排气管　7—凸模　8—限位柱　9—顶杆

图 6-2 所示为汽车车门外板拉深模，在双动压力机上工作，凸模连接板 4、凸模 3 和压边圈 1 分别安装在压力机内、外滑块上，上、下模用外导板 11 导向，凸模 3 和压边圈 1 之间用内导板 5 导向。由于拉深深度小，采用拉深槛 2 压料。图 6-3 所示为车门外板工件图。

2. 拉深模主要零件的设计

（1）拉深模壁厚尺寸　表 6-1 所列是拉深模壁厚尺寸。由于覆盖件拉深模形状复杂，结构尺寸一般都较大，所以凸模、凹模、压边圈和固定座等主要零件都采用带加强筋的空心铸件结构，材料一般为合金铸铁、球墨铸铁和高强度的灰铸铁（HT250、HT300）。

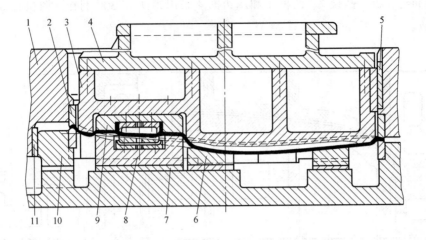

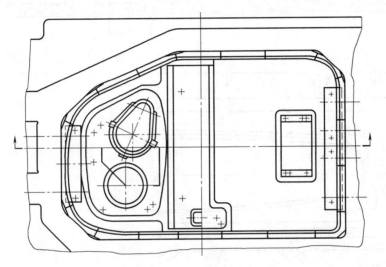

图 6-2　汽车车门外板拉深模

1—压边圈　2—拉深槛　3—凸模　4—凸模连接板　5—内导板
6—成形镶件　7—垫板　8、9—上下模件　10—凹模　11—外导板

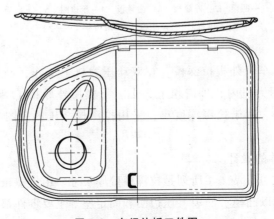

图 6-3　车门外板工件图

表 6-1 拉深模壁厚尺寸

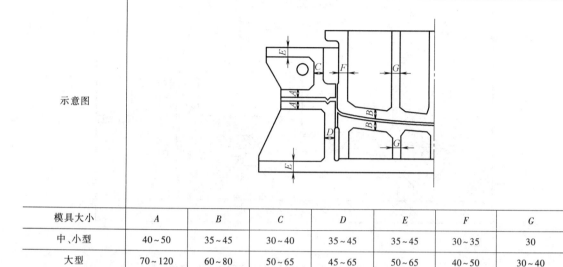

模具大小	A	B	C	D	E	F	G
中、小型	40~50	35~45	30~40	35~45	35~45	30~35	30
大型	70~120	60~80	50~65	45~65	50~65	40~50	30~40

（2）凸凹模设计

1）凸凹模结构设计。凸模的外轮廓就是拉深件的内轮廓，其轮廓尺寸和深度即为产品图尺寸。凸模工作表面和轮廓部位处的模壁厚比其他部位的壁厚要大一些，一般为 70~90mm。为了保证凸模的外轮廓尺寸，在凸模上沿压料面有一段 40~80mm 的直壁必须加工（图 6-4）。

拉深毛坯是通过凹模圆角逐步进入凹模型腔，直至拉深成凸模的形状的。拉深件上的装饰棱线、装饰筋条、装饰凹坑、加强筋、装配用凸起、装配用凹坑以及反拉深等一般都是在拉深模上一次成形完成的。因此，凹模结构除了凹模压料面和凹模圆角外，在凹模设置成形的上述结构的凸模或凹模也属于凹模结构的一部分。凹模结构可分为闭口式凹模结构和通口式凹模结构。

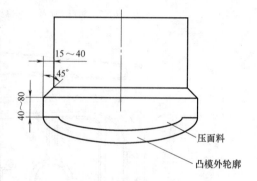

图 6-4 凸模外轮廓

闭口式凹模结构的凹模底部是封闭的，在拉深模中，绝大多数是闭口式凹模结构。

图 6-5 所示为汽车门内板拉深模。模具的凹模底部是通的，通孔下面加模座，反拉深凸模紧固在模座上。这种凹模底部是通的凹模结构称为通口式凹模结构。通口式凹模结构一般用于拉深件形状较复杂、凸凹部位较多、棱线要求清晰的拉深模。凹模中顶出器的外轮廓形状是制件形状的一部分，且形状比较复杂，图 6-6 所示为车门内板工件图。

2）凸凹模圆角半径。

① 凹模圆角半径 r_a 越大，材料拉入凹模时的阻力越小，所需的拉深力就越小；但 r_a 过大，又会使拉深件起皱，因此在不产生起皱现象的前提下凹模圆角半径越大越好。一般凹模圆角半径可按经验公式来确定：

$$r_a = 0.8\sqrt{(D-d)\delta} \tag{6-1}$$

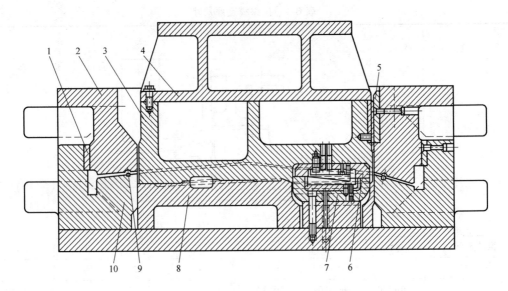

图 6-5 采用通口式凹模结构的汽车门内板拉深模
1—外导板 2—压边圈 3—凸模 4—凸模连接板 5—内导板
6、7—切口上下模 8—成形下模 9—拉深筋 10—凹模

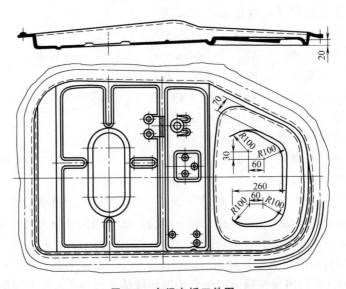

图 6-6 车门内板工件图

式中 r_a——凹模圆角半径（mm）；

D——坯料直径或上一次拉深件的直径（mm）；

d——凹模内径（mm）；

δ——材料厚度（mm）。

当工件直径大于 200mm 时，凹模最小圆角半径（mm）可按下式确定：

$$r_{a\min} = 0.039d + 2 \tag{6-2}$$

② 凸模圆角半径可依据下列规定选取：

a. 除最后一道工序外，其他各道拉深工序中凸模圆角半径 r_d 可以取与凹模圆角半径相等或略小的值，即 $r_d = (0.7 \sim 1.0) r_a$。

b. 最后一次拉深工序的凸模圆角半径应与工件的圆角半径相等，但当 $\delta < 6$ mm 时，$r_d > 3\delta$；当 $\delta > 6$ mm 时，$r_d > 2\delta$。

c. 如果工件的圆角半径很小，则需要增加整形工序来加工小圆角。

(3) 覆盖件拉深模具的导向　工艺方法不同，模具对导向精度和导向刚度的要求也不同，模具的导向形式也不同。汽车覆盖件冲压模具中，常用的导向元件有导柱和导套导向、导板导向、导块导向三种基本形式。使用双动压力机的拉深模具可利用这些基本元件，采用凸模与压边圈导向、凹模与压边圈导向、压边圈与凸模和凹模都导向等结构型式。

1) 导柱和导套导向。导柱和导套导向不能承受较大的侧向力，常用于中小型模具的导向。

2) 导板导向。导板导向常用于覆盖件的拉深、弯曲、翻边等成形模具。其结构相对简单、造价低，常安装在凸模、凹模、压边圈上，应用比较广泛。

3) 导块导向。导块导向与导板导向的使用方式相同。当导块设置在模具对称中心线上时，导块应为三面导向；当设置在模具的转角部位时，导块应为两面导向。

导块导向常用于单动压力机使用的拉深模具结构。导块导向的结构相对简单，比导板导向刚性好，可以承受一定的侧向力。根据侧向力的大小和模具的大小，可以使用 2 个或 4 个导块。导块模适用于平面尺寸大深度小的拉深件及中大批量生产。

(4) 拉深模具的排气　拉深时凹模中的空气若不排出，被压缩的气体将产生很大的压力，把坯料压入凹模空隙处而产生多余的变形，形成废品。同时，凸模和制件间的空气也应排出，否则制件可能被凸模贴紧带出，导致变形。因此，凸模和凹模都应该设置适当的排气孔，排气孔位置以不影响拉深件表面质量为宜。孔径一般为 10 ~ 20mm。凸模需要设计排气孔时，其孔径不能小于 6mm，并应均匀分布。

(5) 拉深模具的限位与起吊装置

1) 限位装置。拉深模具的限位有合模限位块、存放限位块、压边圈限位螺钉。合模限位块安装在压边圈的四个角上，试模时使压边圈周围保持均匀的合模间隙，从而保证压料力均匀。存放限位块是模具不工作时，为使弹性元件不失去弹力设置的零件，其厚度要保证弹簧不受压缩而处于自由状态。

2) 起吊装置。起吊装置在模具加工、组装、搬运和修理等情况下使用，是保证模具安全的重要零件，设计时必须特别慎重。

第二节　车身冲压设备

一、常用压力机的分类和代号

压力机的种类繁多，按照不同的方式，分为不同的类别。例如，按驱动滑块的方式可分为机械、液压、气动等；按滑块的个数分为单动、双动、三动等；按驱动滑块机构的种类又分为曲柄式、肘杆式、摩擦式；按机身结构型式也可分为开式、闭式等。另外还有一些分类方法，但一般按驱动滑块力的种类而把压力机分为机械压力机、液压压力机两大类，其代号分别为 J 和 Y。此外，还有剪切机、弯曲校正机等其他类别。

二、曲柄压力机

1. 工作原理及结构

曲柄压力机是把传动系统的旋转运动通过曲柄连杆使滑块产生往复运动而进行工作的一种冲压设备。

图 6-7 所示为曲柄压力机及其结构简图，曲柄压力机的结构型式很多，但基本上都是由曲柄 1、连杆 2 和滑块 3 等组成。电动机 5 通过小齿轮（或小带轮）6 和大齿轮（或大带轮）7 及离合器 8 将运动传递给曲柄 1，曲柄 1 的回转运动通过连杆 2 变成滑块 3 的上下往复直线运动。模具的上模 13（活动部分）固定在滑块上，下模 12 固定在床身 4 的工作台面 11 上，导轨 14 保证滑块运动方向准确，使上下模具之间不产生水平错移，床身 4 是所有运动部分的支承件，并且把压力机的全部机构联成一个整体。压力机的操纵是通过踏板 10、离合器 8 和制动器 9 的配合实现的。为了使负荷均匀，能量利用经济，压力机上装有飞轮，在小型压力机中大齿轮（或大带轮）即起飞轮作用。不难看出，曲柄压力机一般由以下几部分组成：

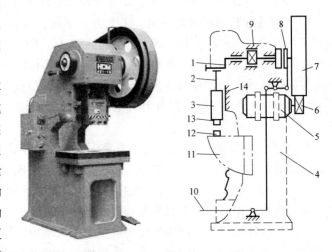

图 6-7 曲柄压力机及其结构简图
1—曲柄 2—连杆 3—滑块 4—床身 5—电动机
6—小齿轮（或小带轮）7—大齿轮（或大带轮）
8—离合器 9—制动器 10—踏板 11—工作台面
12—下模 13—上模 14—导轨

(1) 能源系统　包括电动机、飞轮等。
(2) 传动机构　带轮、齿轮、传动轴。
(3) 操纵机构　包括离合器、制动器、踏板、按钮开关等。
(4) 工作机构　一般包括曲柄滑块机构，由曲轴、连杆、滑块等零部件组成。
(5) 支撑部件　如机身。

此外，还有很多辅助系统与装置，如安全保护装置、润滑系统、气垫和预料装置等。

2. 曲柄压力机的分类

曲柄压力机由于机身结构不同，分为单柱开式压力机、双柱开式压力机和双柱闭式压力机等。闭式压力机又分为整体式和组合式两种。开式压力机机身为 C 字形，操作空间三面敞开，因而操作比较方便，小型压力机多采用这种形式。闭式压力机机身为框架式，操作时只能从前后方向接近，但机身刚性好，大、中型压力机多采用这种形式。

根据曲柄压力机曲柄数目的不同，分为单曲柄、双曲柄和四曲柄压力机，分别简称为单点、双点和四点压力机。双点和四点压力机都属于宽台面的压力机。

根据曲柄压力机工作机构的不同，分为曲轴式、曲拐式、偏心轴式、齿轮偏心式、肘杆式和凸轮式压力机等。

3. 曲柄压力机的基本技术参数

曲柄压力机的基本技术参数表示压力机的工艺性能和应用范围，是选用压力机和设计模具的主要依据。曲柄压力机的基本技术参数如下：

（1）公称压力（单位为 N） 公称压力是指当滑块运动到距下死点前一定距离（公称压力行程）或曲柄旋转到下死点前某一角度（公称压力角）时，滑块上允许的最大工作压力。

（2）滑块行程 滑块行程是指滑块从上死点运动到下死点所走过的距离，它的大小和压力机的工艺用途有很大的关系。拉深压力机的行程比较大，静压机的行程比较小。

（3）滑块行程次数 滑块行程次数是指滑块空载时，每分钟从上死点到下死点后再回到上死点所往复的次数。有负荷时，实际滑块行程次数小于空载次数。对于自动送料曲柄压力机，滑块行程次数越多，生产效率就越高；对于手工操作的曲柄压力机，行程次数不宜太多。

（4）封闭高度 封闭高度是指滑块在下死点时，滑块底面至工作台表面的距离（不是指垫板）。通过装模高度调整机构，将滑块调整到最下位置，当滑块在下死点时，滑块底面至工作台表面的距离称为最小封闭高度。

（5）封闭高度调节量 最大封闭高度和最小封闭高度的差值，称为封闭高度调节量。在设计模具时，应使模具的封闭高度小于曲柄压力机的最大封闭高度。

（6）工作台尺寸和滑块底面尺寸 这些尺寸与模具平面轮廓的大小及模具安装方法有关。

三、拉深压力机

1. 拉深压力机的特点和分类

在拉深过程中，工件的周边部分容易形成皱褶，为了防止拉深工件起皱，拉深压力机应有压边装置；其拉深工艺行程较大，因此要求拉深压力机的行程也较大，相应的拉深压力机的飞轮尺寸和电动机容量都比较大；拉深板材的极限拉深速度有一定限制，因此要求拉深压力机有合适而且比较均匀的滑块速度。以上三点是拉深工艺对拉深压力机的要求，也就是拉深压力机的特点。

目前用于拉深的压力机主要有机械式和液压式两大类，机械式拉深压力机又分为单动拉深压力机、双动拉深压力机和三动拉深压力机。

2. 单动拉深压力机

单动拉深压力机包括通用的曲柄压力机和变速的专用压力机。

通用曲柄压力机由于其行程较短，速度较高，一般只宜用于浅拉深。通用曲柄压力机用于拉深工艺必须带有压边装置。在小型压力机上常带有橡胶或弹簧压边装置，但是这种装置压紧力小，而且存在压紧力随行程变化的缺点，因此，在大件或深拉深工艺中，常采用一些拉深装置。

变速的专用拉深压力机是一种具有特殊曲柄连杆机构的压力机，用于深拉深工序，这种机构由双曲柄机构与曲柄连杆机构串接而成，如图 6-8 所示，前者的从动杆即为后者的主动杆，选择合适的机构参数，能使滑块在向下移动时基本保持较低而均匀的速度，而回程速度却较大，如图 6-9 所示。

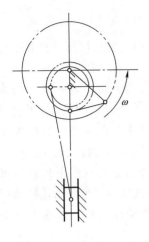 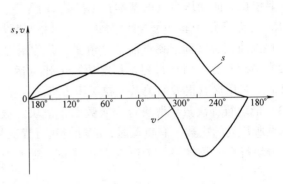

图 6-8 单动拉深压力机的六连杆机构　　**图 6-9 单动拉深压力机滑块行程 s、速度 v 曲柄转角 α 的关系图**

单动拉深压力机虽然结构比较简单，但是由于它存在压边刚度不够，压边力不能进行区域性调整，压边开始时有冲击振动等缺点，所以它一般只适宜于拉深形状比较简单的工件。

3. 双动拉深压力机

双动拉深压力机是供拉深复杂形状零件用的，这种压力机在结构上的主要特点是具有两个滑块，即内滑块和外滑块。外滑块用于压边，故又称压边滑块；内滑块用于拉深毛坯，如图 6-10 所示。外滑块在机身导轨内做往复运动，内滑块在外滑块的导轨内做往复运动，两者之间的运动有一定的关系，其工作循环如图 6-11 所示。

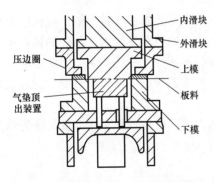 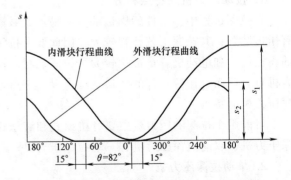

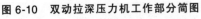

图 6-10 双动拉深压力机工作部分简图　　**图 6-11 双动拉深压力机的滑块工作循环图**

s_1—内滑块总行程　s_2—外滑块总行程　θ—拉深角

（1）滑块工作循环图　双动拉深压力机的滑块工作循环图如图 6-11 所示。外滑块提前（10°~15°）压住拉深毛坯，内滑块大约在 $\alpha=80°$ 时开始拉深，到 $\alpha=0°$ 时拉深结束，开始回程。外滑块要滞后 10°~15° 回程，其目的是使拉深件不致卡在模具上。因此，在工作行程内，外滑块的总压紧角为 100°~110°。当内滑块回到上死点时，外滑块已经过了自己的上死点而向下移动了一段距离（或转过一定角度），这个距离称为导前行程，等于滑块行程的 0.1~0.15 倍（或 25°~50°），它一方面保证滑块在下次工作行程时提前压住拉深毛坯，另一方面保证拉深件能从模具中取出。

（2）基本技术参数之间的关系

1）最大拉深件的高度约等于 $0.47s$（s 为内滑块行程）。

2）外滑块与内滑块的公称压力之比为 $0.55 \sim 1.0$；小值适用于单点双动拉深压力机，大值适用于双点或四点双动拉深压力机。

3）外滑块与内滑块的行程之比一般为 $0.6 \sim 0.7$。

（3）外滑块的传动机构　外滑块的传动机构要使外滑块的运动具有压紧阶段和导前角。传动机构的种类较多，有凸轮式、肘杆式和多连杆式等。目前一般都用多连杆机构驱动。图 6-12a 所示为某种闭式单点双动拉深压力机的外滑块传动机构，压力机的曲轴除驱动内滑块做上下往复运动外，还通过连杆 1 带动连杆 2、摇杆 3 做同步往复摆动，再通过连杆 4 带动角杆 5 做往复摆动，而角杆 5 通过连杆 6 驱动外滑块 7 做上下往复间歇运动，角杆 5 的另一端有扇形齿轮，通过它驱动外滑块的另一根连杆运动。外滑块在 115° 曲柄转角的范围内

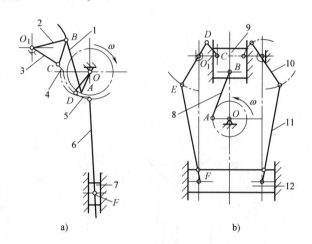

图 6-12　外滑块传动机构

1、2、4、6、8、10、11—连杆　3—摇杆
5—角杆　7、9、12—滑块

基本保持不动。图 6-12b 所示为某种单点双动拉深压力机外滑块传动机构，连杆 8 带动滑块 12 工做上下往复运动，小滑块 9 通过连杆 10、连杆 11 带动外滑块 12 做上下往复间歇运动。

外滑块的压边力是由压力机受力杆件的弹性恢复力产生的，所以调节外滑块的闭合高度即可调节压边力的大小。外滑块的四个（或两个）悬挂点用螺旋副与驱动连杆相连接，转动螺旋副就可调节外滑块的闭合高度。

当双动拉深压力机的内滑块工作时，压力机机身等受力零件将进一步变形，导致外滑块闭合高度增加，压边力减小而且不稳定，从而影响拉深质量。为了克服上述缺点，双动拉深压力机外滑块上装有压力补偿器。压力补偿器的基本构件是外滑块悬挂点上的连接油缸和连杆下端螺旋副式的活塞。在活塞与油缸内腔间充满具有一定压力的油液，当因内滑块工作而使外滑块卸荷时，油缸内就自动补油，以保持外滑块的压边力。当外滑块超载时，油缸内的压力油自动向外排出，因而保护了外滑块机构不受损。各悬挂点的压力补偿器还可以在不同的油压下工作，因而可调节各点压边力的大小，使之适应拉深复杂零件的需要，所以压力补偿器实际上起到稳定压边力、调节压边力和过载保护作用。

由多杆机构驱动外滑块在压紧角范围内实际上不可能绝对不动，而是有波动的，但其波动量远小于压力机纵向的弹性变形。

在双动拉深压力机的工作台下，若装有拉深垫，便可起顶件和使工件底部局部成形的作用，此时双动拉深压力机就相当于三动拉深压力机。

（4）内滑块的传动机构　双动拉深压力机的内滑块若用一般曲柄连杆驱动，则拉深速度大且不均匀，不符合拉深工艺的要求，而且冲击振动大，影响模具寿命，恶化了工作条件，所以现代双动拉深压力机的内滑块基本都采用多连杆机构驱动，以达到匀速或基本匀速拉深和快速回程的目的。

双动拉深压力的内滑块传动机构有曲柄做变速运动的曲柄连杆机构。连杆曲线型六连杆机构如图 6-13 所示，它结构简单，运动特性和受载特性好，通用性好，因此是匀速位移连杆中用得较多的一种多连杆机构。

4. 三动拉深压力机

三动拉深压力机的特点是具有三个滑块：一个用于上拉深，一个用于压边，一个用于下拉深，如图 6-14 所示。三动拉深压力机主要用于大型工件的拉深，如汽车车身覆盖件等。

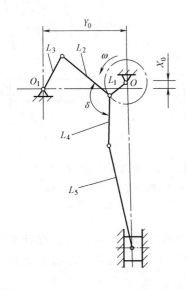

图 6-13　连杆曲线型六连杆机构

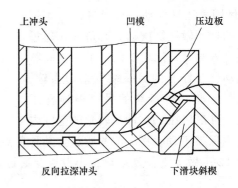

图 6-14　三动拉深压力机工作图

三动拉深压力机中广泛采用两个独立的驱动系统，上部的内、外滑块用一个驱动系统，与双动拉深压力机相同，内滑块也采用匀速驱动机构；下部的滑块用另一个驱动系统，它的行程曲线位置可以调节，若不用第三个滑块，可将它脱开而成为双动拉深压力机。

四、压力机的选用原则

冲压设备的选择是工艺设计的一项重要内容，它直接关系到设备的合理使用和安全，以及产品质量、模具寿命、生产效率和成本等一系列重要问题。

选用压力机，首先应根据所要完成的工艺性质、批量大小、工件的几何尺寸和精度等级等选定其类型。

对于中、小型冲裁件、弯曲件或浅拉深件多用具有 C 形床身的开式曲柄压力机。虽然开式压力机的刚度差，并且由于床身的变形而破坏了冲模的间隙分布，降低了冲模的寿命和冲裁件的质量，但它却具有操作空间的三面敞开、操作方便、容易安装机械化的附属设备和成本低廉等优点，目前它仍是中、小型件生产的主要设备。

在大、中型和精度要求较高的冲压件生产中，多采用闭式机身的曲柄压力机。这类压力机两侧封闭，刚性较好，精度较高，但操作不如开式压力机方便。对于大型、较复杂的拉深件，多采用闭式双动拉深压力机。它有两个滑块，即拉深用的内滑块和压边用的外滑块。外滑块通常有四个加力点，调整作用于坯料周边的压边力，模具结构简单，压力可靠易调，特别适于大量生产。

对于形状复杂的零件的大量生产，应优先考虑选用多工位自动压力机。一台多工位自动压力机能够代替多台单工位压力机，并且消除了工序间半成品的堆放和运输问题。而对落料、冲孔件的大量生产，则应选用效率高、精度高的自动高速压力机。

在小批生产中，尤其是大型厚板冲压件的生产，多采用液压机。液压机不会因为板材的厚度超差而过载，特别对于施力行程较大的加工更具有明显的优点，一般多用于弯曲、拉深、校平等成形工序。校正弯曲，校平整形工序要求压力机有较大的刚度，以便获得较高的冲压件尺寸精度；而精压机用曲柄-肘杆机构传动，滑块行程小，在行程末端停留时间长，传动系统及机架刚性好，适用于上述工序。但精压机加工应当使用厚度公差较小的高精度板材，以免过载。

精密冲裁工艺除要求机身精度高、刚性好和冲裁速度较低外，还特别要求压力机除主滑块外，应设有压力和反压装置，一般应在专用的三动精冲压力机上进行。当然，在普通精度和刚度都较高的曲柄压力机和液压机上，附加压边系统和反压系统也可进行精密冲裁。

在压力机类型选定之后，应进一步根据变形力的大小、冲压件尺寸和模具尺寸来确定设备的规格。

第三节　车身冲压生产

一、车身冲压生产线

车身冲压件大多数是在多台压力机上经过多道冲压工序制成的，一般都是将压力机排列成流水生产线，简称冲压生产线。冲压生产线有以下优点：

1）可省去存放工序间半成品所需的大量生产空间。
2）可以及时发现工件的缺陷，便于停线及时消除，防止大量废品的产生。
3）易于使繁重的手工操作实现机械化和自动化，提高冲压生产效率。

冲压生产线上的压力机，大都采用贯通式排列，如图6-15所示。当毛坯从压力机正面进入时，其排列如图6-15a所示，而当毛坯从压力机侧面进入时，其排列如图6-15c所示。压力机中心线之间的距离需合理选择，使其为毛坯自动进料步距的倍数，如图6-15b所示。同一条生产线上的各台压力机中心线间的距离可以是等距、非等距或者密排并列的，视各压力机之间各类输送装置的安装要求而定。对于图6-15所示的贯通式压力机排列方案来说，当模具不能从压力机侧面装入时，其压力机之间的距离还需考虑模具能否从压力机正面装入，此时压力机间距应当比压力机工作台前后方向的尺寸大2~3倍。因冲压工艺要求而设立的超长冲压生产线，由于管理监护不便，停线机会太多，需要将一条冲压生产线断开成数条冲压生产线，在断开处设备间的距离应能允许中间贮存系统工作方便，如图6-15d所示。图6-16所示为车身冲压用大型冲压机组。

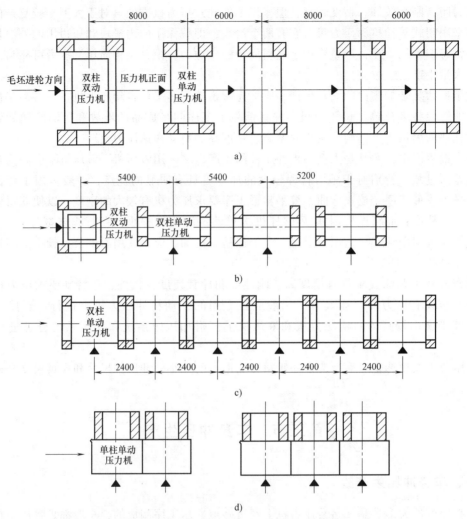

图 6-15 冲压生产线压力机排列的几种方式

图 6-16 车身冲压用大型冲压机组

1. **板材下料生产线**

车身冲压件广泛使用卷料，使用卷料的优点是：

1）便于运输、存放和保管。

2）可减少钢板在生产过程中的碰伤和划痕，保持材料表面光洁，便于涂装和提高冲压表面质量。

3）便于合理排样，减少余料和废料，降低材料消耗。

4）易于实现冲压自动化。由于自动化而减轻了体力劳动，减少了工作量，提高了劳动生产率。使用开卷落料自动线比剪切和冲裁的工作效率提高若干倍。

卷料需要经过剪切生产线剪裁成毛坯，然后再供给以后的冲压生产线使用，剪切（下料）生产线有卷料开卷落料自动线、开卷纵切自动线、开卷横切自动线、板料剪切生产线等形式。

图 6-17 所示为一条卷料开卷落料自动线实例。图 6-18 所示为卷料开卷落料自动线的结构简图，这种生产车身覆盖件毛坯的自动线，一般由卷料开卷机、多辊校平机、送料机、落料压力机、堆垛机等机组组成。卷料由装有专用吊钩的起重机吊到卷料送进装置 1 上，然后装夹在开卷机 2 和 3 上进行开卷，随后进入多辊校平机 4 校平，经过卷料补偿圈 10 再进入卷料自动拉推送进机构 6 和 7，并送至落料压力机 5 内进行落料，此后剪切毛坯滑入码料装置。当新卷料端头尚未进入卷料自动拉推送进机构时，装在卷料补偿圈地坑两侧的门式框架 11 立即托起卷料端头，将其送入卷料自动拉推送进机构后，框架自动下降。卷料自动拉推送进机构与落料压力机同步，并间歇地输送卷料，而开卷机与校平机则连续输送卷料，依靠光电控制系统调节两者的运转速度，使生产线和谐地自动进行工作。连接开卷机与校平机的卷料则依靠地坑内的补偿圈贮存和补偿。

图 6-17 卷料开卷落料自动线实例

2. **车身覆盖件冲压生产线**

车身覆盖件冲压生产线，根据其生产方式的特点可分为通用多机半自动冲压生产线、通用多机全自动冲压生产线、专用多机全自动冲压生产线等类型。

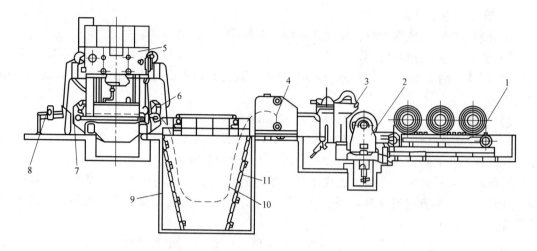

图 6-18 卷料开卷落料自动线结构简图
1—卷料送进装置　2、3—开卷机　4—多辊校平机　5—落料压力机　6、7—卷料自动拉推送进机构
8—废料剪切装置　9—补偿圈地坑　10—卷料补偿圈　11—门式框架

通用多机半自动冲压生产线大都是由一台 600~1500t 双动压力机和多台 400~900t 单动压力机依次贯通排列组成的，压力机之间用各自独立驱动的输送带连接起来，全线进行间歇式作业。每台压力机都有出料机械手，与压力机同步操作，它将压力机模具内的冲压件取出并放置在输送带上，送往下一台压力机。冲压件送入压力机模具内时由人工扶正，但毛坯送入双动压力机则常备有机械化上料装置，双动压力机与单动压力机之间根据工艺要求都设有翻转装置。

通用多机半自动冲压生产线按其通用性还有两种情况：

1) 生产多种车型的同一种冲压件的生产线，如生产多种车型车身顶盖的冲压线。
2) 用于生产数种冲压件的冲压线，如生产顶盖和发动机舱盖等的冲压线。

为了适应成批生产必须经常更换模具的状况，半自动冲压生产线还常常附有快速更换模具的设施，以使原来需要数小时才能结束的换模工作，缩短到仅需几分钟就能完成，从而充分发挥了半自动冲压生产线的使用效能。

半自动冲压生产线比手工操作的冲压流水线生产效率高，节省人力，能满足大量生产中连续作业的需要。同时它又比自动冲压生产线造价低，特别是对于形状及工艺都很复杂的冲压件来说，半自动冲压生产线更表现出优良的适应性和较高的经济性。

图 6-19 所示为汽车覆盖件半自动冲压生产线的平面布置图。它由一台双动压力机和三台单动力机组成，其工艺顺序是：拉深→修边→翻边→冲孔。

在生产线上，第 1 工序上料靠送料架，其他工序靠人工扶正，取料全是靠机器人，第 1 和第 2 工位机器人使用夹持器，第 3 和第 4 工位机器人使用负压吸盘，工序间也是靠带式输送机传送，拉深和切边工序之间也设有冲压件的自动翻转装置。该半自动冲压生产线所用的模具就放置在生产线旁，以便于快速更换，使换模时间缩减到最短。

通用多机全自动冲压生产线也由一台双动压力机和多台单动压力机组成，生产线上压力机顺序贯通排列，压力机之间冲压件的传送装置刚性相连，并与压力机同步运转，电控协调统一，因此又称电控型冲压自动线。

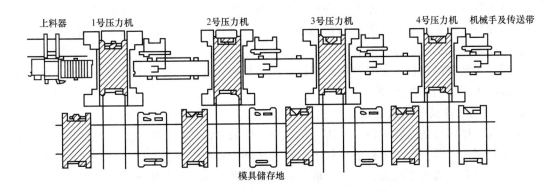

图 6-19 汽车覆盖件半自动冲压生产线平面布置图

通用的多机电控型全自动冲压生产线除了压力机组，还包括上料台、毛坯的分片机构、双料监视装置、涂油装置、翻转装置、传送装置、上料器、取件器等各种机械化自动化机构。它具有各台压力机连续同步运转、各台压力机间歇同步运转和各台压力机间不同步运转三种运转情况。

专用多机全自动冲压生产线是为专门生产某种车身覆盖件而设计制造的冲压线。这种冲压线一般也由一台双动压力机和多台单动压力机组成。它可以用一台大型多工位多滑块压力机来取代，因为它的工作原理与大型多工位多滑块压力机相似。

二、生产线上的输送装置

车身覆盖件尺寸大、质量大，而且形状复杂，在生产过程中要在压力机之间往返搬动，工人的劳动强度很大，易造成疲劳，对生产效率有一定的影响。因此，在冲压生产中，为了减轻劳动强度，确保安全和提高生产效率，除了采用各类自动压力机外，还在冲压生产线的各台压力机上和单台生产的压力机上采用各类机械化与自动化输送装置，如毛坯拆垛进料装置、组合式工序间传送装置、翻转装置、卸件码料装置等。

1. 毛坯拆垛进料装置

毛坯拆垛进料装置将展开毛坯的拆垛、分片、涂油、送入压力机模具等项操作实现机械化。这套装置通常都是装设在冲压生产线第一台双动压力机的送料入口处。它的种类繁多，图 6-20 所示为某全自动冲压生产线上的毛坯拆垛和进料装置。

这种拆垛进料装置的组成包括将坯料传送到真空吸盘下面的输送系统，将料垛顶面上的一张坯料浮起的磁力分页器，吸取浮起坯料的真空吸盘及传送带，可提升吸住坯料的真空吸盘的驱动系统，在送料线上夹持坯料用的电磁滑板，水平传

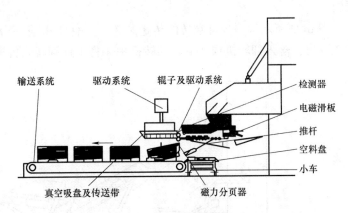

图 6-20 某全自动冲压生产线毛坯拆垛和进料装置

送被夹持坯料的推杆，在坯料水平运动时涂润滑剂或净化油用的辊子及驱动系统，防止误送双料的检测器，从生产线上运走空料盘的小车以及检查坯料在传送时是否发生倾斜的检测装置和传送推动系统的过载保护装置等。

拆垛进料装置的推杆与上料器的水平运动产生机械式连接，受其驱动而运动，从而保证这一装置与上料器动作的同步。

2. 组合式工序间传送装置

组合式工序间传送装置将前一台压力机已冲压好的工件从凹模中取出，并传送给后一台压力机，直至送入后一台压力机的模具上，使这些操作实现机械化。这一套装置都是装设在冲压生产线各台压力机之间的，它包括取件装置、传送带和送进装置等。

图 6-21 所示为冲压生产线上用以将覆盖件从压力机模具中取出并递交给传送装置的悬挂摇臂式取件机械手。这类机械手有的固装于压力机的上横梁上，也有的固装于压力机的两立柱上，即立柱外侧的补增横柱上。这类机械手有的不仅通过它的摇臂摆动实现取件，还可以将覆盖件翻转后再递交给传送装置，以省去一个翻转器。

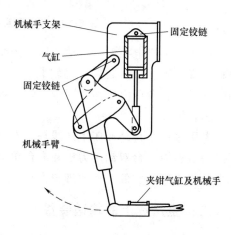

悬挂摇臂式取件机械手大多数是由气缸和多连杆机构组成的，依靠电控装置来控制它的动作与压力机滑块行程同步。机械手的动作发生在滑块上行时，而当滑块下行时，电控信号在整个下行期间都指令机械手不进入压力机。当活塞上行时，机械手由多连杆机构传动，它沿着图 6-21 虚

图 6-21 悬挂摇臂式取件机械手

线所示的行程轨迹将冲压件从压力机模具内抓出，当行程达到最高处后松开夹钳，将冲压件抛置于传送装置上。

为了可靠地抓牢大型覆盖件，并且不使它受到损伤，可在悬挂摇臂式取件机械手上设计双钳。

图 6-22 所示为一种可翻转的传送装置，工件 1 由前一台压力机 2 冲压后，由机械手夹钳 3 取出，落入翻转机构 4 中，翻转机构 4 将工件翻转到传送机构 5 上，并被送入下一台单

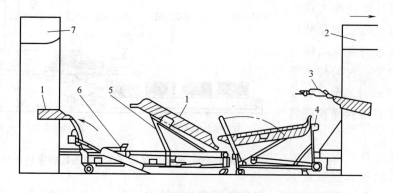

图 6-22 翻转传送装置

1—工件　2—压力机　3—机械手夹钳　4—翻转机构　5—传送机构　6—行程开关　7—单动压力机

动压力机 7，驱动是由装在翻转和传送机构上的气缸来实现的，气缸由终点行程开关 6 来控制。

3. 工序间的翻转装置

翻转装置的种类很多，有气动框架杠杆式、滑道气顶式、吸盘式、夹板式等结构型式。

图 6-23 所示为吸盘式翻转架。车身覆盖件由取件装置取出并传递给翻转架，由真空吸盘 1 吸住覆盖件反面，真空吸盘安装在翻转板 2 上，利用气缸 3 动作，通过齿轮 4 使翻转板翻转，将覆盖件投放在输送带 5 上。

图 6-24 所示为夹板式翻转架，翻转板 1 和 2 分别用两个齿轮固定，工件滑落到翻转板 1 上面后，气缸即动作，使两块翻转板同时进行相反方向的转动并合拢，使工件平稳地落到翻转板 2 上，气缸回位时，两块翻转板又分开，工件从翻转板 2 的表面滑到输送带上。

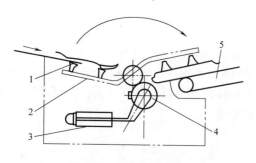

图 6-23 吸盘式翻转架
1—真空吸盘 2—翻转板 3—气缸 4—齿轮 5—输送带

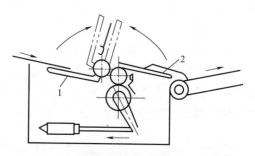

图 6-24 夹板式翻转架
1、2—翻转板

夹板式翻转架还可以是两块夹板同时固定在一个齿轮上，工件滑入两夹板之中，气缸即动作，使两夹板翻转 180°，这样工件即可翻转，并滑到输送带上。

4. 组合式上料和卸件器

组合式上料和卸件器由卸件器、工件托座和上料器组成，其结构如图 6-25 所示。

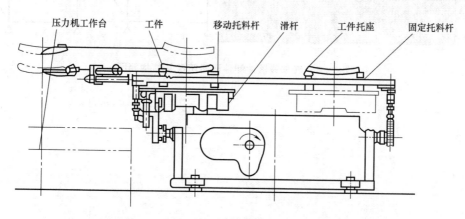

图 6-25 自动冲压生产线上的组合式上料和卸件器

这种装置的工作过程如下：

1）来自压力机动力输出轴的回转运动，由凸轮传动机构转变成上料器和卸件器的从上升到平移再到下降后返回平移的矩形轨迹的循环往复运动。这种凸轮传动机构有两个凸轮，一个使上料器和卸件器水平运动,另一个使上料器和卸件器垂直运动,两者协调同步运转。

2)该装置和压力机之间是机械连接的,因而能与压力机滑块的运动协调同步,并且可以充分地利用模具的开启时间,顺利地进行上料和卸件,而且动作自如。

3)为了使冲压件的提升和传递动作准确,并使上料和卸件运动在加速和减速运动范围内保持平稳,凸轮驱动装置由计算机控制。

4)按步进间距固装于传送机构上的上料器和卸件器受其传动,由卸件器将前台压力机模具内的冲压件取出并放置在工件托座上,同时由上料器将工件托座上的冲压件取走并送入下一台压力机的模具内。

5)托杆和带定位的托座,可根据被传送的冲压件的形状和尺寸来制定,并根据其所需的送进步距进行排列,更换冲压件时它们也随之更换,托座还可以根据需要改变冲压件的存放方位,以便准确地送入下一道工序的模具内。

5. 卸件码料箱

从冲压生产线上取下来的车身覆盖件,很多都要插入卸件码料箱内。

卸件码料箱及其结构简图如图6-26所示,它的筒内由木板、橡胶板或塑料板隔成一个个的小格,每个小格正好插装一个覆盖件。插满的卸件码料箱可由铲车铲走,也可以送入仓库内叠垛储存,还可以送去表面处理,直至送往装配线。

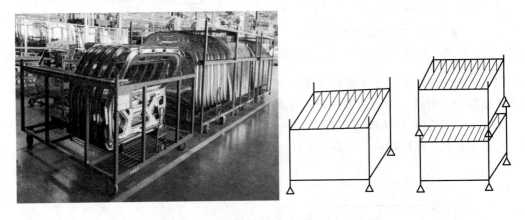

图6-26 汽车覆盖件卸件码料箱及其结构简图

第七章

车身装焊基础

第一节 车身装焊方法的确定

一、车身制件分块

1. 车身分块的优点

汽车车身是一个非常复杂的空间薄壁壳体，若把它作为一个整体制作，那么过程将非常复杂或难以实现。一般根据自身设备和技术水平，合理地将其划分为若干部分进行制作，最后装焊为一体。这种制件方法有以下优点：

1) 有利于保证装焊质量。由于部件的几何尺寸较小，结构相对于复杂的整车来说简单得多。这样装焊夹具简单，易保证装焊精度，且可以减少和较方便地校正焊接变形。所以尺寸、形状和技术要求等在整车上就有了保证。例如，侧窗孔的尺寸和侧围的外廓曲线的形状等都是在侧围总成的制造中得到保证的。

2) 分部件制造可以避免许多在总装后难以焊接的工作。可以将原来的仰焊、垂直焊变为俯焊，这样有利于提高劳动生产率和保证焊接质量。例如，车身的顶盖和侧围及前后围在整车上分别为仰焊和垂直焊，而分部件制造则都变成了俯焊。

3) 可以降低装焊夹具的复杂程度，有利于夹具的制造和降低成本。

4) 每个部件或合件可以平行地开展作业，有的部件或合件还有相同或相似的形状、尺寸，可以组织连续流水作业以缩短装焊时间。

2. 车身分块的结构分离面

若把车身分解成若干个装配单元，相邻的两个装配单元的结合面称为分离面。分离面可分为两类：

1) 车身设计分离面。依据使用和结构上的要求，将车身分解为部件和组合件等可单独进行装配的单元，这些装配单元之间的结合面称为设计分离面。设计分离面一般采用可拆卸的连接，在使用和维修过程中可迅速拆卸和重新安装，而不损坏机件。如车门与车身之间的结合面。

2) 车身工艺分离面。在生产过程中，为了更合理满足工艺上的要求，可将部件进一步分解为一些可独立装配的单元，此种装配单元之间的分离面称为工艺分离面。如图7-1所示，将汽车驾驶室总成分解为前围、后围、地板、顶盖四大部件，这四大部件分别进行单独装焊（平行作业），而后总装在一起进行焊接。这些部件之间的结合面即是工艺分离面。工艺分离面的连接一般为不可拆卸的连接，如焊接、铆接等。

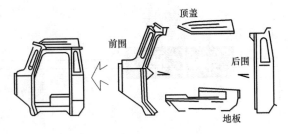

图 7-1 汽车驾驶室工艺分离

设计分离面的选择，必须满足构造上和使用上的要求，同时要综合考虑强度、质量、尺寸精度和维修方便等要求，而工艺分离面要考虑生产上的要求。

3. 车身分块的原则

车身分块有很多优点，但是并不是将车身分块越多越好，分块越多装焊工作量就越大，装配精度也越难保证。从装焊角度看，车身覆盖件分块的原则是根据本厂的设备情况和技术水平，在冲压工艺允许的前提下，应尽量采用整体结构，零件数量越少越好。同时也要使接口处有良好的装配焊接工艺性。

车身分块的原则具体如下：

1) 汽车车身大都由薄板冲压零件组成，应尽量保证部件和组合件构造上的完整性。这有利于保证它们的尺寸精度，在保证装焊方便的前提下，应尽可能使装配工作在部件（或组合件）装配阶段完成，以减少下一步装配时的工作量。

2) 所划分的部件和组合件本身要有一定的刚度，即在自身重力作用下不能产生永久变形。这对部件尤为重要，刚度小的部件尺寸不宜过大，这与部件的曲度有关，曲度大（曲率半径小），则刚度大，但结构开敞性差一些，在不影响开敞性的情况下，曲度大的部件尺寸可大一些。

3) 分离的部件和组合件尺寸大小还受所采用设备本身几何特征尺寸的可达性限制，如电阻点焊、滚焊机的机臂长度和电极间最大启开高度，以及车间起重设备的能力等。

4) 工艺上和经济上的合理性。如焊缝布置应规则、均匀和对称，这有利于采用自动化和机械化设备，提高产品质量和劳动生产率，也有利于减小焊接变形。同时，还应考虑到所划分的部件和组合件之间的工作量，即生产节拍是否平衡，这将影响生产的组织安排。

5) 尽量保证分离后的组合件、部件的定位基准与总成的定位基准相一致，以避免由于基准不重合而产生的误差。

6) 分离面对总成尺寸的影响尽量小，以减小总体尺寸的积累误差。

7) 考虑因生产批量增大，生产率提高的要求，部件有进一步第二次分解的可能性。图7-1所示的驾驶室的分离，在生产批量不大时，可分解为顶盖、前围、地板和后围四大部件，这样所需的焊装夹具数量少，生产准备周期短。如果生产批量很大，则需对以上部件进一步分解即二次分解（图7-2）：将前围再分解为前围中部，风窗框架和左右侧外板等分总成；地板再分解为地板前部和后部、发动机舱盖及驾驶室悬置等分总成；后围也可以再分为左右立柱和中部三个组合件等。

由此可以看出，结构工艺分离面的位置、形式和数量主要取决于产品结构的工艺性，尤其是结构的开敞性和生产批量的大小，还取决于生产装配形式，是采用少量的几个夹具集中装配还是采用多个夹具分散装配以及分散程度的大小。

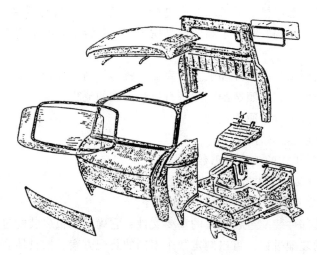

图 7-2 驾驶室二次分解

二、装配方案及原则的确定

确定装配方案有两种不同的原则。一种是集中装配，即对某一焊接产品的装配工作集中在较少的工作地点（即工位），使用较少的工艺装备（即胎具）来完成装配工作。另一种是分散装配，即对某一产品的装配工作，可以分散在较多的工作地点和工艺装备上完成。

在大批量生产时，采用分散装配原则进行生产，能显著地提高劳动生产率和产品质量、缩短生产周期、降低产品成本。虽然此时专用工艺装备数量多，用于工艺装备的费用增多，但产量大而分摊到每个产品上的费用不会增加，仍然可以得到很好的经济效果。当单件生产、试制和产量很少时，为了缩短生产准备周期，减少工艺装备的费用，简化工艺装备之间的协调关系，则宜采用集中装配的原则。

综上所述，在制定装配方案时，很重要的一个问题就是合理地确定装配方案和分散装配时的分散程度及装配顺序。制定装配方案时应考虑下列问题：

1) 部件的设计和工艺分离面的划分和划分的数量。若按分散装配的原则装配，结构必须有足够的设计和工艺分离面，否则只能按集中原则装配。

2) 产品生产量的大小。只有在产量较大时，分散装配才是合理的。

3) 工厂的生产条件。这是指现有的生产面积大小、生产设备和技术工人的配备情况等。如果生产面积足够大，也有足够多的生产设备和技术工人，才具备按分散装配原则组织生产的条件。

根据以上具体条件，合理地确定装配过程，对几种不同的装配方案，从各项主要技术经济指标加以比较，最后确定最合理和最经济的装配方案。

三、装焊过程和装焊图表

1. 装焊过程

装焊过程就是先将零件装焊成组合件和部件，然后将这些组合件和部件装焊成结构总成的过程。这一过程要按照严格的要求和顺序进行，为此要制订极为严格和详细的工艺文件，只有这样才能保证装焊结构既获得了高的产品质量，又获得了高的生产效率。

2. 装配图表

装配图表就是按照部件的设计和工艺分离面，将部件划分成若干个可独立进行装配的单元，并将所有这些装配单元按照装配顺序进行排列而成的流程图。

装配图表应说明以下重要原则问题：

1) 部件的指令性装配顺序。
2) 可分散和平行工作的工作地点数量。
3) 供装配用的主要工艺装备的种类和数量。
4) 供装配用的夹具和待装配零件的供应顺序。

装配图表是说明部件装配过程方案的重要文件，它确定了很多装配过程中的重要原则性问题。对一个部件的装配过程，可以制定数个不同的装配方案，按具体要求确定一个最合理和最经济的装配方案，这是焊接装配工艺制定过程中最为关键的一步。

3. 装配方法的分类

装配包括两个过程：首先进行装配定位，然后再进行装配连接。汽车装焊中所用到的装焊方法可按两种特征分类：

1) 按定位方法可以分为画线装配、夹具装配和利用装配孔装配。画线装配就是在待装配零件上使用通用画线工具和量具，按照图样装配要求画出零件装配定位线，然后按定位线确定待装配零件的位置，最后给予连接。夹具装配就是零件之间的相互位置通过专门的装配夹具上的定位件来保证。利用装配孔装配实质是以事先在待装配零件上已有的孔，或者为装配的需要而事先加工的孔（即工艺孔）作为装配时确定相配合零件之间相互位置的定位基准。这种方法可以使用装配孔来代替部分夹具定位件，从而简化夹具构造。这种方法在汽车装焊中应用较广。图 7-3 所示的腹板和型材装配就是利用了孔定位。

2) 按互换程度可划分为完全互换装配法、多数互换装配法、选择互换装配法、调整装配法和修配装配法。

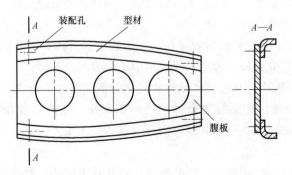

图 7-3 孔定位装配

4. 装配基准与基准件

装配基准是用来确定零件或部件（总成）在产品中相对位置的基准。由于总成的装配过程是组成的零部件逐个按照严格的顺序进入装配的，在整个装配过程中一般将第一个进入装配的零件、组合件或部件作为以后待装零件、组合件或部件进行装配的基准。这些用来作为装配基准的零件、组合件或部件就被称为装配基准件、基准组合件或基准部件。装配基准的选择非常重要。

四、装焊工艺规程的编制

装焊工艺过程是指各种零件先装焊成组合件和部件，然后再进一步装焊为总成的过程。规定此过程的工艺文件即装焊工艺规程。

装焊工艺规程是生产中重要的指导性文件，其作用除规定装配顺序外，在工厂生产中还用以使用最合适的加工和装配方法，以保证和提高产品质量、提高劳动生产率、保证安全生产、便于生产组织和管理工作，所以编制工艺规程对生产具有重要意义。

1. 在生产中常采用的装配工艺规程形式

（1）指令性工艺规程　指令性工艺规程即所谓的装配工艺方案，它对装配过程中的主要问题做出原则性规定。如产品划分为若干个装配单元、其装配过程中的顺序如何、采用何种装配方法、利用什么具体型面作为装配基准以及需要何种设备和装备等。

编制指令性工艺规程时按下列步骤进行：

1）编制和确定结构分解为各个装配单元的装配图表。
2）协助设计人员确定设计和工艺分离面的连接方法。
3）确定部件的装配方法以及主要零件和组合件的定位基准。
4）确定保证部件和对接分离面的互换性方法及设备。
5）确定所需要的装配工艺装备的种类、数量及技术条件。
6）确定装配件的检验或试验方法及所用设备，各装配过程所需的起重运输设备等。

因此，指令性工艺规程不仅在工艺原则上规定了工艺过程本身，而且影响和决定了生产组织和计划工作、厂房和车间的布置、各种设备和装备的配备。所以它直接影响生产周期、劳动生产率和生产成本。

（2）工作工艺规程　工作工艺规程是指令性工艺规程中每一工序内容的详细和具体说明，它是根据部件指令性工艺规程而编制的。它规定了各装配零件在夹具内的安装顺序、定位和焊接方法、焊接规范、工人的工种及等级、时间定额、所用的工具和设备以及消耗性器材等。

装配和焊接的工作工艺规程一般由工厂工艺部门（冶金科、工艺科和车间工艺室）的工程技术人员编制。它作为直接指导工人生产的技术文件，用于指导生产。在编制工艺规程时，必须严格遵守指令性工艺规程的指示、符合产品图样和技术条件的要求，以保证装配和焊接工作的质量，制造出合格的产品。

2. 装焊工艺规程典型工序

对于不同的产品，其装焊工艺规程可能不一样，但所包含的工序性质基本相同，典型的工序主要包括备料及装配定位、定位焊接、焊接、校正、热处理、检验、整修等。

（1）备料及装配定位工序　备料主要包括型材的切割和冲裁、校正、预处理等工作。

型材因受外力、切割加热等因素的影响，会使表面产生不平、弯曲、扭曲、波浪等变形缺陷。此外，型材因存放不妥和其他因素的影响，也会使其表面产生铁锈、氧化皮等，这些都将影响零件和产品的制造质量。因此，必须对变形型材进行校正，然后，将型材表面的铁锈、氧化皮等清理干净，这对进行后续工序加工及产品质量的提高非常重要。

装配定位时，除了必须保证各装配零件的相对位置外，对焊接件还必须保证各零件焊接处坡口尺寸和焊接装配间隙符合要求，因为坡口尺寸间隙大小及歪斜不均，都将引起焊接工作的困难，若间隙过大则易焊漏，且增加熔敷金属，易造成变形加大；间隙和坡口过小则易焊不透，影响焊接质量。

(2) 定位焊接工序　定位焊接是用来固定各焊接零件之间的相对位置，以保证焊件得到正确的几何形状和尺寸而进行的焊接。这样可以保证焊接过程中焊接间隙不会发生变化，同时因为刚性固定使得焊接变形显著变小。但是，由于定位焊缝短小，焊接质量不易保证，容易产生各种焊接缺陷。当发现定位焊缝有缺陷时，应该铲掉并重新焊接。

进行定位焊接时要注意：定位焊缝的起点和结尾应该圆滑过渡，否则易出现未焊透等缺陷；定位焊接时需要预热的焊接，预热温度与焊接时相同；因为定位焊接为连续焊，焊件温度比焊接时低，故定位焊接电流比焊接时电流大10%~15%；定位焊点在焊缝上应该均匀对称分布；但接头的两面都需要定位焊接时，则上下或左右两焊点不能重合在一个位置上；定位焊接的顺序应考虑定位焊接后应力和变形结果，应使变形最小，一般应以对称的顺序进行定位焊接，从焊缝的中间开始向两端进行定位焊接。

(3) 焊接工序　焊接过程是一个局部受热的过程，不可避免的会产生变形和内应力，为保证最后结构的尺寸精度和强度，必须要控制变形消除内应力。

控制变形消除内应力的常用办法主要有预留余量变形法、合理确定焊接顺序、刚性固定法和反向变形法。

预留余量变形法中的余量可以通过计算，或者通过经验确定，在下料时将零件的原有尺寸与余量相加，得出的结果就是最后的尺寸。

合理确定焊接顺序。由于内应力和变形是相关联的，而单纯的对称收缩在工艺上比较有利，所以焊接顺序的安排应使几何形状的改变可能性达到最小。为此，在确定焊接顺序和方向时应遵循下列原则：应使结构在焊接过程中有自由胀缩的余地，防止先完成的焊缝对后焊焊缝形成刚性约束；应使结构各部分变形量均匀对称，如在焊接较长直焊缝时，应从中间开始向两侧焊接。

刚性固定法是在焊接时将构件加以固定来限制焊接变形。常用的方法是以夹具上刚性较大的定位夹紧装置将构件固定，这种方法虽不能完全消除变形，但可使变形大大减小。特别对消除角变形最为有效。

反向变形法是在焊前用试验的方法求出焊接变形的方向和大小数值，然后预先给焊件以数值相同的反向塑性变形，焊后反向变形与焊接变形相抵消，使焊件获得准确的形状和尺寸。如图7-4所示。

(4) 校正工序　在焊接生产中，校正是一种补救措施。焊件校正方法有冷加工法和热加工法。冷加工包括手工校正和机械校正。冷加工法校正有时会使金属产生冷作硬化，并且会引起附加应力，一般对尺寸较小、变形不大的零件可以采用。对变形较大、结构较大的应采用热加工法校正。

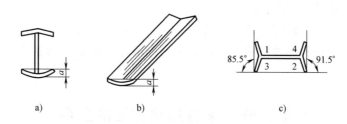

图 7-4 焊接工字钢反向变形

a）测试结果 b）翼板反向变形 c）焊接顺序

手工校正是利用锤子等工具，锤击变形件合适的位置使焊件的变形减小。由于锤击力量有限，所以只能对一些薄板、变形小、细长的焊件进行手工校正。

机械校正是利用机械力使焊件缩短的部位伸长，产生拉伸塑性变形，使焊件达到技术要求。图 7-5 所示为工字钢焊后产生挠曲变形采用机械校正方法的示意图。

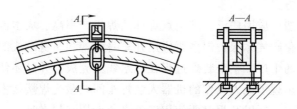

图 7-5 工字梁的机械校正

热加工校正法利用可燃气体与助燃气体混合燃烧放出的热量对变形件的局部进行加热，使之产生压缩塑性变形，使伸长的部位冷却后局部缩短，利用缩短产生的变形抵消焊接引起的变形。

（5）焊接热处理工序 由于焊接加热的不均匀造成接头性能的不均匀，局部性能下降，为了改善和避免这种情况，对焊件进行热处理是必不可少的。热处理可以分为预先热处理、中间热处理、最后热处理和重复热处理。

预先热处理是针对冷弯成形的型材，为了防止最后热处理时形成裂纹或产生较大的变形，在焊接前先预处理以解除内应力，这一步包含在前面备料中的预处理中。

中间热处理是针对上一步工序进行校正的焊件或机械加工的焊件。如需进行校正的低碳钢或低合金钢件，要进行低温退火的中间热处理；焊后需要进行机械加工的低合金钢制件，要进行不完全退火的中间热处理；对奥氏体钢件进行淬火的中间热处理。

最后热处理是最重要的一次热处理。这次热处理决定了焊接件的力学性能。对于低碳钢和锰钢采用正火处理；对于合金钢采用淬火加回火处理；对于奥氏体钢则采用淬火处理。

重复热处理用于下列情况：当最后热处理后零件变形过大，不可能通过淬火予以校正；在淬火工件中发现有裂纹需进行补焊；热处理不符合技术要求。这些情况下应根据以后加工性质，进行不同的热处理。

（6）检验工序 为了提高焊接质量和避免产生焊接缺陷，检验工作者应对每一工序进行检验，尤其在定位焊接、焊接、校正、最后热处理以及缺陷补焊后，必须进行检验。

检验方法主要包括外观检验、力学性能检验、磁力探伤检验、气密性检验和金相检验。

（7）整修工序 焊件经校正和检验后，便要进行最后整修工作，一般称为精加工，精加工是一种保证互换性的方法,即工艺补偿。

对于焊接件,整修工作还包括焊后焊缝表面的整修,清理焊缝是任何焊接件都要进行的,一般多用手工进行,即将飞溅熔滴的各个凸起和不平的地方修整为与焊缝其余部分相齐平。

第二节　车身焊接方法的选择

一、车身的装焊工艺

汽车车身是一个复杂的薄板冲压件壳体很多个薄板冲压件通过装配和焊接形成一个完整的车身壳体(白车身),装焊对车身成形非常关键,因而装焊工艺是车身制造工艺中的重要组成部分。车身冲压件的材料大都是具有良好焊接性能的低碳钢,焊接便成为现代车身制造中应用最广泛的连接方式。

电阻焊在车身制造中应用广泛,其中点焊和凸焊生产率高、成本低,在总焊接量中占有很大比例。此外二氧化碳气体保护焊主要应用在车身骨架和车身总成的焊接中。现代汽车生产是大批量、大规模的生产,整个装焊过程在流水线上完成,并且还使用了焊接机器人,形成了自动化装焊线,出现了无人操作的机器人装焊车间。激光焊接技术也越来越成熟。由于车身薄板件刚性比较差,所以装焊时要使用定位夹紧专用装焊夹具。

车身装焊先将整车分为总成进行焊接,然后再将这些总成装焊为白车身。轿车的车身(图7-6)装焊程序如图7-7所示。对于有骨架的客车车身,一般将车身分为前围、后围、左侧围、右侧围及顶盖五部分总成,装焊时,以底板为基础将五个总成件焊接为车身骨架,然后再蒙上蒙皮就构成了白车身。

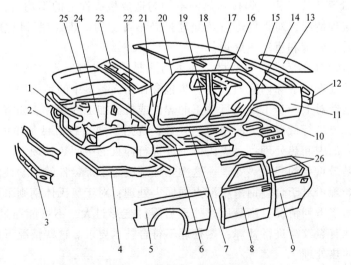

图7-6　轿车白车身结构

1—发动机舱盖前支撑板　2—散热器固定框架　3—前裙板　4—前框架　5—前翼子板　6—地板总成
7—门槛　8—前门　9—后门　10—车轮挡泥板　11—后翼子板　12—后围板　13—行李舱盖
14—后立柱　15—后围上盖板　16—后窗台板　17—上边梁　18—顶盖　19—中立柱　20—前立柱
21—前围侧板　22—前围板　23—前围上盖板　24—前挡泥板　25—发动机舱盖　26—门窗框

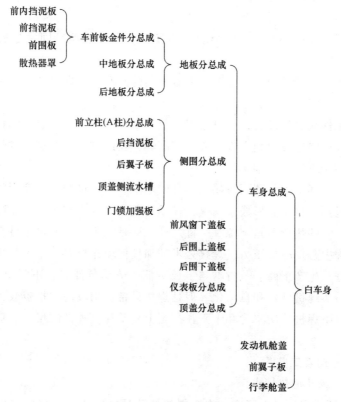

图 7-7 轿车车身装焊程序

车身装焊时，各大总成和白车身均要进行严格的质量检验。如在生产线上设自动检测机检查装配、焊接质量和尺寸精度，在白车身完成后用三坐标测量机进行抽检。

二、电阻焊工艺

电阻焊是将被焊工件接合后通过电极施加压力，并通以电流，利用电流流经工件接触面及邻近区域产生的电阻热将其加热到熔化或塑性状态，使之形成金属结合的一种方法。

电阻焊方法主要有 4 种，即点焊、缝焊、凸焊、对焊，如图 7-8 所示。

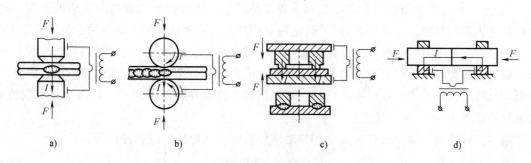

图 7-8 电阻焊方法
a) 点焊 b) 缝焊 c) 凸焊 d) 对焊

点焊时，工件只在有限的接触面上，即所谓"点"上被焊接起来，并形成扁球形的熔核点。点焊又可分为单点焊和多点焊。多点焊时，使用两对以上的电极，在同一个工序内形成多个熔核。

缝焊类似点焊。缝焊时工件在两个旋转的盘状电极（滚盘）间通过后，形成一条焊点前后搭接的连续焊缝。

凸焊是点焊的一种变形。在一个工件上有预制的凸点。凸焊时，一次可在接头处形成一个或多个熔核。

对焊时，两工件端面相接触，经过电阻加热和加压后沿整个接触面焊接起来。

由于在车身焊接中主要用到点焊、缝焊与凸焊，在此重点介绍这三种焊接方法与工艺。

1. 电阻焊的特点

电阻焊过程的物理本质是利用焊接区本身的电阻热和大量的塑性变形能量，使两个分离面的金属原子接近到晶格距离形成金属键，在结合面上产生足够量的共同晶粒而形成焊点、焊缝或对接接头。它的热量不是来源于工件之外，而是利用电流通过工件自身的电阻而产生的，整个焊接过程中必须施加压力，焊接处不需加任何填充材料，也不需任何保护剂。使用电阻焊焊接质量好、生产率高、节省材料、成本低、劳动条件好、不放出有害气体和强光，且操作简单，容易实现机械化和自动化。但是焊接设备费用较高，投资较大，需要电力网供电功率大，一般电阻焊机的功率为几十千瓦甚至上百千瓦。焊件的尺寸、形状和厚度受到设备的限制。

2. 电阻点焊原理及工艺

（1）点焊的热源及加热特点

1）点焊的热源。点焊是电阻焊，电阻焊的热源是电流通过焊接区产生的电阻热。根据焦耳定律，总发热量 W（单位为 J）为：

$$W = \int_0^{t_w} I^2(t) R(t) \, dt \tag{7-1}$$

式中　$I(t)$——通过焊接区的瞬时电流（A）；

　　　$R(t)$——焊接区的电阻（Ω）；

　　　t_w——焊接区电流的通过时间（s）。

电阻 $R(t)$ 包括焊接件间接触电阻的动态电阻值、电极与焊件间接触电阻的动态电阻值、焊件内部电阻的动态电阻值。

2）点焊电流及其对焊接加热的影响。焊接热量来自于焊接电流和电阻共同的作用，电流可视为内部的热源。由式（7-1）可知电流对析热的影响要比电阻和时间两者的影响都大。

调节焊接电流有效值的大小会使内部热源的析热量发生显著的变化，影响加热过程。一般来说，工频交流点焊时，焊接电流常用其有效值表征，而在电容贮能点焊、直流点焊、三相低频点焊、直流冲击波点焊中，焊接电流则用其电流脉冲幅值来表征。焊接电流有效值 I 与其脉冲幅值 I_M 间有如下关系：

电容式焊机或工频交流焊机在全相导通下焊接时，其焊接电流脉冲幅值为：

$$I_M = \sqrt{2} I \tag{7-2}$$

直流式焊机，其焊接电流脉冲幅值为：

$$I_M = \frac{I}{\sqrt{1-\left(\frac{3}{2}\right)a_i t}} \qquad (7-3)$$

式中　a_i——指数值,与电路时间常数有关。

(2) 点焊电阻及其对焊接加热的影响

1) 点焊时的电阻。点焊时的电阻是内部热源产生的一个重要因素,是形成焊接温度场的内在因素。点焊的电阻可以分为接触电阻和内在电阻,而接触电阻又包括焊件间接触电阻和电极与焊件间的接触电阻。焊接区电阻如图 7-9 所示,总电阻 R 为:

$$R = 2R_{jb} + 2R_b + R_c \qquad (7-4)$$

式中　R_{jb}——电极与焊件之间的接触电阻 (Ω);

　　　R_b——焊件内部电阻 (Ω);

　　　R_c——焊件与焊件之间的接触电阻 (Ω)。

R_{jb}、R_b、R_c 都是动态电阻,它们并不是固定的而是随时间变化的。

① 接触电阻。研究调查表明,接触电阻的析热量约占内部热源 Q 的 5%~10%。接触电阻的产生机理:由于零件表面凹凸不平,两焊件只是在凸点接触,电流通过凸点时便会因为导电面积的减小,造成电流线弯曲与收缩,增强了带电粒子运动时的碰撞和阻尼,这样就产生了接触电阻。

从接触电阻产生的机理可以看出,接触电阻与导体物理接触总的分布和接触点的面积相关,即与电极压力、焊件材质、表面状态及温度等有关。

随着电极压力的增大,电极间金属的弹性与塑性变形也增大,焊件表面的凸出点被压溃,使接触点的数量和面积增加,因此接触电阻就减小。图 7-10 所示为 20℃ 时低碳钢的接触电阻与电极压力的关系。

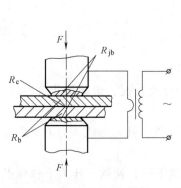

图 7-9　点焊的电阻

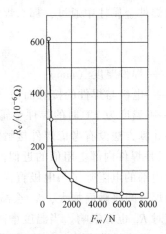

图 7-10　低碳钢接触电阻与电极压力的关系

不同的金属材料在加热过程中焊接区动态电阻的变化规律相差很大(图 7-11)。不锈钢、钛合金等材料呈单调下降的特性;铝和铝合金在加热初期迅速下降,然后趋于稳定;而低碳钢的变化曲线却明显有一个峰值。由于动态电阻标志着焊接区加热和熔核长大的特征,可用来作为监控焊点质量的物理参数。

焊件表面状态的影响主要是氧化物和污物严重地阻碍电流的通过，使得接触电阻显著增加，因此焊接前要对焊件表面进行清理。

此外，接触电阻还与温度有关，在焊接加热过程中，随着焊件温度的逐渐升高，接触点金属的压溃强度逐渐下降，接触点的面积和数目必然增加，接触电阻随之下降。图7-12所示为焊接低碳钢时焊件间的接触电阻与温度的关系。

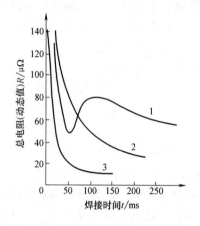

图7-11 典型材料的动态电阻比较
1—低碳钢 2—不锈钢 3—铝及铝合金

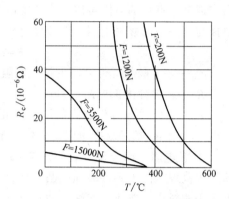

图7-12 接触电阻与温度的关系

焊件与电极间的接触电阻 R_{jb} 对焊接是不利的。R_{jb} 大容易使焊件和电极间过热而降低电极寿命，甚至使电极和焊件接触表面烧坏。因此在焊前要尽可能减小接触电阻。此外，电极必须具有良好的冷却条件，使热量能够迅速导散。

② 焊件内部电阻。焊件的内部电阻是点焊的主要热源。若假设焊接时电流在电极直径 d 所限定的焊件金属柱中通过，那么焊件内部电阻 R_b（单位为 Ω）为：

$$R_b = \rho_T \frac{\delta}{S} \tag{7-5}$$

式中 δ——焊件厚度（mm）；

S——电极与焊件的接触面积（mm²）；

ρ_T——温度为 T℃ 时的焊件金属电阻率（Ω·mm）。

这种计算方法没有考虑焊件接触情况和电流密度的分布情况，因此按式（7-5）计算出的 R_b 值只是焊件内部电阻值的近似值。

焊件内部的电阻除了与电极直径 d 和焊件厚度 δ 有关外，还与电极压力 F 有关。当 F 增大时，因焊件间接触面加大，R_b 会减小。

温度对 R_b 也有影响。当温度增高时，材料压溃强度下降，使同一压力下接触点数目与面积增加，电流线分布均匀，故 R_b 降低。但在温度增高的同时，焊接区金属的电阻率 ρ 也增加了，因此，焊接区内电流线必然向 ρ 较低的区域扩展，并在接触面边缘密集，这又增加了电流线分布的不均匀性，使 R_b 略有增加。当温度达到板材熔化温度时，核心中液态金属的电阻率 ρ 急速增加，而电流线又迅速向外围温度较低处扩展，使接触面边缘电流密度急剧增大，有利于核心尺寸的增长。

2）点焊的热平衡。点焊焊接区的温度场是由加热与散热这两个过程共同作用的结果。

电流产生的电阻热一方面用来加热焊接区金属，同时不断补偿向周围物质（空气、板件和电极金属等）传导、辐射的热损失，以形成焊接过程的动态平衡，而使焊接区维持在一定的温度。点焊热平衡组成如图 7-13。其热平衡方程式如下：

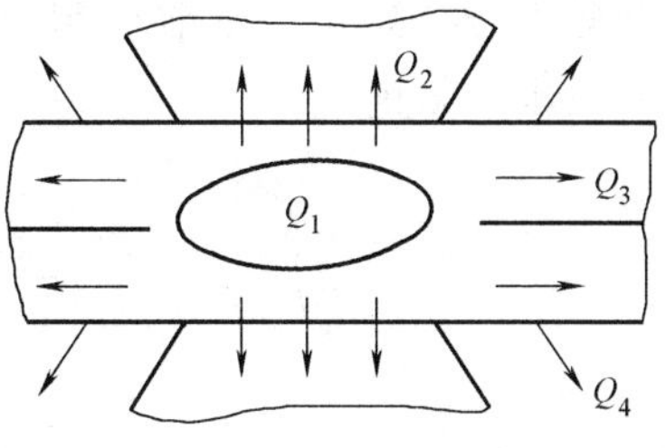

$$Q = Q_1 + Q_2 + Q_3 + Q_4 \tag{7-6}$$

图 7-13 点焊热平衡组成

式中 Q——焊接区总析出热量；
Q_1——熔化母材金属形成熔核的热量；
Q_2——通过电极热传导而损失的热量；
Q_3——通过焊件热传导而损失的热量；
Q_4——通过对流、辐射散失到空气介质中的热量。

Q 取决于焊接参数特征和金属的热物理性质。有效热量 Q_1 仅取决于金属的热物理性质及熔化金属量，而与热源种类和焊接参数特征无关，点焊时 $Q_1 \approx (10\% \sim 30\%)Q$。损失的热量 Q_2 主要与电极材料、形状及冷却条件有关，点焊时 $Q_2 \approx (30\% \sim 50\%)Q$，是主要的散热损失。$Q_3$ 与板件厚度、材料的热物理性质以及焊接参数特征等因素有关，$Q_3 \approx 20\%Q$。$Q_4 \approx 5\%Q$，可以忽略不计。

由于有效热量 Q_1 与焊接时间无关，而损失热量 Q_2 则随加热时间的增加而增加，因此焊接时间 t_w 越长，完成焊接所需的总热量 Q 也越多，而且焊接影响区也越大。

焊接所需的平均热功率 q 即单位时间内所产生的热量为：

$$q = \frac{Q}{t_w} \tag{7-7}$$

平均热功率越大，加热越快，焊接时间就越短。当平均热功率减小时，所需焊接时间就越长，如图 7-14 所示。当平均热功率小于临界热功率（图 7-14 中的 q_3）时，由于热功率不足，无法达到焊接温度 T_w。

焊接中所提到的强规范就是使用大功率的点焊机，缩短焊接时间，提高生产率，减少电能消耗，缩小热影响区，近年来点焊趋向于采用大功率焊机；而弱规范就是使用小功率的点焊机，因电流小，必须延长焊接时间。但是焊机功率太小，尽管延长通电时间，也只能增加损失热量 Q_2，无法建立合适的温度场，不能进行焊接。因此焊接一定厚度的焊件，焊机的功率必须足够大。

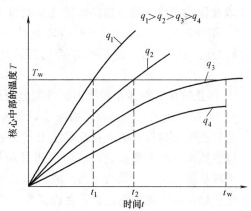

图 7-14 热功率与 t_w 的关系

3）点焊的焊接循环。点焊循环就是完成一个焊点所包括的整个过程。反映点焊循环中电极压力和焊接电流关系的图称为点焊循环图。图 7-15 所示为一个比较复杂的点焊循环图，由加压、热量传递、加热 1 过程、冷却 1 过程、加热 2 过程、冷却 2 过程、加热 3 过程、热量递减过程、维持过程、休止过程 10 个程序段组成。I、F、t 中各参数均可独立调节，它可满足常用金属材料的点焊工艺要求。若将 I、F、t 中某些参数设为零，该焊接循环将会被简化。目前应用最广泛的点焊循环包括四个程序，即所谓的"预压—焊接—锻压—休止"。

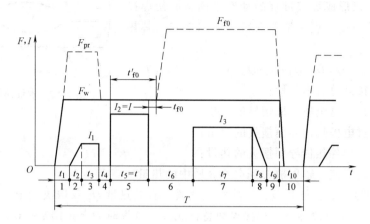

图 7-15　复杂点焊循环图

1—加压　2—热量传递　3—加热1过程　4—冷却1过程　5—加热2过程
6—冷却2过程　7—加热3过程　8—热量递减过程　9—维持过程　10—休止过程
F_{pr}—预压压力　F_{f0}—锻压压力　t_{f0}—施加锻压力时刻（断电时刻始）

① 预压阶段。预压阶段是从电极开始加压到焊接电流开始接通之前的阶段。其作用就是使焊件的焊接处有良好的接触，为焊接电流顺利通过做好必要的准备。

② 焊接阶段。当工件经过预压阶段，形成了合适的导电通路，即可开始点焊循环的第二阶段，即焊接阶段。焊接阶段是整个循环中最关键的阶段。即是通电加热、熔核形成的阶段（故此阶段也称为通电加热阶段或加热熔化阶段）。

③ 锻压阶段。锻压阶段又称冷却结晶阶段。当建立起需要的温度场，得到符合要求的熔化核心与塑性环后，便切断焊接电流，熔核开始冷却结晶，电极继续加压，故称锻压阶段。

④ 休止阶段。在休止时间内，升起电极移动焊件，准备进行下一个点的焊接。

4）点焊焊接工艺。点焊结构通过焊点来连接，焊接的工艺性直接关系接头的质量。焊接工艺性主要包括焊点的质量及焊接工艺参数的选择。

焊点质量取决于焊点表面、内部质量和焊点尺寸。焊点的质量在外观上要求表面压坑浅、平滑呈均匀过渡，无明显凸肩或局部挤压的表面鼓起；外表面没有环状或径向裂纹，也无熔化、烧伤或黏附的铜合金；在内部要求焊点形状应规则、均匀，无超标的裂纹和缩孔等内部缺陷，热影响区金属的组织与力学性能没有发生明显的变化等。

焊点尺寸主要包括焊点直径、焊透率及表面压坑深度等。

焊点直径 d 是影响焊点强度的主要因素，试验证明，d 与焊点强度近似成正比关系。d 的大小可根据焊件厚度和对接头强度的要求选取。低碳钢的焊点直径 d（单位为 mm）一般为：

$$d = (5 \sim 6)\sqrt{\delta} \tag{7-8}$$

式中　δ——被焊件的厚度（mm）。

焊点的高度用焊透率 A 表示，如图 7-16 所示，单板焊透率 A 为

$$A = \frac{h}{\delta - c} \times 100\% \tag{7-9}$$

式中 h——单板上熔核高度（mm）；
δ——工件厚度（mm）；
c——压痕深度（mm）。

A 可在 20%~80% 范围内，但试验结果表明，当焊点熔核直径符合要求时，取 $A \geq$ 20%便可保证焊点强度。A 过大，熔核接近焊件表面，使表层金属过热，晶粒粗大，易出现飞溅，使压痕增大或在熔核内部产生缩孔、裂纹等缺陷，接头承载能力下降。A 可按焊件的材料、板厚和结构特点来选取，一般以 40% 为宜。焊透率过小，强度也低。薄板点焊时，因散热强烈，焊透率应选用较小值。

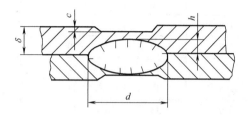

图 7-16 焊点尺寸
d—焊点直径　δ—工件厚度
h—熔核高度　c—压痕深度

压痕深度 c 不仅影响接头强度，而且影响表面外观质量，这对车身覆盖件的点焊来说，显得特别重要。c 一般不应超过板厚值的 20%。

焊接的工艺性应遵循以下基本原则。

① 材料的物理性能。导电、导热性好的材料，选用焊接电流大、通电时间短的强规范；易淬火材料，则选择较弱的规范。选择电极压力除考虑材料的常温、高温强度及产生收缩性缺陷倾向的大小外，应同时考虑选用规范的特点，采用强规范时，因加热区窄，焊接区塑性变形抗力大，应采用较大的电极压力。

② 焊接过程中不应产生飞溅。特别是重要产品，不允许有飞溅，因此，焊接电流与电极压力应在保证所要求熔核尺寸的条件下选取。

③ 产品结构与质量要求。大型薄壁结构焊接时，为了减小结构焊后翘曲变形，应采用强规范焊接；而对于刚度较大，装配不良的结构则应采用弱规范，以保证接合面熔化以前有良好的接触面，避免产生飞溅。

点焊焊接参数的选择，主要取决于金属材料的性质、板厚、结构型式及所用设备的特点（能提供的焊接电流波形和压力曲线）。通常首先确定电极的端面形状和尺寸，其次初步选定电极压力和焊接时间，然后调节焊接电流，以不同的电流焊接试样，检验熔核直径，若符合要求，再在适当的范围内调节电极压力、焊接时间和电流，进行试样的焊接和检验，直到焊点质量符合技术条件所规定的要求为止。最常用的检验试样方法是撕开法，优质焊点的标志是：在撕开试样的一片上有圆孔，另一片上是圆凸台。厚板或淬火材料有时不能撕出圆孔和凸台，但可以通过剪切的断口判断熔核的直径。必要时还需要进行低倍测量，拉伸试验和 X 光检验，以判断熔透率、剪切强度和是否有缩孔、裂纹等。

点焊通常采用搭接接头和弯边接头。接头可以由两个或两个以上的等厚度或不等厚度的工件组成。一般接头的最小搭接量和焊点的最小点距分别见表 7-1 和表 7-2。

表 7-3 列出了美国电阻焊机制造商协会（RWMA）推荐的低碳钢的点焊规范，表 7-4 列出了我国解放牌汽车驾驶室的点焊规范，可供选取焊接规范时参考。

表 7-1 接头的最小搭接量　　　　　　　　　　　　　　　　　　　　（单位：mm）

最薄板件厚度	单排焊点			双排焊点		
	结构钢	不锈钢及高温合金	轻金属	结构钢	不锈钢及高温合金	轻金属
0.5	8	6	12	16	14	22
0.8	9	7	12	18	16	22
1.0	10	8	14	20	18	24
1.2	11	9	14	22	20	26
1.5	12	10	16	24	22	30
2.0	14	12	20	28	26	34
2.5	16	14	24	32	30	40
3.0	18	16	26	36	34	46
3.5	20	18	28	40	38	48
4.0	22	20	30	42	40	50

表 7-2 焊点的最小点距　　　　　　　　　　　　　　　　　　　　　（单位：mm）

最薄板件厚度	点距			最薄板件厚度	点距		
	结构钢	不锈钢及高温合金	轻金属		结构钢	不锈钢及高温合金	轻金属
0.5	10	8	15	2.0	16	14	25
0.8	12	10	15	2.5	18	16	25
1.0	12	10	15	3.0	20	18	30
1.2	14	12	15	3.5	22	20	35
1.5	14	12	20	4.0	24	22	35

表 7-3 低碳钢薄板的点焊规范

板厚/mm	电极		最小点距/mm	最小搭接量/mm	最佳条件（A类）				中等条件（B类）				普通条件（C类）			
	最大 d/mm	最小 D/mm			电极压力/kN	焊接时间/（周波）	焊接电流/kA	熔核直径/mm	剪切强度/kN（±14%）	电极压力/kN	焊接时间/（周波）	焊接电流/kA	熔核直径/mm	剪切强度/kN（±17%）	电极压力/kN	焊接时间/（周波）	焊接电流/kA	熔核直径/mm	剪切强度/kN（±20%）
0.4	3.2	10	8	10	1.15	4	5.2	4.0	1.8	0.75	8	4.5	3.6	1.6	0.40	17	3.5	3.3	1.25
0.5	4.8	10	9	11	1.35	5	6.0	4.3	2.4	0.90	9	5.0	4.0	2.1	0.45	20	4.0	3.6	1.75
0.6	4.8	10	10	11	1.50	6	6.6	4.7	3.0	1.00	11	5.5	4.3	2.8	0.50	22	4.3	4.0	2.25
0.8	4.8	10	12	11	1.90	7	7.8	5.3	4.4	1.25	13	6.5	4.8	4.0	0.60	25	5.0	4.6	3.55
1.0	6.4	13	18	12	2.25	8	8.8	5.8	5.4	1.50	17	7.2	5.4	4.8	0.75	30	6.6	5.3	5.3
1.2	6.4	13	20	14	2.70	9	9.8	6.2	7.8	1.75	19	7.7	5.8	6.8	0.85	33	6.1	5.5	6.5
1.6	6.4	13	27	16	3.60	11	11.5	6.9	10.6	2.40	25	9.1	6.7	10.0	1.15	43	7.0	6.3	9.25
1.8	8.0	16	31	17	4.10	15	12.5	7.4	13.0	2.75	28	9.7	7.1	11.8	1.30	48	7.5	6.7	11.00
2.0	8.0	16	35	18	4.70	17	13.3	7.9	14.5	3.00	30	10.3	7.6	13.7	1.50	53	8.0	7.1	13.05
2.3	8.0	16	40	20	5.80	20	15.0	8.6	18.5	3.70	37	11.3	8.4	17.7	1.80	64	8.6	7.9	16.85
3.2	9.5	16	45	22	8.20	27	17.4	10.5	31.0	5.00	50	12.9	9.9	28.5	2.60	88	10.0	9.4	26.60

表 7-4　解放牌汽车驾驶室点焊规范

材料厚度/mm	电极接触面直径/mm	规范 1			规范 2			规范 3			规范 4		
		电极压力/N	焊接电流变压级数/(kA/级数)	焊接时间/(s/周波)	电极压力/N	焊接电流变压级数/(kA/级数)	焊接时间/(s/周波)	电极压力/N	焊接电流变压级数/(kA/级数)	焊接时间/(s/周波)	电极压力/N	焊接电流变压级数/(kA/级数)	焊接时间/(s/周波)
0.8	4.5	1800	9.0/4	0.12	1250	8.5/3	0.12	1250	7.0/1	0.3	1500	9.5/5	0.08/4
1.0	5.0	2250	10.5/6	0.16	1500	9.5/5	0.2	1500	7.5/1	0.40	1800	10.5/6	0.08/4
1.2	6.0	3000	11.5/7	0.20	1800	10.0/5	0.2	1800	8.0/2	0.40	2250	11.5/7	0.1/5
1.5	6.5	3500	13.0/8	0.24	2500	10.5/6	0.30	2500	8.5/3	0.40	2700	13.5/8	0.14/7
1.8	7.0	—	—	—	3000	11.5/7	0.40	3000	9.5/25	0.5	—	—	—
2.0	8.0	—	—	—	3500	12.5/7	0.40	3500	10.5/6	0.6	—	—	—

3. 电阻缝焊及工艺

电阻缝焊的原理与点焊相同，它只是用滚盘电极代替点焊的圆柱形电极，通过与工件的相对运动而产生一个个熔核相互搭叠的密封焊缝，如图 7-17 所示。缝焊在汽车焊接中主要用在油箱的焊接中。

缝焊的焊接过程与点焊一样，也存在加压、通电加热熔化和冷却结晶三个阶段，但它与点焊有两点主要区别：一是传递压力和通电加热的滚盘不断转动而变换焊接的位置；二是由于点距较小而不可避免地存在较大的分流。

按滚盘转动与馈电方式，缝焊可以分为连续缝焊、断续缝焊和步进缝焊。

连续缝焊时，滚盘连续转动，电流不断通过工件。这种方法容易使工件表面过热，电极磨损严重，因而很少使用，但是在高速缝焊时，频率为 50Hz 的交流电的每半周将形成一个焊点，交流电过零时相当于休止时间，这与下面将要叙述的断续缝焊类似，因而在制缸、制桶工业中获得应用。

断续缝焊时，滚盘连续滚动，电流断续通过工件，形成的焊缝由彼此搭叠的熔核组成。由于电流断续通过，在休止时间内，滚盘和工件得以冷却，因而可以提高滚盘寿命、减小热影响区宽度和工件的变形，获得较优的焊接质量。这种方法已经被广泛应用在厚度在 1.5mm 以下的各种钢、高温合金和钛合金的缝焊。

步进缝焊时，滚盘断续转动，电流在工件不动时通过工件。由于金属的熔化和结晶均在滚盘不动时进行，改善了散热和压固条件，因而可以更有效地提高焊接质量，延长滚盘寿命。这种方法多用于铝合金、镁合金的缝焊，用于缝焊高温合金，也能有效地提高焊接质量。

缝焊按照接头的形式又可以分为搭接缝焊、压平缝焊、垫箔对接缝焊、铜线电极缝焊等。搭接缝焊除常用到的双面缝焊外，还有单面单缝焊、单面双缝焊和小直径圆周缝焊等，如图 7-17、图 7-18 所示。

(1) 工艺参数对缝焊质量的影响　缝焊接头的形成在本质上与点焊相同，因而影响接头质量的各个因素也是类似的，主要有焊接电流、电极压力、焊接时间、休止时间、焊接速度和滚盘直径等。

1) 焊接电流。它是缝焊形成熔核所需的热量来源，它与点焊的原理相同，都是利用电流通过焊接区电阻产生热量。其他条件确定下，焊接电流的大小决定了熔核的焊透率和重叠

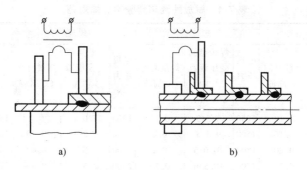

图 7-17 单面单缝缝焊
a) 单面单缝形式Ⅰ b) 单面单缝形式Ⅱ

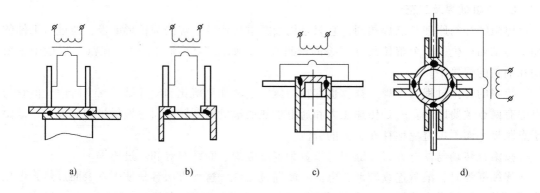

图 7-18 单面双缝缝焊
a) 单面双缝形式Ⅰ b) 单面双缝形式Ⅱ c) 单面双缝形式Ⅲ d) 单面双缝形式Ⅳ

量。在焊接低碳钢时,熔核平均焊透率为30%~70%,以45%~50%为最佳。为了获得气密焊缝熔核,重叠量应≥20%。当焊接电流超过某一定值时,继续增大电流只能增大熔核的焊透率和重叠量而不会提高接头强度,这是不经济的。如果电流过大,还会产生压痕过深和焊缝烧穿等缺陷。缝焊时由于熔核互相重叠而引起较大的分流,因此,焊接电流通常比点焊时增大15%~40%。

2) 电极压力。缝焊时电极压力对熔核尺寸的影响与点焊一致。电极压力过高会使得压痕过深,同时会加速滚盘的变形和损耗。压力不足则易产生缩孔,并会导致接触电阻过大,易使滚盘烧损而缩短其使用寿命。

3) 焊接时间和休止时间。缝焊时,主要通过焊接时间控制熔核尺寸,通过休止(冷却)时间控制重叠量。在较低的焊接速度时,焊接时间与休止时间之比为1.25∶1~2∶1,可获得满意结果。当缝焊速度增加时,焊点间距增加,此时要获得重叠量相同的焊缝,就必须增大比例,为此,在较高焊接速度时,焊接时间与休止时间之比应不小于3∶1。

4) 焊接速度。焊接速度与被焊金属、板件厚度,以及对焊缝强度和质量的要求等有关。通常在焊接不锈钢、高温合金和有色金属时,为了避免飞溅和获得气密性高的焊缝,必须采用较低的焊接速度。焊接速度决定了滚盘与板件的接触面积,以及滚盘与加热部位的接触时间,因而影响了接头的加热和散热。当焊接速度增大时,为了获得足够的热量,必须增大焊接电流。过大的焊接速度会引起板件表面烧损和电极粘附,因此焊接速度要受到限制。

（2）缝焊工艺参数的选择　与点焊相似，主要是根据被焊金属的性能、厚度、质量要求等来选择。要求气密性的缝焊接头，各焊点之间必须有一定的重叠，通常焊点间距应比焊点直径小 30%~50%，焊点间距可按下列经验公式选取：

对于低碳钢　　　　　　　　$C=(2.8~3.2)\delta$ 　　　　　　　　　　(7-10)

对于铝合金　　　　　　　　$C=(2.0~2.4)\delta$ 　　　　　　　　　　(7-11)

式中　C——缝焊焊点间距（mm）；

δ——两焊件中较薄焊件的厚度（mm）。

对于非气密性接头，焊点间距可在很宽的范围内变化，甚至可以使各相邻焊点相互分离，成为缝点焊。

滚盘尺寸的选择与点焊电极尺寸的选择原则一致。只要焊件结构允许，滚盘直径应尽可能选大些，并使上、下滚盘直径尽量接近。为减小搭边尺寸，减小结构质量，提高热效率，减小焊机功率，近年来，还发展了一种接触面宽度只有 3~5mm 的窄边滚盘。

滚盘的直径和板件的曲率半径均影响滚盘和板件的接触面积，从而影响电流场的分布与散热，并导致熔核位置偏移。当滚盘直径不同而板件厚度相同时，熔核将偏向小直径滚盘一边。滚盘直径和板件厚度均相同，而板件呈弯曲形状时，熔核偏向板件凸向电极的一边。

滚盘的工作表面有平面形和球形两种，缝焊钢件时，通常采用平面形滚盘，常用的滚盘宽度为 3~12mm；而缝焊铝合金时，一般采用球形滚盘，其球面半径为 25~100mm。滚盘宽度和球面半径的大小可根据焊件厚度确定。

不同厚度或不同材料缝焊时，纠正熔核偏移的方法是采用不同的滚盘直径和宽度、不同的滚盘材料以及在滚盘与板件间加垫片等。

通常可参考已有的推荐数据初步确定（表 7-5），再通过工艺试验加以修正。

表 7-5　低碳钢的缝焊规范

条件	板厚/mm	电极压力/N		通电时间/(s/周波)	休止时间/(s/周波)	电流/A	焊接度/(m/min)	焊接点数/(点/cm)
		最小	标准					
高速条件（A）	0.6	2100	2500	2	1	12500	2.70	4.3
	0.8	2400	3200	2	1	15000	2.62	4.5
	1.0	2700	4100	2	2	18300	2.50	3.5
	1.6	3400	5400	3	1	21000	2.30	4.0
	2.0	4500	6800	3	1	22000	2.15	4.1
中速条件（B）	0.6	2100	2500	2	2	11000	1.90	4.7
	0.8	2400	3200	3	2	13000	1.83	4.0
	1.0	2700	4100	3	3	15000	1.70	3.5
	1.6	3400	5400	4	5	17500	1.60	2.8
	2.0	4500	6800	6	6	20000	1.40	2.4
低速条件（C）	0.6	2100	2500	3	3	9000	1.14	5.1
	0.8	2400	3200	2	4	12000	1.07	5.5
	1.0	2700	4100	2	4	13500	0.99	5.1
	1.6	3400	5400	4	4	15400	0.91	4.9
	2.0	4500	6800	6	6	16000	0.76	4.0

4. 电阻凸焊及工艺

凸焊与点焊相比，其不同点是在焊件上预先加工出凸点，或利用焊件上原有的能使电流集中的型面、倒角等作为焊接时的局部接触部位。

凸焊主要用于焊接低碳钢和低合金钢的冲压件。凸焊的种类很多，除板件的凸焊外，还有螺母、螺钉类零件的凸焊、线材交叉凸焊、管子凸焊和板材 T 形凸焊等。

板件凸焊的厚度一般为 0.5~4mm。焊接更薄的板件时，凸焊设计要求严格，若板件厚度小于 0.25mm，使用点焊更方便。

凸焊与点焊相比较具有以下优点：

1) 在一个焊接循环内可以同时焊接多个焊点。不仅生产效率高，而且无分流影响。因此可以在窄小的部位布置焊点而不受点距限制。

2) 由于电流密集于凸点，电流密度大，故可以用较小的电流进行焊接，并能可靠地形成较小的熔核。在点焊时，对应于某一板厚，要形成小于某一尺寸的熔核是困难的。

3) 凸点的位置准确、尺寸一致，各点的强度比较均匀。因此对于给定的强度，凸焊焊点的尺寸可以小于点焊。

4) 由于采用大平面电极，且凸点设置在一个工件上，所以可最大限度地减轻另一工件外露表面上的压痕。同时大平面电极的电流密度小、散热性好，电极的磨损要比点焊小得多。因而大大降低了电极的保养、维修费用。

5) 与点焊相比，工件表面的油、锈、氧化皮、镀层和其他涂层对凸焊的影响较小，但干净的表面仍能获得较稳定的质量。

由于凸焊有上述多种优点，因而获得了极广泛的应用。几种典型凸焊如图 7-19、图 7-20、图 7-21 所示。

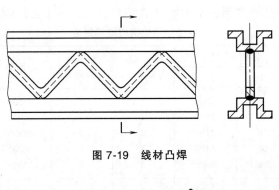

图 7-19 线材凸焊

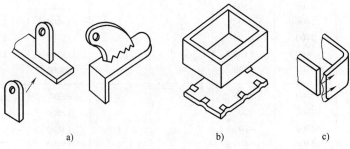

图 7-20 T 形零件凸焊
a) 吊耳凸焊 b) 框板凸焊 c) 框侧凸焊

凸焊要预先冲制出凸起部分，所以比点焊要多一些焊前的准备工序和设备。这些在采用凸焊时都要全面考虑。

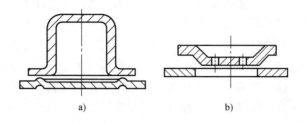

图 7-21　冲压件的环形凸焊
a）环形凸焊形式Ⅰ　b）环形凸焊形式Ⅱ

凸点的接头形式也很多，图 7-22 所示为几种常见的凸焊接头形式。

为了使各个凸点熔化能均匀一致，凸焊时电极压力和焊接电流应均匀地分布在同时焊的各个凸点上。为此，凸点冲制必须精确，尺寸稳定，且必须仔细清理焊件。

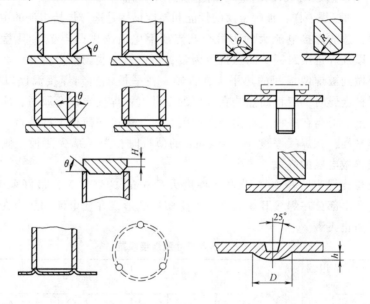

图 7-22　几种凸焊接头形式和凸起部分示意图

（1）凸焊的工艺特点　凸焊实际上是点焊的一种变形，首先是在两块板件的一块上冲出凸点，然后进行焊接。电流集中避免了点焊时熔核偏移，因此凸焊时工件的厚度比可以超过 6∶1。凸焊时，电极必须随着凸点的被压溃而迅速下降，否则会因失压而产生飞溅，所以应采用电极随动性好的凸焊机。

多点凸焊时，如果焊接条件不适当，会产生凸点移位现象，并导致接头强度降低。为了防止凸点移位，除在保证正常熔核的条件下，选用较大的电极压力、较小的焊接电流外，还应尽可能地提高加压系统的随动性。提高随动性的方法主要是减小加压系统可动部分的质量以及在导向部分采用滚动摩擦。同时为克服各凸点间的压力不均衡，可以采用附加预热脉冲或采用可转动电极的办法。

（2）凸焊的工艺参数　凸焊的主要工艺参数是：电极压力、焊接时间和焊接电流。

1) 电极压力。被焊金属的性能决定了凸焊的电极压力。电极压力应在凸点达到焊接温度时将其完全压溃，使两工件紧密贴合。但电极压力过大时会过早地压溃凸点，失去凸焊的作用，同时因电流密度减小而降低接头强度；电极压力过小时又会引起严重的飞溅。

2) 焊接时间。对于给定的工件材料和厚度，焊接时间取决于焊接电流和凸点刚度。在凸焊低碳钢和低合金钢时，电极压力和焊接电流的作用要大于焊接时间的影响。在确定合适的电极压力和焊接电流后，再调节焊接时间，以获得满意的焊点。若想缩短焊接时间，就应增大焊接电流。但过分增大焊接电流就有可能引起金属过热和飞溅，通常凸焊的焊接时间比点焊长，而电流比点焊小。

多点凸焊的焊接时间要稍长于单点凸焊，以此减小因凸点高度不一致而引起各点加热的差异。采用预热电流或电流斜率控制，可以提高焊点强度的均匀性并减少飞溅。

3) 焊接电流。凸焊每一焊点所需电流比点焊同样一个焊点要小。在凸点完全压溃之前电流必须能使凸点熔化。推荐的电流应该是在采用合适的电极压力下不至于挤出过多金属的最大电流。对于一定的凸点尺寸，挤出的金属量随电流的增加而增加。采用递增的调幅电流可以减少挤出的金属量。和点焊一样，被焊金属的性能和厚度仍然是选择焊接电流的主要依据。

多点凸焊时，总的焊接电流大约为每个凸点所需电流乘以凸点数。但考虑到凸点的公差、工件形状，以及焊机次级回路的阻抗等因素，可以做一些调整。

凸焊时还应做到被焊两板间的热平衡，否则，在平板未达到焊接温度以前凸点便已熔化。因此焊接同种金属时，应将凸点冲在较厚的工件上；焊接异种金属时，应将凸点冲在电导率较高的工件上。但当在厚板上冲出凸点有困难时，也可在薄板上冲凸点。电极材料会影响两工件上的热平衡，在焊接厚度小于0.5mm的薄板时，为了减少薄板一侧的散热，常用钨钢烧结材料或钨做电极的嵌块。

凸点尺寸及焊接规范见表7-6。当凸焊厚度大于3mm的焊件时，最好采用脉冲加热法。脉冲加热可以使凸出部分在焊接开始后逐步产生塑性变形，并使电流和压力在各个凸点上比较均匀地分布以防止飞溅。

表7-6　凸点尺寸及焊接规范

板厚/mm	凸点尺寸/mm		推荐最小尺寸/mm		最小熔核直径 d_n/mm	规范A			规范B			规范C		
	D	h	点距	搭边		t_w/s	F_w/N	I_w/kA	t_w/s	F_w/N	I_w/kA	t_w/s	F_w/N	I_w/kA
0.6	2	0.5	9	5	3	0.06	900	5.5	0.12	700	4.9	0.12	600	3.8
0.8	2.5	0.5	11	5.5	3	0.06	1100	6.6	0.12	700	5.1	0.22	600	3.8
1	3	0.7	14	7	4	0.16	1500	8	0.20	1000	6	0.30	700	4.3
1.2	3	0.7	16	8	4.5	0.16	1800	8.8	0.32	1200	6.5	0.38	1000	4.6
1.5	3	0.9	19	10	5	0.24	2500	10.3	0.40	1600	7.1	0.50	1500	5.4
1.8	4	0.9	20	10	5.5	0.28	3000	11	0.48	2000	8	0.64	1800	6
2	5	1	20	11	6	0.30	3600	11.8	0.56	2400	8.8	0.68	2100	6.4
2.4	5.5	1	22	13	7	0.32	4600	13.1	0.64	3100	9.8	0.84	2800	7.2
2.8	6	1.4	32	16	8	0.38	5600	14.1	0.76	3700	10.6	1.0	3400	8.3
3.2	7	1.5	32	18	9	0.44	6800	14.8	0.90	4500	11.3	1.2	4100	9.2

三、二氧化碳（CO_2）气体保护焊

二氧化碳气体保护焊是利用二氧化碳气体作为保护气的气体保护电弧焊，简称 CO_2 焊。它利用焊丝与工件间产生的电弧来熔化金属，由气体作为保护气并利用焊丝作为填充金属。CO_2 气体保护焊有焊接成本低、抗裂能力强、焊后不需清渣、生产率高、使用范围广的优点。CO_2 气体保护焊的过程如图 7-23 所示。CO_2 气体保护焊使用平硬式缓降外特性直流电源。但是，气体保护焊不可避免地存在一些不足之处，由于使用 CO_2 作为保护气，风会影响 CO_2 气体保护焊的进行，这就限制了其在露天作业中的使用。同时其弧光和热辐射强，且不能采用交流电源。

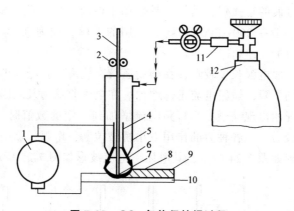

图 7-23 CO_2 气体保护焊过程

1—焊接电源 2—送丝滚轮 3—焊丝 4—导电嘴 5—喷嘴 6—CO_2 气体
7—电弧 8—熔池 9—焊缝 10—焊件 11—预热干燥器 12—CO_2 气瓶

由于气体保护焊具有其他焊接方法所不及的优点，因此这项新技术在国内外已获得了广泛的应用。在很多场合已代替了气焊、焊条电弧焊以及埋弧焊，个别情况下还可以代替电阻焊。近年来，我国已在汽车车身制造行业中广泛地采用了气体保护焊。

1. CO_2 气体保护焊的特点

（1）氧化性　CO_2 气体属于氧化性气体，焊接时 CO_2 气体被大量分解，分解出来的原子具有强烈的氧化性。

（2）气孔　由于气体的冷却作用，熔池凝固快，很容易在焊缝中产生气孔。但是这有利于薄板焊接，焊后变形小。CO_2 气体保护焊焊缝产生的气孔，主要气体是氮气。加强保护是防止气孔的重要措施。

（3）飞溅　飞溅是 CO_2 气体保护焊的主要缺点。产生飞溅的原因有以下 3 个方面：

1）由 CO 气体引起的飞溅。CO_2 气体分解后具有强烈的氧化性，使碳氧化成 CO 气体，CO 气体受热急剧膨胀，造成熔滴爆破，产生大量细粒飞溅，减少这种飞溅的方法是采用脱氧元素多、含碳量低的脱氧焊丝，以减少 CO 气体的产生。

2）斑点压力引起的飞溅。用正极性焊接时，熔滴受斑点压力大，飞溅也大。采用反极性可减少飞溅。

3）短路引起的飞溅　发生短路时，焊丝与熔池间形成液体小桥，由于短路电流的强烈

加热及电磁收缩力作用,使小桥爆断而产生细颗粒飞溅。在焊接回路中串联合适的电感值,可减少这种飞溅。

2. 焊接过程

CO_2 气体保护焊的整个焊接过程其实是由无数个熔滴过渡的过程组成的。在焊接时,电弧燃烧热大部分用来加热焊件,使其形成熔池,小部分电弧热用于加热焊丝,使其不断地被熔化而形成熔滴,离开焊丝末端而进入熔池,这个过程称为熔滴过渡。

气体保护焊有两种熔滴过渡:一种是使用细焊丝的短路过渡;另一种是使用粗焊丝的细颗粒过渡。熔滴过渡对焊接过程的稳定性、焊缝成形、飞溅程度以及焊接接头的质量有很大的影响。下面介绍汽车车身制造中用得较多的细丝气体保护焊短路过渡的短弧焊。

气体保护焊短路过渡的短弧焊,其特点是采用小电流、低电压(电弧长度短),熔滴细小,而过渡频率高(一般在 200~300 次/s)。常用的焊丝直径为 0.6~1.6mm,焊接电流为 50~250A,电弧电压为 15~25V。

在短路过渡时,一般电弧长度较短,在熔滴还没有脱离焊丝之前即与熔池发生短路。此时电弧熄灭,电压急剧下降,短路电流迅速增加。在电磁收缩力及表面张力的作用下,连接焊丝与熔池金属液柱开始出现缩颈。当短路电流增加到一定的数值时,缩颈达到临界尺寸,称为液态金属小桥。最后,在各种力的作用下小桥被拉断,电弧重新引燃,完成了一个熔滴的过渡。短路过渡过程如图 7-24 所示,其电压、电流波形如图 7-25 所示。

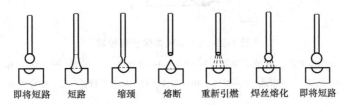

即将短路　短路　缩颈　熔断　重新引燃　焊丝熔化　即将短路

图 7-24 短路过渡过程

在短路过渡过程中,焊接电流与电弧电压值都不是稳定的,而是做周期性的脉动变化。由图 7-25 可以看出,每一周期 T 内有短路期和电弧燃烧期两个阶段。短路过渡的优越性是能在小功率电弧下,实现金属过渡和保持稳定的焊接过程。短路过渡电弧的加热特点是:在短路期间,焊机供给的电能大部分用于加热焊丝伸出长度部分和短路桥的液体金属,而焊件受热不多。又因焊件的体积大,散热作用强,因此在短路期间焊件和熔池得到一定的冷却,

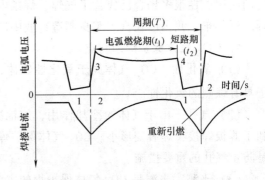

图 7-25 电弧电压与焊接电流波形

即焊件处于加热—冷却—加热的变化状态下。这种加热状态,减少了焊件上的热量输入,使熔池容易控制,液体金属不易往下流淌,焊件也不容易烧穿,这就是气体保护焊短路过渡的优点,可用于薄板及全位置的焊接。

在气体保护焊过程中,由于使用了气体作为保护剂,由此也带来氧化、气孔和飞溅等问题。

3. 短路过渡短弧焊的工艺参数

如前所述，短路过渡焊接采用细焊丝，随着焊丝直径的增大，飞溅颗粒都相应增大。

（1）焊接电流　主要根据焊丝直径、送丝速度和焊接位置等综合选择。

（2）电弧电压　电弧电压应与焊接电流配合选择。随焊接电流增加，电弧电压也应相应加大。短路过渡时，电压为 16~24V。粗滴过渡时，电压应为 25~45V。电压过高或过低，都会影响电弧的稳定性并使飞溅增加。

（3）焊接速度　焊接速度对焊缝成形、接头性能都有影响。速度过快会引起咬边、未焊透及气孔等缺陷。速度过慢则效率低、输入焊缝的热量过多、接头晶体粗大、变形大、焊缝成形差。一般自动焊接的焊接速度为 15~40m/h。

（4）焊丝干伸长度　干伸长度应为焊丝直径的 10~20 倍。干伸长度过大，焊丝会成段熔断，飞溅严重，气体保护效果差；干伸长度过小时不但易造成飞溅物堵塞喷嘴，影响保护效果，还会影响焊工的视线。

（5）气体流量及纯度　气体流量过大会产生不规则湍流，保护效果反而变差。通常焊接电流在 200A 以下时，气体流量选用 10~15L/min；焊接电流大于 200A 时，气体流量选用 15~25L/min。CO_2 气体保护焊的气体纯度不得低于 99.5%。

四、激光焊接

采用偏光镜反射激光产生的光束使其集中在聚焦装置中产生巨大能量的光束，如果焦点靠近工件，工件就会在几毫秒内熔化和蒸发，所以这一效应可用于焊接工艺。

激光焊接是以聚焦的激光束作为能源轰击焊件所产生的热量进行焊接的方法。它具有输入热量少、焊接速度快、接头热变形和热影响区小、熔池深宽比大、组织细、韧性好等优点。焊接时无机械接触，有利于实现在线质量监控和自动化生产，经济效益显著。

激光拼焊具有减少零件和模具数量、减少点焊数目、优化材料用量、减小零件质量、降低成本和提高尺寸精度等优点。激光焊接主要用于车身框架结构的焊接，如顶盖与侧面车身的焊接。使用激光焊接技术，工件连接的接合面宽度可以减小，既降低了板材使用量也提高了车体的刚度。激光焊接可以达到两块钢板之间的分子结合，也就是说焊接后的钢板硬度相当于一整块钢板，将车身强度提升 30%，从而使得车身的结合精度也大大提升。

本节将对激光焊接的设备、激光焊接的原理及其工艺性进行介绍。

1. 激光焊接设备

激光焊接的设备主要包括激光器、光束检测器、光束偏转及聚焦系统、工作台和控制系统，如图 7-26 所示。

（1）激光器　焊接中激光器按照激光束的输出方式不同可分为脉冲激光器和连续激光器，若按照激光工作物质又可以分为固体激光器和气体激光器。固体激光器主要由激光工作物质（红宝石或钕玻璃棒等）、聚光器、谐振腔、泵灯、电源以及控制设备构成。它们的工作原理为：激光工作物质和泵灯安装在聚光器中，聚

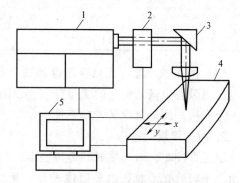

图 7-26　激光焊接设备
1—激光器　2—光束检测器　3—光束偏转及聚焦系统
4—工作台　5—控制系统

光器把泵灯发射出来的光聚集到激光工作物质上,激光工作物质实现粒子数反转,发射激光。气体激光焊中大都采用 CO_2 激光器,CO_2 激光器分为封离式激光器、轴流式激光器和横流式激光器。CO_2 激光焊是以 CO_2、N_2、He 的混合气体作为工作物质,其中 CO_2 是它们中的发光主体。CO_2 激光焊的原理为:受到电子碰撞后 CO_2 分子可跃迁到激发态能级,在分子回落到低能级时就会辐射出光子,激光器中便输出一定波长的激光。

激光器的输出光束模式是指光束横截面上的能量分布情况。模式与光束的聚焦特性密切相关。模式越低,聚焦后的光点越小,功率密度越大。对切割和焊接,要求激光焊输出基模或低阶模。

(2) 光束偏转及聚焦系统 光束偏转由反射镜来实现,聚焦由球面反射镜或透镜来实现。在固体激光器中,常用光学玻璃制造反射镜和透镜。而对于 CO_2 激光焊机,由于激光波长较长,常用铜或反射率高的金属制造反射镜,用 GaAs 或 ZnSe 制造透镜。中小功率的激光加工机使用透射式聚焦,而大功率激光加工设备使用反射式聚焦。两种激光偏转及聚焦系统如图 7-27 所示。当激光器输出激光的模式为 TEM00 时,聚焦后的最小光斑直径 d 可用下面的公式估算:

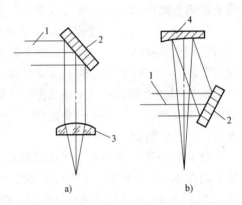

图 7-27 激光偏转及聚焦系统
a) 透镜式聚焦   b) 反射式聚焦
1—激光束 2—平面反射镜
3—透镜   4—球面反射镜

$$d = \frac{4\lambda F}{\pi D} + C\frac{D^3}{8F^2} \qquad (7\text{-}12)$$

式中 d——聚焦后的最小光斑直径(mm);
　　　λ——激光波长(μm);
　　　F——透镜焦距(mm);
　　　D——聚焦前透镜上的光束直径(mm);
　　　C——透镜球差常数,见表 7-7。

表 7-7 透镜球差常数 C

透镜材料	GaAs	GaAs	ZnSe	ZnSe
透镜形状	平凸镜	凹凸镜	平凸镜	凹凸镜
C	2.31×10^{-2}	0.91×10^{-2}	2.29×10^{-2}	1.5×10^{-2}

(3) 光束检测器 光束检测器有两个作用:一是可以随时监测激光的输出功率;二是可以检测激光束横断面上的能量分布,以确定激光器的输出模式。大多数的光束检测器只有第一个作用。所以又称激光功率计。

2. 激光焊接的原理

激光焊接时,激光照射到金属表面,与金属发生相互作用,具体可以描述为:金属中的自由电子吸收光子导致电子温度升高,然后通过振动将能量传递给金属离子,金属温度升高,光能变为热能。

根据聚焦后光斑上的功率密度的不同,激光焊接可分为熔化焊和小孔焊。

(1) 熔化焊　在激光光斑上的功率密度不高（$<10^5\mathrm{W/cm}^2$）的情况下，金属材料的表面在加热时温度不会超过其沸点。所吸收的激光能转变为热能后，通过热传导将工件熔化，其熔深轮廓近似为半球形。

(2) 小孔焊　当激光光斑上的功率密度足够大时（$\geq 10^6\mathrm{W/cm}^2$），金属在激光的照射下被迅速加热，其表面温度在极短的时间内升高到沸点，金属发生汽化。金属蒸气以一定的速度离开熔池表面，并产生附加压力反作用于熔化的金属，使其向下凹陷，在激光光斑下产生1个小凹坑（图7-28）。随着加热过程的进行，激光可直接射入坑底形成一个细长的"小孔"。当金属蒸气的反冲压力与液态金属的表面张力和重力平衡

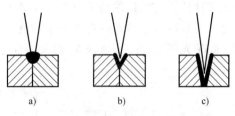

图 7-28　不同功率密度时的加热现象
a) 功率密度小于 $10^5\mathrm{W/cm}^2$
b) 功率密度大于 $10^6\mathrm{W/cm}^2$　c) 小孔效应

后，小孔不再继续深入。光斑功率密度很大时，所产生的小孔将贯穿整个板厚，形成深穿透焊缝。在连续激光焊接时，小孔是随着光束相对于工件沿焊接方向前进的。金属在小孔前方熔化，绕过小孔流向后方后重新凝固形成焊缝。

(3) 激光焊接过程中的等离子云　在高功率密度的条件下进行激光焊接时可以发现，激光与金属作用区域内，金属蒸发极为剧烈，不断有红色金属蒸气逸出小孔，而在金属表面的熔池上方存在着一个蓝色的等离子云，它伴随着小孔而产生。

1) 等离子云产生的原因。激光是光，又是一种电磁波，在加热金属时产生两种现象：一是金属被激光加热汽化后，在熔池上方形成高温金属气云，当激光功率密度很大时，高温金属蒸气将在电磁场的作用下发生离解形成等离子云；二是焊接时施加的保护气，在高功率密度激光的作用下也能离解形成等离子云。因此，等离子云的产生不仅与激光的功率密度有关，而且与被焊金属的性质及保护气有关。

2) 等离子云对焊接过程的影响。激光焊接时产生的等离子云对焊接过程产生不利影响，位于熔池上方的等离子云，对激光的吸收系数很大，它相当于一种屏蔽，吸收部分激光，使金属表面得到的激光能量减少，焊接熔深减小，焊缝表面增宽，形成"图钉"状焊缝，而且焊接过程不稳定。

3) 抑制等离子云影响的方法。为了获得成形良好的焊缝和增加焊接熔深，激光焊接过程必须采取措施抑制等离子云的影响。焊接过程中抑制等离子云影响的最常规方法是通过喷嘴对熔池表面喷吹惰性气体。可利用气体的机械吹力驱除等离子云，使其偏离熔池上方。还可以利用较低温度的气体降低熔池上方高温气体的温度，改变产生等离子云的高温条件。

3. 激光焊接工艺

激光焊接时熔池的熔深和形状除了与材料本身的热物理性质有关外，主要受激光光斑性质、功率密度、焊接速度及保护器体等因素的影响。激光束的调整：

(1) 聚焦尺寸　由图7-29所示的激光聚焦光路图可以看出聚焦镜离工件表面比较近。若 λ 为波长，由经验公式得：

$$d_0 = f\theta \tag{7-13}$$

$$\theta = 1.44\lambda/D \tag{7-14}$$

$$b_0 = 16(f/D)^2\lambda \tag{7-15}$$

经透镜聚焦的光束在焦平面附近有一个直径和长度均很小的束腰,该束腰直径即为光斑直径,焦点位于最小束腰的位置,强度最大。束腰的长度就是焦深 b_0,焦点两侧焦深范围内的激光强度略有降低。光斑直径难以精确得出,但可以通过聚焦镜的焦距 f 和发散角 θ 的乘积来计算,它的具体值根据加工要求确定。选好光斑直径 d_0 后同时可以把 f 确定下来。但是由于材料熔化估算的功率密度数值通常是在一个范围内,因此光斑直径不可能一次就确定。除了光斑直径外,焦深 b_0 的大小也能估算,它和光斑直径相互关联,要全面考虑。

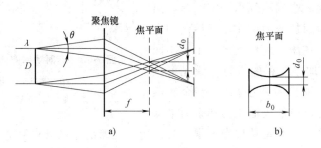

图 7-29 激光聚焦光路图

a) 束腰 b) 示意图

d_0—激光光斑直径 θ—光束发散角 f—透镜焦距 D—透镜焦距尺寸 b_0—焦深

由式(7-13)可知,焦距小则光斑直径就小。小焦距除装夹工件不方便外,还会导致熔融金属的飞溅或产生金属蒸气而损坏透镜表面,造成光学元件损坏。一般把焦距和数值孔径(约等于光斑直径)之比称为焦数。据经验知,10kW CO_2 激光透镜焦数的合适范围为 6~9。当焊接速度高时,焦数要小一些,一般为 3。焦距太小时,会使透镜球差严重,影响聚焦效果。固体激光焊的激光焦距定为 4 比较合适。确定了焦数后就可以确定光斑直径了。

焦深随焦数的增大而增大。在焦深范围内,功率密度变化较小。大焦深时,工件沿激光入射方向在焦平面附近的较大深度范围内能接收到较高的激光能量,为激光深熔化焊创造条件。在实际操作中,涉及调整工件与透镜的相对位置,大的焦深意味着工件在激光入射方向有较大的可调范围。工件的初始高度位置,一般依据焦深的大小来确定。工作时,透射的热畸变会引起光斑尺寸和焦深发生变化,所以在工作过程中要经常检查这些激光参数,以便能及时调整工件位置,使光斑处在正确的工作位置上。

(2) 最佳光斑尺寸与工件相对位置的调整 进行实际激光焊接之前首先需要调整工件的位置,以便能使材料接收到最大的激光辐射。高精密激光焊机的加工头上装有调焦用的基准点。这里以脉冲激光焊接为例来介绍如何确定工件的最佳位置。

把待焊钢板试件放置在垂直于激光入射方向的加工机平面上,使工件上表面位于透镜理论焦点位置上,用激光脉冲辐射试件;待第一个激光脉冲结束以后,沿激光入射方向把试件向上或向下移动一定距离(记录基准点与新高度的相对位置),并沿水平方向把试件移动一个微小距离,使该试件的新鲜表面接收第二次激光辐射,依次进行 5~6 次,就在试件表面上获得了 5~6 个激光辐射区,这些辐射区与不同的位置相对应;用光学显微镜检查这些辐射区的尺寸,与最小辐射区对应的位置应是透镜的焦点位置;用 CO_2 激光焊进行焊接时,也用上述方法确定出激光焦点与焊件的正确相对位置。由于激光是连续辐射,在沿水平方向变换辐射位置时应快速移动试件,避免试件的烧损变形,影响测量结果的精度。

在进行实际激光焊接时,激光焦点不一定是恰好在待焊工件的表面上,有时在表面下方或上方。根据经验,激光焦点位于工件厚度的 1/3 处时往往能获得理想的焊缝。当采用填充焊丝进行激光焊接时,要考虑焦点位置、焊丝放置部位和缺口深度的合理配合,焊丝应放置在激光的高能量密度处。另外,针对激光与材料表面作用开始时应具有高反射率这一特点,可从调整激光脉冲波形,使其前置峰具有较高能量,使材料在接收辐射的开始阶段就能获得高能量,以满足焊接要求。

(3) 焊接速度的调整　激光焊接时,可以用线能量来描述焊件接收激光辐射能量的情况。线能量定义为单位长度焊缝接收的激光能量。焊接速度大时,焊缝的线能量小,熔深小;反之,可以获得较大的熔深。试验表明,熔深随焊接速度的增加几乎是呈线性下降的。激光焊接时,要根据材料的热物理性质、接头形式和零件厚度等条件选择焊接速度,应能使材料接收到足够的激光能量,实现充分的熔化,获得理想的熔深。焊接速度过低时会导致材料发生强烈汽化或焊穿;焊接速度过高时,焊缝浅,接头性能差,如果焊件是镀锌钢板,则易导致镀锌层大面积蒸发或剥落,影响焊件质量。

(4) 激光功率的调整　很明显,激光功率的大小也影响焊缝的熔深。在其他条件相同时,高功率激光焊接获得的熔深大。有研究对熔深与功率之间的关系进行了总结,在多种试验条件下,均得出了 CO_2 激光焊接钢材时的熔深与激光功率的关系,即熔深正比于激光功率的 0.7 次方。作为一种粗略的估算,可以认为熔深和激光功率是成正比的。更粗略地说,熔深的毫米数等于激光功率的千瓦数。应该注意,以上估计值并不一定是最大熔深,实际激光焊接所需要的是最佳熔深,其未必是最大的熔深。

4. 保护气体的选择

气体保护可以提高焊缝质量,它的作用有:①防止焊缝氧化和产生气孔;②抑制等离子云的影响等。单独具有作用①的气体较多,但同时也能满足作用②的气体却不易选择。激光对熔池的持续辐射,将在熔池上部形成等离子云,它限制了激光的通过,对激光有散射作用,若不予以限制,会影响熔深并降低焊缝强度。在激光焊接过程中保护气体对焊缝的吹射,不但能防止焊缝的氧化和产生气孔,而且能把等离子云吹散,增加熔池对激光能量的吸收。所用气体应该有较大的电离能,并防止保护气体本身发生电离,产生等离子体。常用的保护气体有氩气、氦气和氮气。固体激光器若采用脉冲焊接,因为焊点的形成时间短,不容易产生等离子体,加上氧化物形成倾向也小,所以一般不用气体保护;但在焊点的表面会形成氧化膜或金属蒸气的沉积物。若采用重复脉冲进行缝焊,第一次形成的氧化膜或沉积物有可能进入第二个焊点,影响焊缝质量,所以,针对固体激光的连续焊接应该采用气体保护。氦气适合于做 CO_2 激光焊的保护气体,它的电离能比较大,本身不容易形成等离子体,有利于获得大熔深焊缝。另外,它的密度比空气小,在焊缝中不易形成气孔。氦气对焊缝的保护效果显著,是焊不锈钢和钛合金的常用保护气体,但氦气价格较贵,会增加生产成本。氮气的保护效果也比较好,其缺点是容易造成焊缝脆性,它常用于一般结构件的焊接,如焊家用电器设备的外壳等。氩气有良好的防氧化作用,但其电离能比氦气和氮气都低,在高能量密度激光的作用下能形成等离子体。另外,氩气较难从液体金属中逸出,易形成气孔;若进行的是穿透熔焊,则氩气有机会从焊缝底部排出。有时在焊道上部安装抽吸装置,使氩气从焊缝上部排出,避开激光的辐射,在不引发等离子体产生的情况下氩气还是可以使用的。它的成本比氦气低,批量生产时可显著降低生产成本。

第三节 车身装焊工艺

汽车车身的装焊是汽车生产过程中的重要组成部分，车身装焊质量的好坏，直接影响着汽车车身的外部造型和车身的承载能力与使用寿命。先进合理的装焊工艺和高效的生产率，对降低汽车的制造成本起着至关重要的作用。

前面章节已经介绍了车身结构的类型，下面对无骨架式结构和有骨架式结构两种类型的装焊工艺性能进行分析。

一、无骨架式结构装焊工艺

无骨架式结构主要用在轿车车身上，它是车身装焊生产过程中的一种典型的工艺形式。无骨架车身是由薄板冲压零件通过装焊而形成一个车身壳体的，因此这类车身的分解有如下特点：车身零件多，结构复杂，装焊的开敞性不好。为了满足制造工艺的需要和生产率的要求，需要对车身进行结构分解，也就是前面已经介绍过的车身分块。将车身划分为若干个分总成，各个分总成又划分为若干个组合件，各个组合件由若干个零件组成。车身装配的顺序通常为：零件—组合件—分总成—车身壳体。在车身的整个装配与焊接过程中，一般是先考虑总成，然后再考虑分总成和组合件，即分总成应与车身总成的装焊要求相适应，组合件的划分应与分总成的装焊要求相适应。

车身覆盖件的分解，常遇到冲压工艺与装焊工艺之间的矛盾。从装焊工艺的角度来看，多一个零件就多一些装配焊接工作量。零件越少，装焊工作量越少，装配误差和焊接变形越小。所以在冲压工艺允许的情况下，应尽量采用整体结构。

车身结构上有不少孔洞，如何保证这些孔洞符合尺寸要求，是车身装焊工艺中应着重考虑的问题。这些孔洞最好是一个整体结构，以减小装配误差，尽可能减少零件数量。在结构上尽量单独组成封闭孔洞。

车身上某些孔洞有密封性要求，某驾驶室的前风窗口如图 7-30 所示，它是双层结构，内盖板是整体结构，外盖板由顶盖及前围上盖板所组成，中间立有风窗支柱。在总装时，窗口不是预先单独组成封闭形，故装配窗口的尺寸不易保证。加之前围上盖板窗口外的开口尺寸大、刚性差、冲压件易变形等，也易造成窗口产生装配误差。此外，左、右窗口是靠中支柱来划分确定的，而中支柱又是以顶盖和前围上盖板来定位的，因此顶盖与前围上盖板的装配误差就直接影响左、右窗口外形的正确和对称。而驾驶室的前风窗又是可开启的，故任何装配误差均能影响风窗的密封性。若改变成整体风窗口结构，则会大大提高其装配质量。

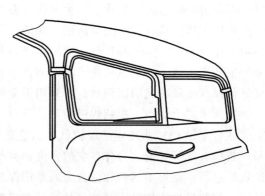

图 7-30 某驾驶室的前风窗口

车身上某些孔洞有配合间隙要求，如车身的门洞，常要求装配工艺保证车门与门洞内、外间隙。如图 7-31a 所示，车身的车门框架 1 与车门组成内间隙，车门与车身外板 2 组成外间隙,内外间隙分别与两个零件相配合。内间隙虽有夹具保证,但由于结构刚性差,尺寸不易稳定;外间隙由于车门洞的结构尺寸所限,在装配时虽有夹具上的定位块来保证其装配位置,但只能保证不小于定位块的尺寸,若装配不到位,则会使外间隙过大。当结构分解时,使车门与车门洞的内外间隙只与一个零件相配合,如图7-31b所示,则配合间隙达到设计要求。

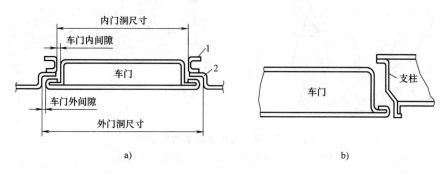

图 7-31 车门与车身的配合
a) 车身门洞框架 b) 车身外板
1—车门框架 2—车身外板

此外,由于车身的组成零件薄,刚度小,加之结构分解出的总成和组合件数量多,因此必须采用胎夹具进行装焊,才能保证产品构件形状尺寸和互换性要求;车身先由零件装焊成组合件,再装焊成部件,最后装焊为总成。在装焊过程中结构组成零件数量会越来越多,其刚度越来越大,校正变形也越来越困难,因此,要合理安排装焊顺序,正确采用焊接规范和加强生产管理。车身的生产批量很大,在总成装焊和分总成装焊中,应采用机械化专用设备,采用多工位流水线生产方式,加快装焊生产线的生产节奏,实现装焊生产机械化和自动化,以获得高效率的车身装焊生产方式。

二、有骨架式结构装焊工艺

有骨架式结构车身一般用在客车和货车的驾驶室上。

客车车身是先装焊车身骨架,然后在骨架外表包焊车身蒙皮。车身骨架均属于一般立体构架型焊接结构。大客车车身骨架装焊时,将立体构架分解成若干个平面构架部件,在胎具上进行装焊。为了提高生产效率,一般采用分散装配原则,保证零件和部件的互换性。由于骨架一般是由Q235钢或低碳钢制成的型材,焊接性好,采用焊条电弧焊或CO_2气体保护焊都可以,以CO_2气体保护焊最佳。蒙皮与骨架的焊接一般采用点焊,将蒙皮的变形限制到最小范围。当车身蒙皮的材料为铝合金时,采用铆接或氩弧焊焊接。

货车的骨架式结构驾驶室如图7-32所示。这类车身主要是由薄板冲压零件装焊而成的。它是先由底板、前骨架、后骨架装焊成车身骨架总成1,而后再装焊上前围总成2、后围总成3和顶盖总成4等车身覆盖件。这种有骨架驾驶室的总体结构分解过于分散,分解的分总成结构简单,使大部分装焊工作集中于总成装焊,同时它的前、后风窗口及门洞装在总成装焊生产线上,影响总成装焊生产线生产效率的提高,也不利于分总成流水生产线的建立,难以保证装焊质量,不利于实现机械化和自动化以及生产效率的提高。这些结构型式的驾驶室将逐渐被无骨架式结构所取代。

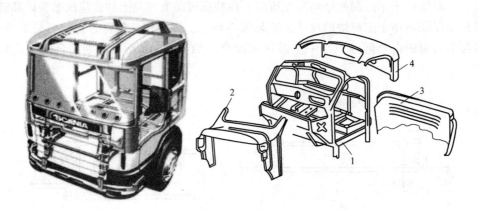

图 7-32 货车的骨架式结构驾驶室
1—骨架总成 2—前围总成 3—后围总成 4—顶盖总成

除了焊接结构、车身分块以及前面几节中介绍的各焊接方法的焊点布置外，影响装焊工艺性的还有以下几个方面：

1) 对于有外观要求的车身外覆盖件，其点焊表面不允许有凹陷。在产品结构设计中，应考虑在固定点焊机上、多点焊机上或采用焊枪来完成焊接，所要求的表面应能与下电极接触。因为这时可采用大平面电极，从而使焊点凹陷不明显。

2) 应考虑点焊的可接近性（或称可达性）。在车身结构设计时，应尽量避免采用狭窄而深的或上、下电极难以接近的焊接结构。

3) 尽量利用压印、切口来代替样板定位。这不但能方便操作和提高效率，而且有利于产品质量的提高。例如，焊接在发动机舱盖上的两个拉钩座，原工艺使用样板来定位，现在用压印（小凸包）定位，取消了样板，如图 7-33 所示。而压印也只是在冲压发动机舱盖时顺便冲出来的，不需另外增加工序。又如后支柱和托架的焊接，原工艺也采用样板定位，以保证其相对尺寸。现采用在支柱的相应位置冲出一个切口，如 7-34 所示，以此切口定位，取消了样板，定位也更准确。

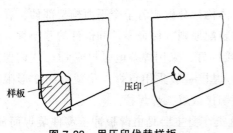

图 7-33 用压印代替样板

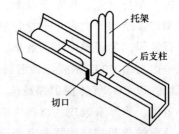

图 7-34 后支柱与托架的焊接

4) 车身上的一些大零件，尤其是覆盖件，应有足够的刚度，以减小零件在生产中的变形，保证装配质量。例如，一般客车的顶盖上就冲压有加强筋，以减小其在生产中（包括存放和运输）的变形，从而保证它的装配焊接质量。

5) 焊接结构应尽量便于操作，避免或减少仰焊。如底板座圈上的翻边（图 7-35 中的

2) 和三角板 (图 7-35 中的 1) 的装焊, 原设计是座圈上的翻边朝内, 这样就需操作工人蹲在驾驶室内用焊钳焊接。现将座圈上的翻边朝外, 则可在驾驶室外进行操作, 十分方便。

6) 在车身装焊工艺中, 由于结构型式不同, 需使用各种各样的焊接辅具。减少这些焊接辅具的品种, 尽量利用标准的或通用的焊接辅具也是衡量车身结构装焊工艺性的一项内容。只有在大批量生产中采用特制的专用焊接辅具才是经济的。

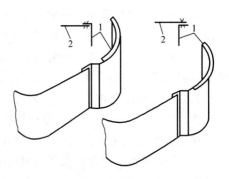

图 7-35 座圈的焊接
1—三角板 2—翻边

7) 在成批生产中, 当考虑使用悬链运输车身零件时, 必须考虑在制件上面有装挂工艺孔。

8) 尽量减少焊缝种类和规格, 尽可能采用相同的标准件 (楔形螺母、铆钉等), 以利于减少装焊设备和工具的品种及管理工作。

9) 采用多点焊接时, 装焊工艺方面需考虑以下 4 点:

① 一般采用多点焊机焊接时, 均为单面双点焊。产品接头应为搭接接头, 焊点数不宜过少, 焊点数最好成双, 在采用双绕组变压器时则要求焊点数是 "4" 的倍数, 否则需考虑配点, 从而使焊机设计复杂化。

② 焊点排列要整齐, 不宜太分散, 以利于焊机的焊枪排列和简化二次回路的设计。

③ 焊点距离应比一般点距要大些, 以利于焊枪结构的设计和布置。

④ 若在弯边接头的结构上采用多点焊机焊接, 弯边尺寸应适当加大。

第四节 车身装焊夹具

一、定位与夹紧

1. 概述

在汽车车身的装配焊接生产过程中, 为了保证产品质量, 提高劳动生产率, 减轻劳动强度, 经常使用一些用以夹持并确定工件位置的工具和装置来完成装配和焊接工作, 这些工具和装置统称为装焊夹具。

装焊夹具的种类繁多, 按用途可分为装配用的夹具、焊接用的夹具、焊装夹具。

在汽车车身制造中, 为了便于装配和焊接, 通常是将车身划分为若干个分总成。各分总成又划分为若干个组合件, 各组合件则由若干个零件组成。这样在车身装焊时, 通常都是先将零件装焊成组合件, 再将组合件装焊成分总成, 最后将分总成装焊成车身壳体总成。因此, 车身装焊夹具也可分为组合件装焊夹具、分总成装焊夹具和车身总成装焊夹具。

不论哪一类装焊夹具, 都应满足下列基本要求:

1) 保证焊件焊后能获得正确的几何形状和尺寸, 特别是车身的门窗等孔洞的尺寸和形状。在装配时, 夹具必须使被装配的零件或部件获得正确的位置和可靠的夹紧, 并且在焊接时能阻止焊件产生变形。

2）使用时安全可靠。在夹具上，凡是受力的各种器件，都应具有足够的强度和刚度，足以承受重力和因焊件变形所引起的各个方向的力。

3）便于施工。夹具应使装配和焊接过程简化，操作程序合理；工件装卸应当方便；能保证装配焊接工作的正常进行，如采用反作用焊枪的夹具上应设置有支撑装置，并将制件的一些配合面压紧以便进行焊接；采用焊枪的夹具，应考虑下电极的结构型式和必要的导电绝缘装置，以减小阻抗和分流；能使焊缝处于最方便施焊的位置；具有供焊枪、焊钳、焊具进出和移动的空间及工人自由操作的位置，在夹具上便于进行中间质量检查等。

4）便于操作。在保证强度与刚度的前提下，应轻便灵巧，定位、夹紧和松开应省力而又迅速。

5）容易制造和便于维修。夹具零部件应尽量标准化、通用化，易于加工制作，易磨损的零件要便于更换。

6）成本低，制作时投资少，使用时能源消耗和管理费用少。

7）车身总成装焊夹具结构复杂，在制造和使用中应能用调整样架来进行校正。

上述这些原则是设计装焊夹具所必须考虑的，但是具体到装焊夹具的结构上却差异甚大，有的装焊夹具只有一个简单的框架，有的则相当复杂。一般说来，应根据生产批量的大小和产品结构的特点结合本厂的生产条件（如车间面积、起重设备、气电供应情况和技术水平等）来选择装焊夹具的类型及设计夹具。

在夹具上进行装配焊接时，一般分以下3步进行：

1）定位。准确地确定被焊装的零件或部件相对于夹具的位置。

2）夹紧。把定好位置的零部件压紧夹牢，以免产生位移。

3）点固。对已定好位置的各个零部件以一定间隔焊一段焊缝，把这些零部件的相互位置固定。如果焊点很少或焊缝很短，也可不进行点固，直接焊接即可。如果已装配的零部件不需卸下，就在夹具上焊接，也可省去点固。

2. 定位

与其他夹具一样，设计车身装焊夹具也应遵循六点定位原则。但由于车身覆盖件是面积较大且易变形的薄板件，为了增加其刚度，往往需要增加支承；这些增加的支承又由于工件弹性大而不能像刚性工件那样改用浮动支承来消除过定位，所以车身装焊夹具上的过定位是常见的。这些过定位不仅没有产生超出工件装焊要求所允许的不良后果，而且增加了工件的刚度，减小了焊接变形。

装焊件要获得正确的定位，首先要选择定位基准。这不仅关系工件的装焊精度，还影响整个装配和焊接的工艺过程以及夹具的结构方案。一般说来，选择定位基准要考虑以下原则：

1）当被焊装的零件或部件既有平面又有曲面时，应优先选择平面作为主要定位基准，尽量避免选择曲面，否则夹具制造困难。如果有几个平面，则应选择其中较大的平面作为主要定位基准。但为了保证车身的曲面外形，车身覆盖件或骨架有时也选用曲面作为主要定位基准。

2）对于较复杂的车身冲压件，可以选择下列部位作为主要定位基准：①曲面外形；②曲面上经过整形的平台；③工件经拉深和压弯形成的台阶；④经修边的窗口和外部边缘；⑤装配用孔和工艺孔。

3) 应当尽量选择零件或部件的设计基准作为定位基准。消除基准不符误差,提高定位精度。

4) 为了保证车门、车窗的正确安装,有关车身装焊夹具应用门洞或窗孔作为主要定位基准。

上述原则要综合考虑,灵活应用。检验定位基准选择得是否合理的标准是:能否保证装焊件的尺寸精度、位置精度和技术要求,装焊是否方便,是否有利于简化夹具的结构等。在这些标准中,最重要的就是保证装焊件的尺寸精度、位置精度和技术要求。如在车身门框总成的焊装中,为了保证车门与门框四周的间隙均匀,以利于密封和美观,应当选择门框组件的内表面作为主要定位基准。同理,为了保证能顺利地安装窗玻璃,在装焊窗框时也应以窗框内表面作为主要定位基准。

由于在装焊夹具上装焊的不是单个零件,而是两个或两个以上零件,整个组装过程就是把这些零件按顺序逐个地在夹具上进行定位和夹紧,待点固或焊接完成后才形成一个部件。对这种情况,主要是选择一个供待装部件定位用的组装基准面,这个基准面就是许多零件在组合成部件的过程中做定位的依据。例如,在车身侧围骨架总成的装焊夹具中,组装基准面就是车身侧围的外表面。由于在夹具上要制造这样大的一个表面(而且往往是曲面)不仅困难而且很笨重,所以往往用钢梁拼焊而成。在汽车车身的装焊过程中,选择组装基准面非常重要。一般说来,为了保证车身外表面的平齐,在装焊前、后围和左、右围及顶盖骨架总成时,可以选择它们的外表面作为主要定位基准面。但是,若在整车车身骨架总成的装焊时也选择它们的外表面作为组装定位基准面,那么不仅整套装焊夹具复杂得多,而且也很难保证接口尺寸的正确。零部件的定位是通过其定位基准与夹具上的定位元件相接触而实现的。常用的定位元件有以下几种:

(1) 挡铁 挡铁是应用最普遍、结构最简单的一种定位元件。主要应用于车身骨架的装焊夹具中。图 7-36 所示为几种常用的挡铁。图 7-36a 所示为固定挡铁,按定位原理直接把它们焊到钢制的支承件上。图 7-36b 所示为可拆挡铁,直接插入支承件的锥孔上,不用时可以拔除。图 7-36c 所示为螺栓固定挡铁,可以改变挡铁的固定位置,同样也是可以拆卸的。为了便于工件的装卸,可以使用图 7-37 所示的可退出式挡铁。只要将活动销 1 拔出,挡铁 2 即可退出。

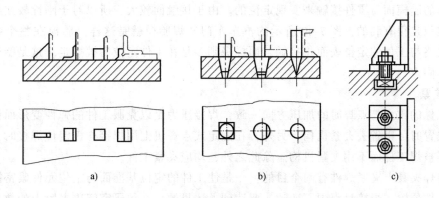

图 7-36 挡铁的形式
a) 固定挡铁 b) 可拆挡铁 c) 螺栓固定挡铁

（2）定位销　定位销是靠圆柱面与工件的定位基准孔接触进行定位的。在汽车车身件装焊中，由于工件厚度不大，多用短定位销。定位销除固定在夹具上使用以外，还可设计成可拆的，如图7-38所示。图7-38a所示为可拆卸式定位销示意图；图7-38b所示为有三个定位销的定位器，此处应用于把一短段角钢装焊到长的角钢上。

（3）支承板　支承板分为平面和曲面两种。平面支承板主要用于工件定位表面是平面的场合，其形式可与一般夹具设计用的支承板相同或类似。如果工件的定位表面是曲面，则要用曲面支承板定位，曲面支承板如图7-39所示。

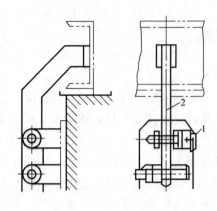

图7-37　可退出式挡铁

1—活动销　2—挡铁

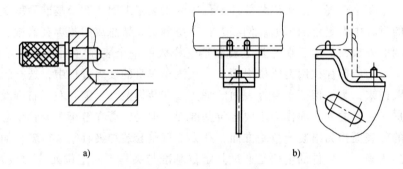

图7-38　可拆卸式定位销

a）可拆卸式定位销示意图　b）有三个定位销的定位器

（4）样板　样板是预先按各零件的相互位置制作的。装配时使它和工件紧靠来实现工件的定位。角尺实质上就是最简单的样板。有些产量不大的客车厂，常将客车的几根主要轮廓线制成样板，在焊装车身骨架或覆盖件时就用这些样板来确定其位置，以保证所产客车的外形基本相同。

胎模与样板有相同点也有不同点，它是利用一个或几个按零件对应表面的形状和相互位置而制作的胎模面与零件接触来实现定位的。由于接触面较大，所以对于刚性较差的车身覆盖件的定位是很有利的。图7-40所示的汽车车门装焊胎模就是这样。胎模在整个装焊过程中一般始终与工件的定位表面相接触。而样极则多是在工件定位后被撤走。这是胎模与样板的主要不同点。

3. 夹紧

当工件的重力与点焊时的加压方向一致，焊接压力足以克服工件的弹性变形而保持正确的装配位置时可以省去夹紧机构。另外，在固定式点焊机上用焊接样极定位焊接时，焊工可用手控制被焊工件而不用夹紧机构。除此之外，均应夹紧工件。

在装焊夹具上夹紧焊件有两个目的：一是使工件的定位基准面与定位元件紧密接触；二是保持工件位置在焊接过程中不变动。要达到上述目的，必须研究解决夹紧力的数目、作用方向、作用点和力的大小问题。

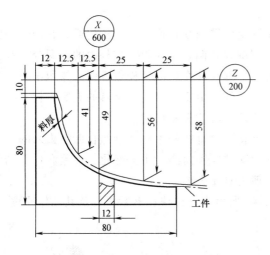

图 7-39 曲面支承板

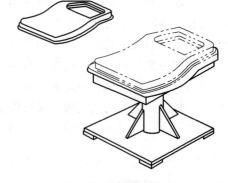

图 7-40 车门装焊胎模

夹紧力的数目一般由第一个目的来确定，即保证工件的定位基准面与定位元件紧密接触。这样，对于每一个定位部位一般都应有夹紧力。当然，这并不等于就需要一个独立的夹紧力，因为有时一个夹紧力能产生几个指向不同定位元件的分力，工件刚度较大时更是如此。而一般的车身覆盖件是薄板零件，刚度小，所以需要的夹紧力的数目就较多。

夹紧力的作用方向应垂直于主要定位基准面，以保证工件定位稳定，变形较小。当夹紧力的方向与重力方向一致时就可使夹紧力最小。选择夹紧力的作用点时，主要应当考虑工件夹紧时要稳定、变形最小。所以，夹紧力的作用点应落在定位元件上，当工件刚性很好时，也可以落在几个定位元件所组成的平面内；夹紧力的作用点还应尽量选在工件刚性最好的部位上，以减小夹紧变形，由于焊接热会引起工件热胀冷缩，所以选择夹紧力的作用点时还要考虑工件的自由伸缩。确定夹紧力大小时，一般应考虑下列因素：

1) 夹紧力应能够克服零件的局部变形，使各装焊零部件都能达到要求的相对位置。两个被焊零件之间的间隙是影响焊接质量的重要因素，对此有严格要求。例如，对于车身薄板焊件，装配件之间的间隙不应大于 0.8mm，刚性较好的冲压件的间隙应不大于 0.15mm。但由于零件的制造误差（主要是冲压模具的误差引起的）和零部件在运输、储存过程中引起的变形，工件在装配时往往难以吻合而达不到要求。这就需要应用夹紧力使零件产生局部变形而"靠拢"。当然，严重的不吻合必须经校正后才能投入装配，因为强力装焊会引起很大的装配应力。

2) 夹紧力要足以应对焊接过程中热应力引起的约束反力。

3) 当工件在胎模上实现翻转或回转时，夹紧力应足以克服重力和惯性力，把工件牢牢地夹持在胎模上。

4) 需要在夹具上实现焊件预反变形时，夹具就必须具有使焊件获得预反变形量所需要的夹紧力。

不是每一套装焊夹具的每一个夹紧点都会有上述情况。但是，从安全的角度出发，应当全面考虑这些因素，把最不利的受力状态所需要的最大夹紧力确定下来，然后再增加一定的安全余量，作为设计夹紧机构的基本数据。至于夹紧力大小的具体数值，至今没有准确的计算公式，一般根据经验或类比来确定。

装焊时，对零件施加外力，使它始终保持既定位置的装置称为夹紧机构或夹紧器。夹紧机构的种类很多，按作用原理分，有杠杆式、螺旋式和偏心轮式等；按外力的来源分，有手动式、气动式和液动式等。不论哪一类夹紧机构，都应动作灵活，操作方便，体积小，有足够的行程，夹紧时不损伤车身覆盖件的外表面。此外，由于车身装焊夹具的夹紧点较多，为减少装卸工件的辅助时间，应采用高效快速或多点联动的夹紧机构。

常用的夹紧机构是铰链式的，很多已经标准化，也有些是由标准型组合派生出来的。铰链式夹紧装置的特点是有一定的自锁性，夹紧力随铰链倾角的大小而变化，夹紧和松开动作迅速，压板张开量大。螺旋式夹紧机构则与一般夹具相类似。

图 7-41 所示为常用的铰链式夹紧钳。图 7-42 所示为一种快速夹紧机构及其工作原理。

图 7-41　常用的铰链式夹紧钳
a) 挤压式　b) 推拉式

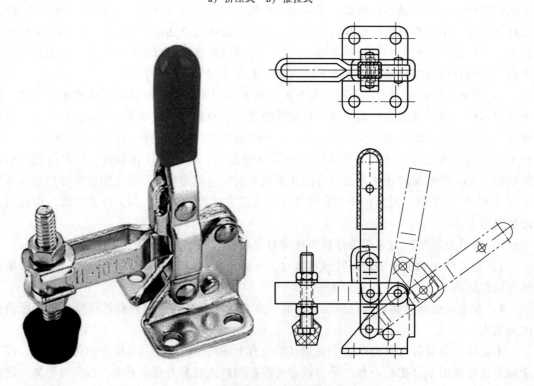

图 7-42　一种快速夹紧机构及其工作原理

二、车身装焊夹具

1. 组合件、分总成装焊夹具

图 7-43 所示为驾驶室的门支柱和内盖板点焊用的装焊样板,样板是最简单的装焊夹具,门支柱靠其外形及限位器固定座来定位,内盖板靠其三面翻边来定位。零件用于压紧,在固定式点焊机上进行焊接。样板中部开有孔洞,以便进行点焊和减小样板质量。在中、大型客车制造中,用来装焊前、后围和左、右围及顶盖、地板等几大片骨架总成的装焊夹具都属于分总成装焊夹具。这些夹具虽然比较大,但结构都较简单。夹具体几乎都是用型材焊制而成的,上面布有许多螺旋夹紧器或快速铰链式夹紧器。工件大都用曲面外形定位,各梁在焊接部位须夹紧。这类夹具有的装在两铰链支座上,整个夹具可以旋转并固定在任何角度上,以便使焊接部位处于最方便施焊的位置。

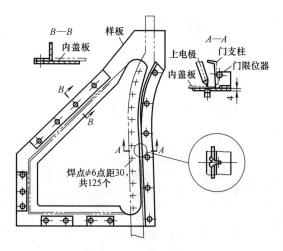

图 7-43 装焊样板

2. 车身总成装焊夹具

车身总成装焊夹具尺寸大,结构较复杂,精度也较高,因为它直接影响车身总成的装配精度。按其定位方式,车身总成装焊夹具可以分为一次性装配定位夹具和多次性装配定位夹具两种。

(1) 一次性装配定位的总装夹具 一次性装配定位的总装是指车身总成的主要装配焊接工作是在一台总装夹具上完成的。组成车身的零件、组合件和分总成等依次装到总装夹具上进行定位和夹紧,直至车身总成的主要装配焊接工作完毕,才从夹具上取下来。这种夹具的特点是车身装焊时的定位和夹紧只进行一次,容易保证车身装焊质量。根据车身生产纲领可设置一台或数台同样的夹具,单台夹具可采用固定式的。多台夹具可配置在车身装焊生产线上随生产线移动,这种随生产线移动的夹具称为随行夹具。东风汽车公司 EQ1090 驾驶室总装配线上采用的随行夹具如图 7-44 所示,它包括地板及门框定位夹具,采用快速的气动夹紧器,夹具连同小车的质量约 3t。随行夹具制造复杂,成本高。每个装配台上都需装有电、水和气路的快速插座或接头,使夹具行走到每一工位时都能方便、迅速地接通。当产量比较小时,这种一次性装配定位的总装夹具也可以制成台车式的,工位之间的运送可人工进行。

(2) 多次性装配定位的总装夹具 多次性装配定位的总装是指车身总成要经过两台或两台以上不同的总装夹具才能完成装配焊接。车身每通过一台总装夹具就要被定位夹紧一次。这类夹具要求不同夹具上的定位面应当一致,以免产生装配误差。有骨架的驾驶室总成的装焊应用这类夹具比较合适,如在第一台夹具上完成内骨架的装焊,在第二台夹具上完成外覆盖件的装焊。这两台夹具均以底板上的悬置孔和门框作为定位基准。这类夹具的优点是制造简单,夹具数量较少,且不存在水、气和电源的连接问题。其缺点是增加了定位夹紧次数,容易产生装配误差,质量不稳定。

下面简单介绍两套车身总成夹具。

1) EQ1090 驾驶室总装随行夹具。该夹具如图 7-45 所示，它的任务是完成地板、前围、后围、门上梁和顶盖的装焊。左、右门框夹具的底部可在 V 形导轨上沿 X 轴移动，并且导轨磨损后能自动补偿，不会产生间隙，因此导向性好。但由于底部平移，定位部分上部的摆差会使门框尺寸的精度受到一定的影响。

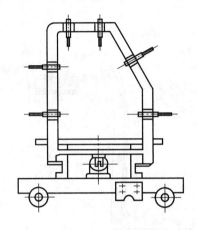

图 7-44 随行夹具

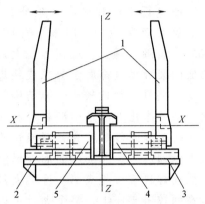

图 7-45 EQ1090 驾驶室总装随行夹具
1—门框 2、3—滑座 4、5—导向座

该夹具的左、右门框夹具部分如图 7-46 所示。左、右方箱本体 4 的两侧各装有 3 个定位块（3 和 11），顶部各装有 2 个定位块 6，侧面还有活动定位销 12。这样就构成了驾驶室的左、右门框的定位结构。

地板定位夹具是由中部一个圆柱定位销及几个平面和周边定位块组成的。

装焊顺序是先将地板装到地板定位夹具上，然后依次装上前围、后围和门上梁，使其分别紧靠定位块 3、11 和 6，再将活动定位销 12 插入前、后固定位孔中，并用气动夹紧钳压紧前围和后围，用手动夹紧钳夹紧门上梁。采用三台悬挂式点焊钳分别点焊后围、前围与地板、门上梁的连接部分，然后再将顶盖与前围、后围和门上梁点焊。

装焊完毕后，松开夹紧钳，左、右方箱体沿 V 形导轨外移到位，驾驶室被吊到调整线上完成补焊及安装车门的工序。随行夹具随末端升降台落到地坑内进行下一个装焊循环。

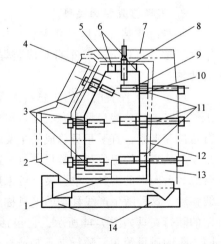

图 7-46 EQ1090 门框装焊夹具
1—地板 2—前围 3、6、11—定位块
4—方箱本体 5—门上梁 7—顶盖
8—手动夹紧钳 9—气缸 10—气动夹紧钳
12—活动定位销 13—后围 14—导轨

2) CA1091 驾驶室总装夹具。与 EQ1090 驾驶室总装夹具不同的是，CA1091 驾驶室总装夹具只完成驾驶室的前围、后围和地板及门上梁的装焊，而不装焊顶盖，最后形成的是没有顶盖的驾驶室总成。CA1091 驾驶室总装夹具如图 7-47 所示，整套夹具安装在一个上平面刻有坐标网线的铸铁底座上。

左、右门框夹具 4 可由气缸驱动在双圆柱导轨上沿 X 轴平移，运动平稳，定位准确，左右对称性好。门框夹具采用箱体和安装其上的定位块 2 对驾驶室门框进行定位。

门框支撑箱体 1 用铝合金铸造，其上装有定位块和夹紧机构。地板升降夹具 5 采用气动四导柱沿 Z 轴升降，以便调整地板在空间的位置。地板上有两个圆柱销供车身地板上悬置孔定位用。后围在夹具 6 和 8 上定位夹紧。该夹具还设置了安装调整样架用的定位基准 7。这使夹具制造、调整和使用均较方便。

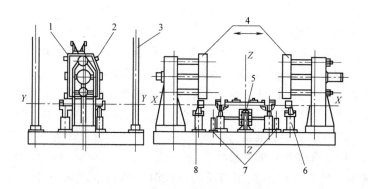

图 7-47　CA1091 驾驶室总装夹具
1—门框支撑箱体　2—前围上支柱定位块　3—龙门支架　4—门框夹具
5—地板升降夹具　6、8—后围夹具　7—调整样架用定位基准

第五节　车身装配焊接生产线与装备

就装焊产品的生产来说，只有当产品的结构复杂、生产批量大、装焊过程复杂和产品结构可分解的工艺分离面多，易于实现机械化和自动化生产，为了获得较高的生产效率和经济效益，才能适合采用流水线方式进行生产。焊接生产线是指必须经过焊接工艺才能完成完整产品的综合生产线，其中必然包括专用焊接设备（专机、机器人等）、辅助工位设备（工艺装备、辅助器具等）以及各种传输装置等。

一、焊接生产线基础

1. 焊接生产线基本组成

现代焊接生产线，应该是各种加工、装配、焊接、无损检验等作业中心与焊件的上料、卸料、传输等诸机械装置及生产线的电控及通信系统等的综合组合体，即机电一体化，也可以是部分作业中心与上料、卸料、传输装置的综合组合体。

由于焊接结构的多样化、生产过程的复杂性及焊接生产类别的不同，焊接生产线的组成和机械化、自动化、柔性化的程度也不同。无论哪种焊接生产线，其基本组成设备都有备料设备、装配-焊接设备、焊后处理设备、试验检测设备及相关系统设备。

（1）备料设备　备料设备包括材料预处理设备、开卷设备、校正设备、切割下料设备、成形设备和坡口加工及制孔设备。

（2）装配-焊接设备　装配-焊接设备包括装配工艺设备、焊接工艺设备、装配-焊接组合工艺设备、装配-焊接辅助设备、自动焊机和焊接机器人。

(3) 焊后处理设备　焊后处理设备包括焊缝清理设备、焊缝精整设备、焊件校正设备、焊件热处理设备、焊件加工设备和涂漆设备。

(4) 试验检测设备　试验检测设备包括水压气压试验台、运行试验台和无损检验设备及仪器。

(5) 相关系统设备　相关系统设备包括起重输送机械、电源及动力系统、电控系统、通信系统和安全保护系统。

2. 焊接生产的类别和特点

根据不同类型产品的数量和每种产品的重复生产数，可将焊接生产分为以下三类：

(1) 单件小批量生产　其主要特点为同一产品生产数量少，产品结构经常变化，并且事先难以确定重复生产数量。因此，这一生产类别不适合采用焊接生产线生产。

(2) 中批量生产　其特点为一段时期内生产一定数量的同一产品，周期性地转换生产若干种产品，每种产品具有一定批量。因此，这一生产类别可以在焊接生产线上生产，并应注意引进机器人，以适合多品种的柔性生产。

(3) 大批量生产　其特点为在相当长的一段时间内只生产同一种产品，生产量很大。因此，在设备方面，可以广泛采用各种专用设备及复杂的机械化高效工艺装备和辅助器具；在生产组织方面，零部件同时平行生产，流水性强，且各方工序应同步；加工设备按工艺过程排列，通常无需中间仓库；装配工作简单，零部件具有良好的互换性；工人专业化程度很高，操作高度机械化和自动化。因此，这一生产类别最适合采用焊接生产线。

目前，装配焊接生产线主要有贯通式、环形式、转台式等多种。

3. 焊接生产线基本要求

随着汽车工业的现代化，车身装配生产必须采用机械化和自动化的生产形式才能与之适应，焊接生产线应满足以下基本要求：

1) 最短的零件流程和高效率的生产线之间连接。

2) 子装配线与主装配线之间采用直线形式的流程图的直接连接，消除生产线之间不必要的零件积压所带来的损失，同时，避免零件运送过程中一些不必要的上升、下降和翻转，把上下工序之间的运送距离缩到最短。

3) 通过采用机器人和计算机控制系统使生产线的结构很灵活，装配零件的体积可做适当的变化。

4) 车身上80%的焊点采用自动化焊接（机器人焊接），提高生产线的柔性并获得稳定的焊接质量。

5) 自动生产线具有高度的可靠性和优良的维修性。

总之，焊接生产线应尽可能提高生产率、降低成本、提高质量、增强产品在国际市场的竞争力。

二、车身焊接生产线

1. 贯通式装焊生产线

贯通式装焊生产线在国内外汽车车身制造中使用普遍，适合专用焊机的配置和悬挂式点焊机手工操作等工艺方法。当车身横向输送时，这种装焊线更有利于分总成的机械化上下料，同时驱动也比较简单。但这种装焊线只适用于固定式夹具，而不宜采用随行夹具。

某驾驶室总成装配线是一条比较典型的贯通式装焊线，由固定装配台、悬挂式点焊机及间隙式双轮链式传动机构组成，如图 7-48 所示。

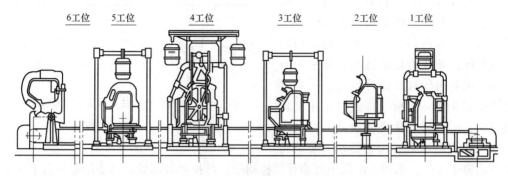

图 7-48　某驾驶室总成装配线

全线共有 6 个工位，其中有 4 个装焊台，1 个电弧焊转台及 1 个翻转电弧焊台。线上配有 16 台悬挂式点焊机和 2 台直流弧焊机。生产节奏为 4min/辆，全线共 18～20 人。工序内容如下：

第 1 工位：将地板总成、前围骨架总成（前围内盖板及发动机挡板总成）及后围骨架总成装配在一起，以地板及门洞夹具定位，点焊 10 处。点焊完成后再装配四个门铰链。

第 2 工位：电弧焊工位，设有顶起及回转夹具。主要是焊接驾驶室骨架总成的加强处。

第 3 工位：焊接工位，焊接地板和发动机挡板连接处。

第 4 工位：覆盖件装配焊接工位，将前围（上盖板及左右盖板总成）、顶盖总成、下后围及风窗支柱等装配到驾驶室骨架总成上，并焊接门洞及前风窗口的焊点。

第 5 工位：装配焊接左、右门槛总成并焊接后风窗口、前围盖板和发动机挡板连接处，及下后围和地板连接处。

第 6 工位：将驾驶室翻转 90°，焊接门槛和前、后围连接处，并以电弧焊加固地板连接板、发动机挡板和地板处。

随着产量的增加，还可适当增加工位，对装配和焊接工作量进行调整。

图 7-49 所示为一种适用于汽车车身地板、车门、行李舱盖、发动机舱盖等形状不太复杂、结构较完整、组成零件较小的分总成贯通式装焊线。这种装焊线占地面积较小，工作时仅工件做前移传送，而所有装夹、焊接的装备都分别固定在各工位上。工件传送大多是靠贯通式往复杆来实现的，因而整线的传送装置比较简单。

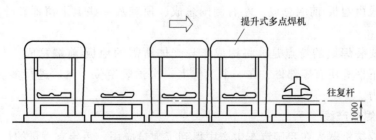

图 7-49　分总成贯通式装焊线

图 7-50 所示为东风汽车公司 EQ1141 驾驶室装焊线。该线采用抬起步伐式往复输送方式，这种装焊线输送平稳，定位精度高，占地面积小，分总成上线方便，可适用于悬点、多点、机器人以及气体保护焊的焊接，是国内外汽车厂家普遍采用的新型装焊线。该线传送装置的升降采用凸轮铰链，用双向气缸推动升降臂，可将传送装置抬起 810mm，前后输送采用往复式输送方式，用变频电动机作为动力带动齿轮，使与其啮合的齿条前后运动，来完成驾驶室的输送工作。

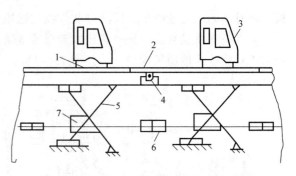

图 7-50 抬起步伐式往复输送装焊线示意图
1—运送小车 2—齿条 3—驾驶室 4—齿轮
5—升降臂 6—双向气缸 7—斜块

电控系统采用可编程序控制器，可控制装配线的同步抬起和落下、输送装置的往复运动、车型的识别、驾驶室固定位置的检测以及故障诊断等。

该装焊线有 11 个工位，工位间距为 5m，传送速度为 20m/min，重复传送精度为 ±0.5mm，传送时可用低速起动，高速输送，低速接近终点。可生产各种系列的驾驶室。

图 7-51 所示为日本日产轿车车身装焊线。全线有 7 个工位，7 个操作工人，生产节奏为 1.2min/辆，月生产能力为 16000 台，每台焊点 280 点。装焊流程是：

第 1 工位：装入地板。

第 2 工位：空位。

第 3 工位：预装，将左右侧围总成，前风窗上、下框，后围上、下外板都装入并点定。

第 4 工位：多点焊，焊 166 点。

第 5 工位：补点焊。

第 6 工位：装顶盖及补点焊，共补焊 114 点。

第 7 工位：下线。

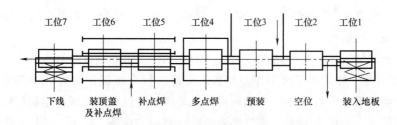

图 7-51 日本日产轿车车身装焊线

该车身总成由地板-前端总成、左右侧围总成、顶盖及一些上下窗框、外板等组成，如图 7-52 所示。

这条贯通式装焊线的特点是，将构成车身壳体所需的地板-前端总成、左右侧围总成、前后风窗的上下框等所有零部件，在一个工位上一次预装定位，然后进行多点焊及补点焊，这样可节省人力。

2. 柔性装焊生产线

近年来，焊接机器人在我国汽车生产中得到了大量应用，每年有大量的焊接机器人投入

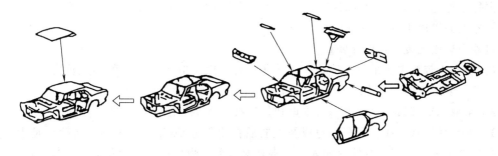

图 7-52 日本日产轿车车身装焊流程

汽车生产中。除了汽车整装厂利用大量机器人焊接外,机器人焊接在汽车零部件工厂也有大量的应用,特别是汽车底盘件的生产。由于底盘件是汽车的紧张布局安定件,其焊接质量对汽车的安定性起决定性作用,因此多数采取机器人来焊接。

(1) 机器人焊接生产线配置　机器人焊接生产线主要用于轿车底盘件的副车架总成(图 7-53)、左右控制臂总成(图 7-54)、左右后拖曳臂总成(图 7-55)的焊接。在选择生产线的配置时主要考虑以下几个方面:

1) 满足生产大纲。
2) 生产线具有很好的柔性。
3) 焊接质量满足产品要求。

图 7-53　副车架总成

图 7-54　左右控制臂总成

对于副车架总成的焊接,根据其焊缝的散布特点,采取双机器人同时对称施焊,可有效控制焊接时产生的扭曲变形。通过对三种工件总成焊接时焊缝数量、焊缝长度的统计,以及对焊缝散布特点的分析,结合机器人焊接的特点,为满足单班制、251 天及 6 万套/年的生产大纲,该机器人焊接生产线共由 8 套机器人焊接工作站构成。其中,左右控制臂总成的焊接由 4 套单机器人焊接工作站完成,副车架总成的焊接由 3 套双机器人焊接工作站完成,左右后拖曳臂总成的焊接由 1 套双机器人焊接工作站完成。每个机器人焊接工作站都装备有焊枪整理器和 1 套头尾架焊接变位机,变位机可与机器人配合活动。

图 7-55　左右后拖曳臂总成

其中,辅助时间包括机器人空行程时间、装卸件时间和焊枪整理时间。机器人空行程时间根据每条焊缝 3s 设计，装卸件时间和焊枪整理时间按 30s 设计。设计机器人的焊接时间时取机器人的焊接速率为 8mm/s。

机器人焊接工装夹具设计要点：

1）机器人焊接夹具采取标准化、模块化设计，以及电控气动夹紧的定位方法。由人工装卸工件，装卸完毕，发出应答工作的信号后主动控制夹紧、松开动作。

2）采取标准接口，水、电、气采取快换连接，满足柔性生产的要求。

3）左右控制臂总成、副车架总成及左右后拖曳臂总成三种工件的共同特点是焊缝长、数量多。由于焊接时有大量的热输入，若夹具刚性差，焊接后会产生很大的焊接变形，影响尺寸精度。因此，控制焊接变形是焊接夹具设计的要点。在夹具设计时采用以下几个措施：

1）在长焊缝的定位夹紧部位采取整体铜材，并通水冷却，提高夹具的散热效果。

2）采取具有自锁作用的压紧气缸。

3）副车架壳体由高强度钢冲压而成，以免有很大的弹性变形，在总成夹具中采取 TOX 气-液转换缸压紧，保持充足的压紧力。

4）为了方便装卸工件，保持装卸工件时有很大的开放性，将夹具体安装在滑动导轨上，通过气缸带动，工件安装好后，焊接时夹具体自动滑进压紧区压紧，焊接完成后夹具自动打开，夹具体滑到装卸工位。

（2）机器人焊接工作站的控制体系　PLC（可编程逻辑控制器）控制体系用于机器人体系及其周边装置的配合与控制，可实现参数设定、系统编程、工作状态呈现及故障报警呈现。

PLC 采用 SIMATICS7-300，通过 ProfibusDP 总线与夹具上两个 ET200S 远程 I/O 模块互连。采取这种布局既可裁减现场接线，又可提高系统的稳定性；同时，由于 ET200S 具有热插拔和易于扩展的特点，使系统扩展和维护非常方便。其中，一个 TI200S 模块用于与夹具信号相连及动作控制，另一个 ET200S 模块用于夹具主动辨认（通过短路线短接不同的输入信号以区别不同的夹具，简单且可靠），以 HMISIMATIC-TP-170B 触摸屏作为人机界面，及时呈现系统各局部的状态，进一步提高系统诊断和故障消除速率。

（3）焊接生产线的特点　在生产线的设计过程中，生产线的柔性和安全性是两个重要的原则。

1）生产线的柔性。生产线的柔性主要有下列 4 个方面：

① 全部焊接配置及工装夹具具有互换性、通用性，通过调换夹具即可快速实现多种产品的生产要求，调换时间不超出 10min。

② 机器人工作站具有互换性、通用性，整个焊接区有一个公用底板，底板上各方向均设有标准 5t 叉车搬运孔，易搬运。

③ 工装夹具与安装支座相连标准化，水、电、气等采取标准快速连接，以适应柔性生产的要求。

④ 柔性控制。调换不同夹具时，只要在触摸屏上选择相应的工件号即可，与夹具自动识别系统进行比较，若相同，则自动调用焊接步骤，若选择错误，则报警提示。

2）生产线的安全性。安全性主要体现在下列 4 个方面：

① 采用封闭式机器人焊接防护房，配有焊接烟尘净化装置。

② 机器人程序启动采用双手按钮。

③ 焊接房安装主动卷帘门，焊接时关闭，以防焊接弧光对焊接人员产生伤害，在门的上下分别设有到位开关以检测门的工作状态（开/关），同时在门的开关两个位置分别设有位置锁，以防松动装置及门的误动作。

④ 在主动卷帘门内距地面 300mm 的高度设有安全光幕。采用 30°倾斜布置，光幕长度 600mm，在自动工作状态下，若有人进入焊接房或在夹具操作位置有人，机器人及变位机会自动中断运转。

通过对机器人周边装置及控制系统的柔性设计，焊接机器人的柔性特点得到更充分的发挥，从而满足日益提高的多品种、小批量的生产要求。为企业参与激烈的市场竞争提供有利的加工技术。

3. 其他形式的装焊生产线

除了贯通式装焊生产线和柔性装焊生产线以外，还有很多其他形式的装焊生产线。如各种各样的环形装焊生产线和先进的"门框"式装焊生产线。

目前，大多数汽车生产厂家都采用环形装焊生产线，这类生产线有利于提高生产效率，减小占地面积，方便液、电、气的供应。

图 7-56 所示为 EQ1090 驾驶室的地下环形装焊生产线。这种装焊生产线和贯通式装焊生产线在地面上的部分基本相似。其区别在于地下环形线采用随行夹具，此夹具在最后一个工位通过升降机构下降到地下再返到第一个工位，进行下一个零部件的装配。这种装焊生产线的占地面积较小，有利于采用随行夹具。但是它的夹具和升降机构均较复杂，而且地坑地沟的建筑工程量也大。

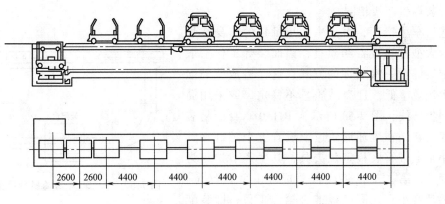

图 7-56　EQ1090 驾驶室地下环形装焊生产线

这条装焊生产线全线共设有 8 个工位，手工装配，悬挂点焊机焊接。共有 9 台悬挂点焊机，全线定员 18 人，生产节拍为 2.6min/辆，该生产线由以下 3 个部分组成：

（1）随行夹具　全线设有八台相同的带有定位夹具的小车（随行夹具），包括底板定位夹具及门框定位夹具，采用快速的气动和手动夹紧装置，夹具（连同小车）重约 3t。

（2）推杆机构　推杆机构是推动随行小车前进的装置。它有一长杆，靠长杆的往复运动而带动杆上的拨块推动小车前进，推杆通过链条由电动机带动。

（3）液压升降台及地下回程传送链　生产线的首尾设有液压升降台，当小车到达末工位时，借助液压升降台将小车降到地下回程传送链上，快速返回第一工位，再由液压升降台送至地面。

图 7-57 所示为 EQ1090 前围地面环形装焊生产线。这种环形线也带随行夹具,与前述的地下环形线不同,它的随行夹具不是从地下返回,而是从地面返回。所以,这种生产线占地面积较大。但是传动机构简单,它通过链条带动拨杆运动,拨杆再推动大链条做地面环形运动,小车被链条带动。当小车运动到预定工位时,一方面通过行程开关切断电源,另一方面通过多点焊机上的定位油缸迫使夹具定位,以便装配焊接。

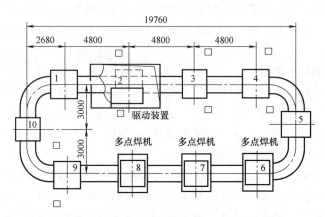

图 7-57　EQ1090 前围地面环形装焊生产线

前围环形线全长 48m,共有 10 个工位,线上配有 10 套随行夹具,3 台专用多点焊机和 8 台悬挂式点焊机,全线 14 人,生产节拍为 1.8min/辆。后围环形装焊生产线的结构型式与前围环行装焊生产线相同。

一些汽车生产厂,由于中、小批量的车身装焊生产缺少大型冲压设备和模具,因而装焊工作一般采用固定装焊台一次装焊的方式,这样造成劳动强度大、生产效率低,且产品质量不稳定。或采用简易的装焊生产线,图 7-58 所示为 BJ130 车身简易装焊生产线,它是在半环形轨道上设置五个随行夹具小车,小车上带有底板定位夹具,其生产节拍约为 10min/辆。在第 1 工位将底板总成装上并定好位,然后靠手动将小车连同底板推进第 2 工位,即装配

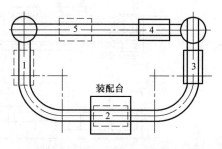

图 7-58　BJ130 车身简易装焊生产线

工位,工位上设有门洞定位夹具,在此工位上把前围总成、后围总成装上并进行弧焊点固。3~5 工位为补焊工位。该线的特点是结构简单、可靠。对于缺少大型冲压设备和模具、冲压件质量不易保证的中小汽车制造厂,装焊工作一般还采用固定装焊台一次装配的方式。

图 7-59 所示为德国大众某型轿车前部焊装生产线。这种装焊生产线是转台式的,类似回转木马结构,它的驱动机构比较简单,不像地下环形线那样需要复杂的升降机构和较大的地坑地沟建筑。但是,它的占地面积比较大,而且电、气、水的接点要由回转中心的可回转接头接出。同时,其中间部分的空间也不易利用。因此,这种装焊生产线用以生产分总成较合适。这条转台式装焊生产线共有 8 个工位,由 5 人操作,生产量为 240 件/h,共焊接 258 个焊点。转台外侧布置 4 台多点焊机,转台以顺时针方向转动,每次转 45°。零件手工装入

随行夹具内并自动夹紧,随行夹具带有轮子,当转到各多点焊工位时,用液压进行自动定位、压紧。在最后一个工位上,夹具自动松开焊好的总成,提升装置把总成从随行夹具上托起,并挂到悬链上送至车身主装焊线。

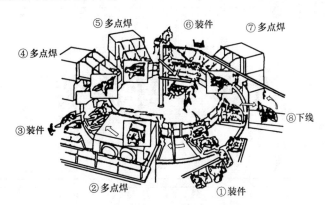

图 7-59　德国大众某型轿车前部装焊线

第八章 汽车车身涂装

第一节 车身涂装的特点与功能

汽车作为现代社会的主要交通运输工具之一，除意外事故损坏之外，主要损坏是腐蚀与磨损。汽车腐蚀不仅直接影响汽车的质量和寿命，而且因腐蚀损坏的零件极易引发交通事故，造成人员伤亡和财产损失。汽车腐蚀缩短了汽车的报废周期，还给环境带来污染，并造成材料和能源的巨大浪费。

汽车外观的色泽鲜丽且经久不变，不仅是汽车品质的一个标志，而且也起了装饰美化的作用，提高了使用效果和商品价值，成为近年来汽车厂家竞争的一个重要方面。

汽车的防腐蚀和美化装饰主要是通过涂装来实现的。所以，涂装是汽车车身制造最重要的工艺之一。

汽车车身涂装是指轿车、大客车、载货汽车、吉普车等各类型汽车车身的涂装，也包括部分农用机械如农用汽车和摩托车的涂装，因为它们的使用条件和涂装工艺与汽车相仿。

汽车车身涂装属于对装饰性、耐候性、耐蚀性要求很高的涂装工艺，汽车车身涂装技术代表了先进的涂装技术，汇集了先进的涂装工艺、设备及涂料。根据汽车的使用条件及大量流水线生产需要，汽车车身涂装具有以下特点及功能。

一、车身涂装的特点

1. 极好的耐候性和耐蚀性

汽车使用于各种具有腐蚀性条件的地区，在严寒的冬季为防止路面结冻打滑或在下雪以后使冰雪快速融化而在高速公路上撒盐、撒砂，造成汽车车身腐蚀严重，涂层不完善的汽车车身，短时间就能出现腐蚀穿孔。车身涂料要求能与汽车一样适应于各种气候条件和道路状况，使用寿命应接近于汽车本身的寿命。在冷热剧变、风雨侵蚀、日晒夜露等各种条件下，保光保色性好，涂膜不开裂、不起泡、不粉化、不脱落、无锈蚀现象。

2. 极好的施工性和配套性

要求能适应汽车的高速流水生产方式，如适用于自动喷漆、大槽浸漆、淋漆、静电喷漆或电泳涂漆等高效涂布方法；同时，还要求干燥迅速，涂层的烘干时间以 30~40min 为宜，要求涂层间结合力优良，不产生渗色、开裂等问题。

3. 极好的装饰性

要求涂层色泽艳丽且经久不变，外观丰满，鲜映性好，这对轿车、客车用漆尤为重要。汽车的色彩一般根据汽车类型、汽车外形设计和时代流行的色彩等来选择。涂层的外观优劣直接影响涂层的装饰性，漆膜的橘皮、颗粒是影响涂层外观的主要因素。

4. 优良的力学性能

要求涂膜坚韧耐磨，能适应由于汽车行驶中的振动、冲击而产生的应力和应变。汽车行驶工况及路况往往是变化的，这就需要汽车的涂层能够经受住汽车随时有可能受到的外界冲击和应力应变。

5. 良好的经济性

由于汽车涂料用量大，所以要求涂料货源广，价格低廉，并能逐步实现无害化，便于进行"三废"处理。

6. 能耐汽油、柴油、机油和沥青等的作用

涂层在接触这些介质时不产生软化、变色、失光、溶解或出现印斑等现象；还要求能耐肥皂、清洗剂、鸟或昆虫的排泄物等，应在与这些物质接触后不留痕迹。

由于汽车涂料大部分属于多层涂覆，加上它们在汽车上的使用部位不同，对于汽车涂料的某一品种来说，并非要求都具备上述特性。汽车车身用涂料是汽车用涂料的主要代表。车身涂膜一般由多层涂层构成，它基本上要兼备上述汽车涂料的特点。

二、车身涂装的功能

车身涂料是一种成膜物质，当它涂于车身表面时，能生成坚韧耐磨、附着力强、具有一定颜色和防锈、防腐、耐酸、耐潮湿、耐高温等多种功能的涂膜，这不仅能大大汽车车身的使用寿命，而且由于涂料的色彩装饰和美化了汽车，也增强了汽车的使用效果。所以，车身涂料主要起保护作用和装饰作用。

汽车车身受到日晒雨淋、风沙、冰雪、炎暑这样多变条件的影响，而且还有接触化学药品及酸、碱等各种腐蚀介质的可能，若在汽车车身表面涂上涂料，干结成膜，就能将车身表面和空气、水分、日光以及外界的各种腐蚀物质隔开，起着一种"屏蔽"作用，能有效地保护汽车车身，延长其使用寿命。

汽车是重要的现代化交通工具之一，除造型外，涂层的外观、光泽、颜色等也能起到美化作用而产生艺术效果，给人们以赏心悦目的感受。城市汽车，作为美化城市的一种工业艺术品，与城市建筑物的整齐、端庄、雄伟的线条美感相适应，更使城市增辉。所以，涂料装饰、美化汽车的作用也是很重要的。

此外，对某些特种汽车，涂料还可起到有利于汽车安全行驶的作用。如特种工程车，大型、超高、超重或超长车给行驶在公路上的一般汽车带来一些不安全因素，可以利用涂料色彩，按有关规定在车辆前部、上部、两侧或尾部等适当部位标示出警告、注意危险、减慢车速等信号，使对面或后方车辆驾驶人产生警觉，以保证行车安全。

某些特殊涂料，如有防振、消声、隔热作用的涂料在汽车车身涂饰中也有其特殊作用。

第二节　涂装三要素

涂料和涂装对汽车产品所起的重要作用是靠不同的涂层体现出来的，要获得满足产品的技术条件和使用环境所需的功能，保证涂层质量，以最大限度地取得经济价值和使用价值，必须对涂装过程进行精心设计，掌握影响涂装效果的各个要素。涂装工程的关键，即直接影响涂装效果的各要素，是涂装材料、涂装技术和涂装管理这三个要素，又称为涂装三要素。

一、涂装材料

涂装的质量和作业配套性，是获得优质涂层的基本条件。在选用涂料时，要从作业性能、涂膜性能和经济效果方面综合衡量。汽车涂装从几百辆到几十万辆的涂装生产线，选用涂料不能单纯从涂料的单价来考虑，片面强调选用价格低廉的涂料而忽视涂膜的质量，会明显缩短涂层的使用寿命，造成早期补漆和重新涂漆，对产品的信誉造成不良影响，反而带来更大的经济损失。涂料选择不当，即使施工得再精心，所得涂层也可能不会耐久。如耐候性不好的室内用涂料用做户外面漆，就会早期失光、变色和粉化。

现在的汽车涂装经验表明，汽车的防腐蚀性能主要取决于前处理（磷化）和底漆（如阴极电泳底漆）的选择；中间涂料的选用对涂膜的抗石击性能和丰满度起较大的影响；而涂层的耐候性、装饰性、抗擦伤性等主要取决于面漆（或罩光漆）品种的选择。需要根据产品的使用要求和汽车产品的档次正确地选用配套的上述几种涂装材料，才能获得满足产品涂层质量要求的涂层。现在一些汽车已经做到涂层质量与汽车同寿命，即在汽车使用期内，涂层不出现标准规定的质量问题。如何选择配套的涂料，可以通过试验来确定。在没有试验条件的企业，技术人员也可以吸取他人的经验，采用相同或类似的汽车产品成熟的配套涂料。

二、涂装技术

涂装技术（包括涂装工艺、涂装设备及涂装环境等条件）的正确，是充分发挥涂料性能的必要条件。涂料对涂膜来说只是半成品，同时，涂料的最终产品应当是涂膜，而不是涂料本身，人们制定涂料的质量标准，主要是对涂膜性能的优劣来评定。涂膜（涂层）质量的优劣不仅取决于涂料的质量，更大程度上取决于形成涂膜的工艺过程及条件。劣质涂料当然不能获得优质的涂膜，但如果施工不当，优质的涂料也同样得不到优质的涂膜。这里包含涂料施工过程的质量，涂装环境的好坏，涂装工艺设计等。如在未经良好表面处理的物面上涂装，会引起涂膜早期脱落、起泡。在不清洁的环境中涂装面漆，不可能得到平整光滑的高装饰性涂层。由于设计不合理，将用于黑色金属的含铅颜料的底漆用于铝制品，不仅不起防腐蚀作用，反而会加速腐蚀。

三、涂装管理

涂装管理是实施指定工艺、达到涂装目的和涂膜质量要求的保证条件。在现代工业涂装中，严格的科学管理显得更加重要。管理不仅是明确岗位责任制，更主要的是对关键工序的工艺参数执行的质量进行监测和记录，对所产生的质量问题及时进行分析并加以解决，以及对作业人员进行技术培训。漆前磷化处理、电泳涂装等技术，其反应机理复杂，在工业生产过程中是一个"特殊工序"，即其产品的质量不能在本道工序成品检查中得到完全的验证，只能靠正确地贯彻工艺、严格控制工艺参数来获得保证。如果操作人员技术水平不高或者责任心不强，不能严格地执行操作规程，极易产生影响涂膜使用寿命的质量问题。但这些质量问题当时不易发现，只有在产品使用过程中才能被发现。

涂装材料、涂装技术、涂装管理三要素是相互依存的，忽视哪一方面都不可能达到涂装目的。一般来说，当涂装工艺和材料确定以后，涂装管理就是决定的因素，有三分设备七分管理之说。涂装制造技术人员、涂装工艺人员和作业人员对这三要素尽管有所侧重，但都应有所了解。按照国外的模式，涂料配方设计人员均需研究油漆施工理论，针对涂装目的、涂装工艺条件设计出作业配套性好、物美价廉的专用涂料；涂料制造厂服务人员也从事涂装工艺的研究，负责指导用户施工管理。涂装工艺人员更应熟悉涂装技术及有关的基础理论，也要熟悉各种涂料的性能、规格型号、施工要求、价格和国内外应用实例等，只有这样，涂装工艺人员才有可能设计出先进、技术经济效果好的涂装工艺和管理制度。涂装管理和作业人员要了解所用涂料的性能，学习涂装工艺及涂装设备等方面的技术知识，以提高执行工艺的自觉性和责任心。

第三节　车身用底漆

底漆是直接涂饰在经过表面处理的车身上的第一道漆，它是汽车车身整个涂层的基础，因此，它对车身的防锈蚀和整个涂层的经久耐用起着主要的作用。车身用底漆必须具备下列特性：

1）附着力强，除在车身表面上附着牢固外，还能与腻子或面漆粘附牢固。

2）所形成的底漆膜应具有极高的机械强度和适当的弹性，当车身蒙皮膨胀或收缩时，不致脆裂脱落。当面漆老化收缩时，也不致折裂卷皮，能满足面漆耐久性的要求。

3）底漆本身必须是腐蚀的阻化剂，底漆涂层必须具有极好的耐蚀性、耐水性（耐潮湿性）和抗化学试剂性。

4）与中间涂层或面漆涂层的配套性良好。

5）应能适应汽车涂装工艺的大量流水生产的特点，底漆应具有良好的施工性能。

车身用底漆的品种很多，按"汽车油漆涂层"的分组，底漆可以分为优质防腐蚀性底漆、高级装饰性填充底漆、中级装饰性保护性底漆、一般防锈蚀保护性涂层底漆。按底漆使用漆料的不同分组，如用醇酸漆料制成的底漆称为醇酸底漆，同理还有酚醛底漆、环氧底漆等。又因底漆中含的颜料有铝、锌、铬等金属氧化物，所以底漆又带有颜料的名称，如铁红酚醛底漆、锌黄醇酸底漆、环氧富锌底漆等。汽车车身常用底漆见表8-1。

此外，H06-2铁红、锌黄环氧底漆也很常用，这种底漆适用于湿热地区的保护性涂层及高级轿车、客车的装饰性涂层。其漆膜坚硬耐久，附着性好。铁红环氧底漆适用于黑色金属，锌黄环氧底漆适用于有色金属打底。对于黑色金属或经氧化处理的轻金属表面，先经磷化处理或涂磷化底漆X06-1，然后再涂这种底漆，则效果更好。这种漆可与Q04-2硝基外用磁漆、A05-9氨基烘漆等配套使用。此底漆先用二甲苯稀释到操作黏度，可喷、刷或浸涂，使用时搅拌均匀。在室温自干12h或在60℃下烘干1h，然后涂腻子或面漆。

表8-1 汽车车身常用底漆

型号	名称	组成	性能	施工注意事项	应用
F06-9	铁红纯酚醛底漆	纯酚醛树脂、干性植物油及铁红、体质颜料	附着性和防锈性能好，是优良的防锈底漆	不能与铁红醇酸底漆C06-1混合	中级轿车及驾驶室
F06-10	铁红纯酚醛电泳底漆	纯酚醛电泳底漆、防锈颜料、蒸馏水	附着力和防锈性能好，漆膜平整，与面漆结合性好	水为溶剂,施工时遵守技术规范	车身覆盖件
C06-1	铁红醇酸底漆	干性植物油改性醇酸树脂、氧化铁红、铅铬黄、体质颜料、催干剂二甲苯	附着性和防锈性能好，与多种面漆配套性好，耐热耐湿性差	不能与铁红纯酚醛底漆混合	中级轿车及驾驶室
H06-3	铁红、锌黄环氧底漆	环氧树脂、三聚氰胺甲醛树脂、防锈颜料、溶剂（二甲苯、丁醇）	优越的附着性、良好的耐水性及耐化学药品性		高级轿车及驾驶室覆盖件
H06-5	铁红环氧酯电泳底漆	环氧树脂、亚麻油酸、顺丁烯二酐、丁醇、胺类、蒸馏水	附着性、耐水性、防潮性及防锈性近似于环氧底漆	以水为溶剂	驾驶室覆盖件
H06-19	铁红、锌黄环氧酯底漆	环氧树脂、植物油、氨基树脂（少量）、铁红锌黄、体质颜料、溶剂(二甲苯、丁醇)	漆膜坚硬耐久，附着性好，可与磷化底漆配套使用		驾驶室覆盖件

近年来，随着合成化学工业的发展和对汽车防腐蚀性能要求的提高，汽车车身用底漆已经经历了几次重大变革。其演变过程大致如下：油性底漆→硝基底漆→醇酸树脂底漆或酚醛树脂底漆（喷用或浸用）→环氧树脂底漆→浸用水性底漆→阴离子型电泳底漆→阳离子型电泳底漆和粉末底漆。当然，各阶段都有较大的交替，而且国内外的发展也不平衡。自电泳底漆得到实际应用以来，汽车用底漆的发展更快。例如，以聚丁二烯树脂电泳底漆为代表的这类底漆就比以改性环氧树脂或酚醛树脂为主的电泳底漆好，其特点是泳透力高，汽车车身内部不设辅助电极也能涂得较好。近年来，在汽车工业中获得实际应用的阳离子型电泳底漆，是一种以环氧树脂为骨架的聚酰胺树脂，用有机酸中和成水溶液的电泳底漆，这种漆不仅泳透力高于阴离子型电泳底漆，而且耐蚀性更好。

第四节 车身用中间层涂料

中间层涂料是底漆层和面漆层之间的涂层所用的涂料，它包括以下四种功能涂料：
1) 通用底漆。又称为底漆二道浆（Primer Surfacer）。

2) 中涂。又称为二道浆或喷用腻子（Surfacer）。

3) 腻子。俗称填密（Putty filler）。

4) 封底漆（Sealer）。

1. 通用底漆

通用底漆可直接涂饰在金属表面上，具有底漆的功能，又具有一定的填平能力。一般采用"湿碰湿"工艺涂布两道，以替代底漆和二道浆，达到简化工艺的目的。在电泳涂装法未投产之前，在汽车工业中使用较为普遍，现在已被中涂所代替。

2. 中涂

中涂的作用介于底漆和腻子之间，对被涂工件表面的微小缺陷（不平之处）有一定的填平能力，颜料和填料含量比底漆多，比腻子少，颜色一般为灰色。采用手工喷涂和自动静电喷涂去涂布，具有良好的湿打磨性，打磨后得到非常平滑的表面。

3. 腻子

腻子是一种专供填平表面用的含颜料量较多的涂料，刮涂在底漆层上，能提高工件表面的平整度和装饰性。腻子涂层易老化、开裂、脱落，再加上手工涂刮和打磨的劳动强度大，现代汽车工业已通过加工技术和管理水平来确保零件表面的平整度，大量流水线生产的新车早已不用刮腻子，市售腻子主要供汽车修补用。

4. 封底漆

封底漆是涂面漆前的最后一道中间层涂料，其漆基含量介于底漆和面漆之间，一般是由底面漆所用的树脂配成，漆膜呈光亮或半光亮。封底漆对面漆耐候性有一定的影响，颜色与面漆配套，所以必须按照所采用的底漆和面漆的特性来选择，它有以下几方面的作用：

1) 显现底涂层的缺陷，便于修整。

2) 消除底涂层各处对面漆的不同吸收性，以提高面漆层的光泽均匀性和丰满度，起到封闭底涂层的作用。

3) 提高面漆对底涂层的结合力和减少价格较高的面漆消耗量。

封底漆一般仅用于装饰性要求较高的汽车修补，有时用喷一道面漆来代替封底漆的作用，有时用同一体系的底漆和面漆，按一定比例调配后代替封底漆的作用。

中间层涂料的主要功能是改善被涂工件表面和底漆层的平整度，为面漆层创造良好的基底，以提高整个涂层的装饰性。对于表面平整度较好，装饰性要求又不太高的货车和中级客车、轿车，在大量流水生产中，常不采用中间涂层，以简化工艺。但对于装饰性要求高的客车、轿车，则都会采用中间层涂料。

为达到以上目的，中间层涂料应具有以下特性：

1) 应与底漆层、面漆层配套良好，涂层的结合力强，硬度配套适中，不被面漆的溶剂所咬起。

2) 应具有填平性，能消除被涂漆表面的划纹等微小缺陷。

3) 打磨性能好。打磨时不沾砂纸（为减少人工打磨费用，国外已采用不用打磨的中涂，靠其本身的展平性得到平整光滑的表面），在湿打磨后能得到平整光滑的表面，并能高温烘干。

4) 耐潮湿性好，不应引起涂层起泡。

5) 具有良好的抗石击性能。

为保证涂层间的结合力和配套性，中间层涂料所选用的漆基与底漆和面漆所用的漆基相仿，并逐步由底向面过渡。中间层涂料的种类也比较多，主要有环氧树脂、氨基醇酸树脂、聚氨酯树脂和聚醇。上述树脂所制中间涂料具有热固性，所得涂膜硬度较高，耐溶剂性好，适宜与各种漆配套使用。

第五节　车身用面漆

汽车面漆是汽车多层涂层中最后涂层用的涂料，它直接影响汽车的装饰性、耐候性、耐潮湿性和抗污性。在汽车车身生产中，尤其是在轿车和高级客车生产中，对汽车用面漆的质量要求非常高。在选择汽车用面漆或制订面漆技术条件时应根据汽车的使用条件、产品品种和设计要求进行。

一、具体要求

1. 外观装饰性

涂膜外观应光滑平整、花纹清晰，对光泽度、橘皮程度、影像的清晰度等都随着车型的不同而有不同的要求。虽然色彩方面没有硬性规定，但要求美观大方，主色和辅助色对称明朗，色调性强。以保证汽车车身具有高质量的协调的外形。对于有些高级轿车能获得如镜面般平滑漂亮的外观。

2. 硬度和抗崩裂性

面漆涂膜应坚硬耐磨，具有足够的硬度，以保证涂层在汽车行驶中，在路面砂石的冲击和刮擦时不产生划痕。

3. 耐候性

剧烈的温度变化，面漆层易开裂，尤其是在面漆层较厚、未用热塑性型面漆及刚刚涂饰完的面漆层更易开裂。在选用面漆时应通过耐寒性和耐温变性（-40~60℃）试验，证实即使在最大许可厚度的情况下，面漆层也不会开裂。另外，烈日暴晒、风霜雨雪的侵蚀都会使面漆失光变色，直接影响汽车的装饰性，因此，要求汽车用面漆涂层在热带地区在长期暴晒不少于12个月后，只允许极轻微的失光和变色，不得有起泡、开裂和锈点现象。

4. 耐潮湿性和防腐蚀性

涂过面漆的工件浸泡在40~50℃的温水中，暴露在相对湿度较高的空气中，面漆应不起泡、不变色或不失光。对面漆层的防腐蚀性的要求虽没有对底漆层那样高，但与底漆层组合后，应能增加整个涂层的防腐蚀性。

5. 耐药剂性

面漆层在使用过程中，若与蓄电池酸液、机油和制动液、汽油、肥皂液和各种清洗剂、路面沥青等直接接触，擦净后接触面不应变色或失光，也不应产生斑印。

6. 施工性能

在大量流水生产中，面漆的涂布方法多采用自动喷涂或静电喷涂，普遍采用"湿碰湿"工艺，烘干温度一般为120~140℃，时间为30min左右，所选用的面漆对上述施工工艺应有良好的适应性。在装饰性要求高时，面漆层应具有优良的抛光性能。面漆也应具有较好的重涂性（即在不打磨场合下，再涂面漆，结合性良好）和修补性。

二、汽车车身用面漆按其成分分类

1. 硝基面漆

硝基漆是一种挥发型喷漆。它的特点是漆膜干燥快,喷涂后在常温下仅需十余分钟就可干燥。涂膜坚硬耐磨,光泽较好,易施工和修补,能抛光,装饰性好。但因涂料内固体成分很少,溶剂挥发后成膜很薄,必须喷涂多次,所以施工工序较繁琐,并且打磨抛光劳动强度也大。溶剂消耗量大,火灾危险性也大。此外,硝基漆价格较高,耐水性和耐候性差,即保光保色性差,耐化学药品性能也不好,且有毒性,喷涂时对人的健康有危害。

自20世纪60年代以来,应用各种优质的合成树脂来改良硝基漆,使硝基漆在保持其优点的基础上显著地提高了耐候性、保光保色性和固体成分等,漆膜外观也更加鲜艳优美。由于硝基漆的装饰性好,某些轿车用它作为面漆喷涂,如Q04-2、Q04-31、Q04-34各色硝基磁漆。在汽车用修补涂料中硝基磁漆也还占相当大的比例。

喷涂硝基漆时要注意与底漆和腻子配套,不能采用油脂底漆,因为硝基漆的溶剂(香蕉水)会咬起底漆涂层,一般采用环氧底漆和醇酸底漆。此外,刮涂腻子宜薄且要干透,施工场地和被涂物面要清洁干净,还要通风防潮,注意防火。

2. 过氯乙烯漆

过氯乙烯漆也是一种挥发性涂料,具有干燥迅速的特点,较硝基漆干得稍慢些。但其耐候性、耐温性和化学稳定性比硝基漆好,成本也较硝基漆低。施工也很方便,可喷涂、刷涂或静电喷涂。其缺点是附着性较差,溶剂释放性差,固体含量也低,漆膜薄,需要喷涂三道以上。此漆一般宜在60℃以下使用,同样也要注意与底漆的配套,一般宜采用环氧底漆和环氧腻子,不能与硝基漆混用。

采用较多的过氯乙烯漆有G06-9各色过氯乙烯外用磁漆、G04-10各色过氯乙烯半光磁漆和G04-13过氯乙烯静电磁漆。

3. 醇酸树脂漆

醇酸树脂漆能常温干燥,涂膜能形成高度的网状结构。漆膜光亮,经久不变;漆膜柔韧,附着性好,耐久性强,不易老化。其耐候性、机械强度和附着性均显著优于硝基漆,且施工简便,不需打磨抛光,可减轻劳动强度。但由于其装饰性和耐水性均差,在湿热的气候条件下易起泡,已被氨基醇酸树脂漆所取代,仅在重型汽车和无烘干条件时才用醇酸磁漆。曾经在我国载货汽车用面漆中使用较多,如C04-42、C04-48、C04-49、C04-51各色醇酸磁漆,C04-43各色醇酸无光磁漆和C04-44各色醇酸半光磁漆。

4. 氨基醇酸烘漆

氨基醇酸烘漆是用氨基树脂与醇酸树脂配合而成的。汽车用氨基面漆均为三聚氰胺醇酸树脂体系。氨基树脂改善了醇酸树脂的硬度、光泽、烘干速度、漆膜外观,也提高了醇酸树脂的耐碱、耐水、耐油、耐磨等性能。醇酸树脂又改善了氨基树脂的脆性及附着性,互相取长补短,发挥两者的优势。所以,这种漆具有以下特点:

1) 漆膜外观丰满,色彩鲜艳。
2) 漆膜坚韧,附着性好,机械强度高。
3) 耐候性、抗粉化、抗龟裂性比醇酸漆稍好些,干透性好。
4) 具有一定的耐水、耐油、耐磨性能。

5）具有良好的电气绝缘性能。

6）可采用静电喷涂，以提高生产效率，降低涂料的消耗量。

由于氨基漆具有很多良好的性能，从全面性能来看，它是现代一般汽车车身用面漆中品质优越的品种之一。因此，它被广泛用于具有烘烤条件的各种金属制品上，越野车、中小型客车、吉普车、高级轿车都有使用氨基烘漆的。氨基漆可与 X06-1 磷化底漆，H06-2 环氧底漆（或 C06-1 醇酸底漆），H07-4、H07-5、H07-7 环氧腻子（或 C07-5 醇酸腻子）和电泳底漆配套使用。应用较多的有 A05-22 氨基静电烘漆（或 A05-9 氨基烘漆）、A05-15 轿车漆和 A01-10 氨基清烘漆（罩光漆）。

5. 丙烯酸漆

汽车用丙烯酸漆可分为热塑性和热固性两大类，前者随溶剂的挥发而干燥，而后者要靠热、触媒或两者结合的作用才能固化成膜。热固性丙烯酸漆主要用于汽车面漆，以代替氨基漆，施工情况和配套漆与氨基烘漆大致相同。它与氨基漆相比有以下特点：

1）光泽好，硬度高，保光保色性耐久不变。

2）附着性好，尤其对锌铝等金属。

3）耐候性好。

4）耐水性、防毒变性和耐污染性好。

5）成本较高，烘烤温度也较高，一般在 120℃ 左右，甚至高达 150℃。

6）具有优良的抛光性能，能制得平整光滑、物象清晰、光亮如镜的漆膜外观，因此丙烯酸漆是一种优良的装饰性涂料。

汽车车身常用的丙烯酸漆有 B01-10 丙烯酸清烘漆，B04-9、B04-11 各色丙烯酸磁漆、B05-4 各色丙烯酸烘漆等。

第九章

车身涂装前的表面处理

汽车车身由毛坯经冲压、装配、焊接等一系列制造工序形成白车身，最后因装饰及防护要求尚需对其各部分进行涂饰。涂饰前首先要把车身表面所附着的油脂、锈蚀、氧化皮、灰尘等异物除掉，否则会影响涂层与基体金属的附着性，造成涂层起泡、龟裂、剥落等。特别是锈蚀，如果带锈涂饰，锈蚀仍然在涂层底下蔓延，则涂饰完全失去了"保护作用"。试验表明，不经除锈处理的涂层，经过两年的自然露晒后，涂层生锈腐蚀面达 60%，而经过喷砂、磷化处理的表面涂层仅有个别锈点。所以为增加金属表面与涂料层间的结合力，提高涂层的质量，延长涂层的使用寿命，在涂漆前必须充分除去车身表面的各种污物，为涂层提供一个良好的基底，这就是涂装前车身表面处理的目的。

车身表面的污物主要有油污和氧化物（铁锈）。在车身制造过程中，各种板材上的防锈油、各种冲压件上的润滑油、拉深油和某些零件在切削加工过程中使用的切削液等油污，大都由矿物油、动植物油、石蜡、滑石粉等组成。在室温下，它们以固态、液态或半流动状态存在，吸附在金属表面上。显然，它们的存在将严重影响涂层的质量，必须在涂漆前彻底清除。

铁锈是钢板表面生成的氧化物和氢氧化物，若涂层下存在铁锈，则会加速涂层下金属的腐蚀过程，铁锈与金属结合不牢，脱落时会导致涂层的破坏，因此在涂漆前必须清除铁锈。

此外，焊渣、其他酸碱等污物及由于加工条件和周围环境所引起的黏附性灰尘等，也直接影响涂层的附着性及保护性能，影响涂层的使用寿命，必须在涂漆前清除。

车身表面涂漆前，必须根据表面污物的性质及沾污的程度、被涂金属的种类、制品光洁度以及最后涂层的作用来选择表面处理方法。这些处理方法主要是指去除表面上的各种污物，以及在预先处理过的表面上进行特殊的加工处理，具体包括脱脂、除锈和去氧化层、磷化。

第一节 车身脱脂清洗

金属表面上存在油污会严重影响涂层的质量，因此在涂饰前必须彻底清除。将车身金属表面的油脂除掉的过程称为脱脂。由于油污的情况较复杂，有各种类型，因此其处理方法、去除工艺也各不相同。根据油污的性质及沾污的程度，工业上常用的脱脂方法可分为物理机械方法和物理化学方法两大类，借助于机械作用的脱脂，如擦抹法、喷砂法和超声振荡法等都属于物理机械方法，这在汽车车身表面处理中用得较少。下面仅介绍几种在车身表面处理中常用的物理化学脱脂法。

一、碱液清洗脱脂法

碱液清洗脱脂方法简单，成本低廉，在金属表面清洗脱脂中应用广泛。

1. 碱液脱脂的机理

碱液清洗脱脂法主要是通过皂化、乳化和分散作用来完成脱脂过程的。

（1）皂化作用　油污中的动植物油脂大都是由不同的高级脂肪酸组成的混合脂。当有碱类存在时，这些脂类与水共热可发生水解。如油脂与碱类中的 NaOH 水溶液共热即发生水解反应，生成高级脂肪酸，而 NaOH 立即与其反应生成溶解于水的脂肪酸钠盐，即肥皂和甘油。这样就完成了脱脂过程。因其反应生成物是肥皂，所以一般又称为皂化反应。如硬脂酸甘油酯与 NaOH 发生的反应：

$$\begin{cases} (C_{17}H_{35})_3C_3H_5 + 3H_2O \rightarrow 2C_{17}H_{35}COOH + C_3H_5(OH)_3 \\ 3C_{17}H_{35}COOH + 3NaOH \rightarrow 3C_{17}H_{35}COONa + 3H_2O \\ (C_{17}H_{35})_3C_3H_5 + 3NaOH \rightarrow 3C_{17}H_{35}COONa + C_3H_5(OH)_3 \end{cases} \quad (9-1)$$

（2）乳化作用　车身零部件表面上的油污大多是以矿物油为基料的化合物，它们遇到碱类清洗剂时不能像脂肪酸一样起皂化作用，此时便要借助于碱类清洗剂中的乳化剂，如碳酸钠、硅酸钠等，它们能促使这些油液以微小颗粒分散在水溶液中而形成稳定的乳浊液，从而达到从金属表面上除去油污的目的。这就是碱液清洗剂的乳化作用。

（3）分散作用　碱液清洗剂中的磷酸钠等还有分散作用，它能使油污中的微小颗粒状的固体污垢悬浮在清洗剂溶液中，阻止它们凝结或重新沉积在工件表面上，从而达到脱脂的目的。

2. 脱脂工艺

碱液清洗脱脂工艺根据脱脂零件的形状大小、油污的情况及生产批量各不相同，一般制件表面脱脂的典型工艺是先碱液脱脂，再经过一次洗涤和二次洗涤，最后烘干，去掉残留水分。

碱液脱脂的方法常用的有喷射式脱脂和浸渍式脱脂或两者的结合。喷射法的优点在于，除碱液的化学作用外，还具有液流的撞击力，效果较显著。但对于某些形状较复杂的零件，液流喷射不到的部位则效果较差。喷射结合浸渍是比较理想的方法。

在汽车车身制造过程中，一些大型覆盖件在冲压成形后至装配焊接前须进行脱脂清洗，洗去大量的拉深油等，而在装配焊接后涂漆前再进行一次漆前清洗，对一些中小型零件，油污不太多的则在漆前进行一次清洗即可。

下面介绍漆前碱液清洗脱脂的有关工艺参数。

（1）浓度　脱脂液浓度与脱脂方式有关。浸式脱脂液浓度应高于喷式脱脂液浓度。浓度对脱脂效果影响很大，浓度低，净化能力弱，浓度高虽能提高脱脂效果和耐用性，但消耗量大，同时水洗量也相应提高（因为脱脂后金属表面碱的剩余物必须充分洗干净）；在高浓度的溶液中，有许多脱脂剂起盐析作用而浮于溶液表面或下沉于槽底，从而失去脱脂能力。所以，浓度过高的脱脂液的脱脂效果，有时比低浓度的还要差。

（2）温度　脱脂液温度高，脱脂效果比较好。但在喷式脱脂条件下，液温太高，会产生蒸气。同时，由于液温过高，工件表面干得快，造成水洗困难，能量消耗也大，不经济。工作温度一般以 70~90℃ 为宜。

（3）脱脂时间　喷式脱脂时间较浸式脱脂时间短。喷式脱脂在 0.5~1min 内，能除去金属表面约 90% 的油脂和污垢；浸式脱脂时间一般为 3~10min。

（4）喷洗压力　脱脂时，工件及清洗液的相对运动起着重要作用。在喷式脱脂中，除喷射压力外，喷嘴和工件的距离，以及溶液的喷射量都是重要因素。

提高喷射压力，可以缩短净化时间。但对于易变形的工件，不允许采用高压喷射。另外，从喷嘴喷出的溶液不应是雾状的，而应以足够的压力喷射到工件表面上。如果采用浸式脱脂方式，也应加强脱脂液的流动，如加强循环搅拌等。

二、乳化剂清洗脱脂法

乳化剂清洗脱脂法是在有机溶剂中加入一种或几种表面活性剂，或再添加弱碱性清洗剂组成的一种混合液，当将这种混合液浸渍或喷射在被洗物上时，溶剂浸透油脂层使油脂微粒化，而表面活性剂又使油脂微粒乳化分散在水中，从而把油脂除去。

乳化剂清洗液由有机溶剂和表面活性剂组成。有机溶剂是指烃系溶剂，如煤油、轻油、干洗用溶剂等。所谓表面活性剂是具有乳化、洗净、浸透、分散、湿润和可溶化等作用的物质，是亲水基和亲油基有机物的混合物。作为主要乳化清洗剂而采用的表面活性剂是非离子性的，有四大类：烷基醚型、脂肪酸醋型、烷基酚型、多元醇诱导体。

使用乳化剂脱脂时，若水洗不完全，表面活性剂或碱液在金属表面残存，会给磷化处理工艺造成恶劣的影响。所以要用流水充分冲洗，然后再用热水进行冲洗，把表面附着的微量异物完全除去是非常重要的。乳化剂清洗脱脂法也是表面脱脂中应用较为广泛的方法。

三、有机溶剂脱脂法

制件表面上有的油污，特别是一些陈旧性"老化"了的油污或所谓"重型"污物，以及一些树脂型的润滑剂、天然石蜡等，用碱液清洗剂清除比较困难，多借助于有机溶剂溶解油脂的能力，来达到脱脂的目的。

钢板表面有机溶剂脱脂常采用三氯乙烯，它的溶解能力强（在15℃时比汽油大 4 倍，50℃时比汽油大 7 倍），沸点低（86.9℃），蒸发潜热低，比热容小。蒸气密度大，易产生蒸气界面，而不易扩散。利用三氯乙烯的这些特性，将要清洗的工件放入三氯乙烯的气相中。利用工件表面与三氯乙烯蒸气的温度差，使它的蒸气在工件表面液化，而液化了的三氯乙烯对工件表面上的油脂不断进行溶解，直至工件表面温度与三氯乙烯蒸气的温度平衡，即完成清洗过程。

有机溶剂脱脂的方式有浸渍式、喷射式、溶剂蒸气法及超声波清理法等。浸渍式较简单，但在长期浸渍清洗的溶剂里会积累一定量的油脂，当部件取出后往往有残存的油脂留于工件表面。溶剂蒸气清洗可以避免此缺陷，但操作及设备较复杂，脱脂速度较慢，而喷射方式则脱脂速度快，质量好。

在车身制造中，大型覆盖件的脱脂一般极少采用有机溶剂脱脂法。

四、脱脂方式及材料选择

在选择工件清洗方式及清洗剂时，应遵循下面4个原则：

1. 根据工件形状、油污轻重选择清洗方式

在工业涂装中，广泛采用喷、浸和喷浸结合三种清洗方式。

在采用喷射式清洗的场合，清洗液冲刷的机械作用强，因而清洗效果较好，清洗液的浓度也可以适当降低，适用于油污较重，形状简单的零件，不适用于形状复杂的零件及较小较轻的零件。采用喷射式清洗的方式易于发泡，因此必须采用低发泡性的清洗剂。

2. 根据零件材质选择清洗剂

一般的金属零件以钢铁件为主，在碱性介质尤其是强碱性介质中，钢铁比较稳定，甚至有钝化作用。因此对钢铁零件，选择强碱性或弱碱性清洗剂，对零件本身没有影响。但对某些金属，如锌、铝、镀锌钢板等，在强碱性介质中会发生强烈的腐蚀，因此对这些金属的构件，在选用碱性清洗剂时，应选择碱性相适应的清洗剂。各种金属清洗介质允许的pH值及各种碱性物质溶液的pH值分别见表9-1、表9-2。

从表中可以看出，含有镀锌件和铝件的涂装线的清洗剂，应采用以磷酸盐为主体（含少量表面活性剂）的清洗剂。

表9-1 金属腐蚀的pH值界限

金属种类	容许pH值上限	金属种类	容许pH值上限
锌	10	黄铜	11.5
铝	10	钢铁	强碱中稳定
锡	11		

表9-2 碱性物质溶液的pH值

碱性物质	1%溶液的pH值	碱性物质	1%溶液的pH值
氢氧化钠	13.4	焦磷酸钠	10.2
偏硅酸钠	12.1	三聚磷酸钠	9.7
磷酸钠	12.0	磷酸氢二钠	9.5
碳酸钠	11.7	碳酸氢钠	8.6

3. 工件上污垢物质的类型

矿物油类的油脂，由于不能皂化，其清除主要靠乳化作用和机械作用，因此要采用乳化效果较好的清洗剂如碱性物质的硅酸钠、磷酸盐和表面活性剂组成的清洗剂，采用喷或喷浸结合的清洗方式。

动植物油脂和酸性油脂、油污能够皂化，故采用强碱性的物质如氢氧化钠组成的清洗剂是较为有效的。实际上，市售清洗效果较好的清洗剂大多为含有表面活性剂的碱性清洗剂，对矿物、动植物油污的去除能力都是较高的。

4. 脱脂后的处理

仅是为了去除油脂，采用任何适用的清洗剂都是可以的。现今脱脂一般都与磷化相结合组成涂装前预处理,因此还要考虑对磷化是否有影响。磷化作用,首先是进行腐蚀继而生成磷化膜。强碱性清洗剂,对黑色金属表面具有钝化作用,使磷化过程的腐蚀反应难于进行。因此,采用强碱性清洗剂除油以后,必须配合使用具有表面活化的表面调整剂进行处理。而采用弱碱性的清洗剂,则可以不用表面调整剂。但为了使磷化质量更好,也可以采用带有表面调整作用的弱碱性清洗剂。因表面调整剂使用的 pH 值范围在 8.0~9.5,因此采用弱碱性清洗剂和表面调整剂可以在同一槽中对零件进行处理。

第二节 除锈和去氧化层

钢铁在热加工过程中,受氧化产生氧化皮,如热轧钢板、热处理零件、锻件、焊接件表面都会有氧化皮。钢铁在储运过程中,接触水或其他腐蚀介质,都容易出现一层铁锈,这是铁的氧化物的水合物。

铁锈或氧化皮是脆而疏松的物质,可以吸收水分或其他杂质。涂装前若不除去而被覆盖在磷化膜和漆膜下,会使漆膜的腐蚀继续进行,同时也影响漆膜的附着力,因此涂装前进行除锈,对被涂漆件得到有效的保护是非常重要的。

金属除锈和去氧化皮的方法有两大类,即机械法和化学法。

一、机械除锈法

汽车车身漆前除锈方法主要有以下 3 种:

(1) 手工除锈 借助于砂布、钢刷之类简单工具的磨、刷作用除锈,只适用于少量小面积的除锈。

(2) 风动或电动工具除锈 以压缩空气或电能驱动砂轮或各类旋转除锈器进行除锈,比手工除锈效率高一些,一般常用于小批量生产的场合。

(3) 喷丸(砂)除锈 用压缩空气或高压水将一定粒度的砂或钢丸喷向带锈的零件表面,利用冲击力和摩擦除锈,只能适用于厚度较大的钢板、锻、铸件等。

二、化学除锈

化学除锈是利用无机酸溶解金属工件表面的氧化皮或锈层,从而除去金属表面的锈蚀产物的除锈方法,也称为酸洗。常用的酸类有硫酸、盐酸、磷酸和草酸等。

一般大批量工件的酸洗过程是在 50~70℃ 下 10% 的硫酸溶液中进行的,或是常温下在 15% 的盐酸溶液中进行。温度对酸洗能力的影响很大,特别是在酸浓度较低的情况下。以硫酸为例,88℃ 的硫酸酸洗速度比常温下的酸洗速度提高 100 倍以上。酸洗过程的反应为:

$$\begin{cases} FeO+H_2SO_4 \rightarrow FeSO_4+H_2O \\ Fe_2O_3+3H_2SO_4 \rightarrow Fe_2(SO_4)_3+3H_2O \\ Fe_3O_4+4H_2SO_4 \rightarrow Fe_2(SO_4)_3+FeSO_4+4H_2O \\ Fe+H_2SO_4 \rightarrow H_2 \uparrow +FeSO_4 \end{cases} \quad (9-2)$$

由上述反应可以看出,在钢铁零件酸洗时,除了铁的氧化物溶解外,钢铁本身也与酸作用,故有铁的溶解和氢的析出。这一过程会造成金属的过腐蚀和氢脆现象。

为防止零件的过腐蚀和氢脆现象发生,往往向酸洗液中加入缓蚀剂。缓蚀剂一般为硫、氮的化合物,常用的缓蚀剂有若丁、乌洛托品、石油磺酸等。缓蚀剂加入量很小,少量就有显著的效果。在使用缓蚀剂时,应注意其适用范围和使用范围等。常用酸洗缓蚀剂在酸中的使用特性见表 9-3。

表 9-3 常用酸洗缓蚀剂在酸中的使用特性

名称	添加量 /g·L^{-1}	缓蚀效率(%)			允许使用温度/℃
		硫酸	盐酸	磷酸	
乌洛托品	5	70.4	89.6	—	—
若丁	5	96.3		98.3	80
硫脲	4	74.0		93.4	60
1MC-10 缓蚀剂	2	>98	>98	—	50

在酸洗过程中,酸洗反应的产物是 Fe^{2+} 和 Fe^{3+},随着反应的进行,酸洗液中酸的含量不断下降,而 Fe^{2+} 和 Fe^{3+} 浓度不断增加,酸洗反应的速度将缓慢下降,一般酸含量小于 5% 或铁离子的含量大于 5% 时,酸洗液应当更换。各种酸洗液特性见表 9-4。

表 9-4 酸洗液特性

酸的类型	使用浓度(以质量分数计)(%)	酸洗温度/℃	酸洗液 Fe^{2+} 含量限度/g·L^{-1}
硫酸	10~2.5	50~60	100
盐酸	15~2.0	室温	12.0
磷酸	15~2.0	40~60	>10g/L 产生沉淀
氢氟酸	5	30~40	

油污严重的工件,在酸洗前应先用碱液脱脂和水洗。在油污不严重的场合,可采用油、酸洗二合一工艺,即在酸洗液中添加耐酸的表面活性剂,一般为非离子型表面活性剂如 OP-10 等,脱脂和酸洗同时进行。

酸洗后还要水洗、中和,水洗时力求把酸洗产物从零件上清洗干净,否则会加速金属的腐蚀。无机酸洗法是目前最普遍的一种化学除锈法,其工艺过程为:碱性除油→酸洗→常温水洗→中和→常温水洗。

酸洗操作时要严格执行操作规程,防止酸液对人体的危害。酸对于酸洗设备本身也有腐蚀性,因此酸洗设备多由环氧玻璃钢衬里的金属槽和环氧玻璃钢制成的通风设备组成。

磷酸的酸洗能力较硫酸和盐酸弱,且价格较高。其最大的特点是残留的磷酸与金属作用生成磷酸盐,有类似磷化膜的作用,对金属本身有一定的保护作用。磷酸仅适用于带薄氧化皮或黄锈的零件的酸洗。在小批量生产的大型工件的除锈方面,常采用磷酸配制的酸洗液,刷涂在锈蚀的部位,溶解黄锈并经水冲洗干净,干燥后即可涂漆。

汽车行业酸洗主要是对未成形前的厚板或型材进行酸洗,酸洗后进行清洗防锈,然后进行加工。酸洗除锈是不得已而为之的工艺。因此,对于冷轧钢板在加工和储存过程中应加强防锈,以免锈蚀后再进行除锈处理。

第三节 磷化处理

为了提高汽车车身及零件的防腐蚀性能，汽车涂装前的零件，大部分都会采用化学处理。化学处理是指金属表面脱脂以后，在一定的条件下与腐蚀性的溶液接触，通过化学反应在金属表面上生成一层难溶于水的非金属膜的处理过程。

非金属膜有氧化膜、磷化膜、铬酸盐膜等，其中用于涂装前处理的主要是黑色金属的磷化膜和铝制品的铬酸盐膜。本节主要介绍用于黑色金属的磷化处理。

磷化膜由在磷化处理过程中产生的不溶于水的磷酸盐组成。适当厚度的磷化膜本身具有较好的力学性能，在干燥的环境中，磷化膜对金属具有一定的防护能力。但在潮湿的环境中，抗腐蚀性能差。如果在工件磷化以后，浸上防锈油，则具有较强的防锈作用。在与油漆涂层配合时，能提高涂层的附着力，并能使涂层的腐蚀性能成倍提高，特别是抗漆膜下的红丝腐蚀性能。在一些地区，冬季普遍撒盐融化高速公路上冰雪，由于盐害从汽车车体上的任何细小划痕开始产生点蚀及漆膜下的红丝腐蚀，使车体产生穿孔腐蚀，磷化处理给防止盐水腐蚀提供了解决的办法。因此，磷化处理被广泛用于以钢板（包括镀锌铜板）为主体的汽车、家用电器等涂装的前处理。

磷化按其处理方式不同可分为浸渍式、喷射式和电化学磷化；而根据其反应时温度的不同分为高温、中温和低温磷化；根据反应时速度的不同又可分为正常磷化和快速磷化。在车身制造过程中应用较广的是喷射式快速磷化处理。磷化膜的厚度为 1.5~3μm。

一、磷化过程的原理

磷化膜是磷酸盐溶液与金属铁相互作用生成的。在含有金属磷酸二氢盐、氧化剂及各种添加剂的酸性磷化液中，磷酸二氢盐发生离解，产生金属离子和磷酸根离子（以 Me 代表锌、铁、锰离子）：

$$\begin{cases} Me(H_2PO_4)_2 \leftrightarrow Me^{2+} + 2H_2PO_4^- \\ H_2PO_4^- \leftrightarrow HPO_4^{2-} + H^+ \\ HPO_4^{2-} \leftrightarrow PO_4^{3-} + H^+ \end{cases} \tag{9-3}$$

在合适的温度下，磷化液与液处理的金属接触时，金属表面溶解：

$$Fe + 2H^+ \rightarrow Fe^{2+} + H_2 \uparrow \tag{9-4}$$

在式（9-4）中，由于反应中铁与磷化液界面中的 H^+ 不断被消耗，因而促进了式（9-3）中离解反应的进行，促使界面处 Me^{2+} 和 PO_4^{3-} 的浓度上升，促进式（9-4）不断进行。当磷酸盐的浓度达到饱和时，即沉积在金属表面上，形成磷化膜。

若 Me 代表锌，则有：

$$\begin{cases} 3Zn(H_2PO_4) \xleftrightarrow{H_2O} Zn_3(PO_4)_2 + 4H_3PO_4 \\ Fe + 2Zn(H_2PO_4)_2 \xleftrightarrow{H_2O} FeZn_2(PO_4)_2 + 2H_3PO_4 + H_2 \uparrow \end{cases} \tag{9-5}$$

对于车身覆盖件涂饰底层用的磷化膜，国内外大都采用锌盐磷化，由式（9-5）可知，磷化膜成分为 $Zn_3(PO_4)_2$ 和 $FeZn_2(PO_4)_2$，为银灰色结晶。

由于式（9-5）产生的氢气吸附在金属表面，造成阴极极化，而使磷化反应不能继续进行，因此需要在磷化液的配方中加入硝酸盐和氯酸盐等氧化剂，使氢气氧化除去，以保证磷化过程的完成。为促使铁的溶解和氢气的逸出，还可加入铜盐和亚硝酸盐等催化剂，使反应在几分钟内完成。这便是常用的快速磷化过程。

二、影响磷化的因素

1）总酸是反映磷化液浓度的一项指标，它是指 PO_4^{3-} 与 $H_2PO_4^-$ 离子浓度的总和。对于某种配方的磷化液，其总酸有一定的数值，如 TPY-431 型磷化液的规定浓度为 24%~26%。总酸过低时，磷化膜稀疏、发暗，甚至不能形成磷化膜；总酸过高时，沉淀多，浪费材料，且对金属有一定的腐蚀作用。

在磷化液的使用过程中，总酸会因消耗而下降，此时可用补充浓磷化液的方法来提高总酸。

2）磷化液中游离酸的作用是控制磷酸二氢盐的离解度。对游离酸也有一定的规定，例如，在 0.7%~1.1% 浓度时，就可满足成膜离子浓度的需要。如果游离酸浓度过高，则膜薄，反应缓慢，且易引起制件表面酸蚀；若游离酸浓度过低，将生成过多的磷化沉渣，表面产生粉末状的残渣。

3）酸比是总酸与游离酸的比值。酸比大的配方，其成膜速度快，磷化时间短，需要的温度也低。配方已定，控制好总酸的浓度，酸比也就在一定的范围内了。

4）温度的影响。温度过高，磷酸二氢盐的离解度大，成膜离子浓度大幅度提高，沉淀大量生成，结晶粗糙，且消耗了磷化液中的有效成分。温度过低，成膜离子浓度达不到浓度积，不能生成完整的磷化膜。所以对于某种配方，温度必须控制在一定范围内，如 TPY-431 型磷化液要求的磷化温度是 (35±3)℃。

5）时间的影响。时间过短，成膜量不足，不能形成致密的磷化膜。时间过长，结晶在已形成的膜上继续生长，表层形成较粗的疏松厚膜。因此，时间一般要控制在 1~3min 内。

6）磷化方式。磷化液与被处理表面的接触方式有浸渍、喷射和喷浸结合等多种方式。喷射磷化比浸渍磷化所需要的时间短，生成的膜薄。但对外形复杂的车身覆盖件来说，有时采用浸渍法处理比喷射法具有更好的效果，因为采用浸渍法处理时，部件的空腔部位及许多难以喷射到的部位均能很好地磷化。但浸渍法处理时间较长，所需温度较高，磷化液消耗量较大，沉渣也较多。

第十章

车身涂装工艺与装备

第一节 车身涂装典型工艺

汽车车身包括轻、中、重型载货汽车的驾驶室及覆盖件，还有中、高级轿车车身以及旅游面包车和大客车的车身。它们是汽车的外表装饰件，使用条件多样，要适应各种气候条件，对涂层的耐候性、外观装饰性、使用耐久性等的要求最高。

因各种汽车的使用条件不同，汽车车身的涂装工艺也各不相同。国内外汽车车身涂装工艺可以分为以下三个基本体系：

（1）涂两层烘两次体系　即底漆涂层和面漆涂层，无中间涂层，两层分别烘干。中型、重型载货汽车的驾驶室一般采用这一涂装体系。

（2）涂三层烘两次体系　涂层同上，底漆层不烘干，涂中间涂层后一起烘干，采用"湿碰湿"工艺，因而烘干次数由三次减为两次。外观装饰性要求不太高的旅行车和大客车车身及轻型载货汽车的驾驶室一般采用这一涂装体系。

（3）涂三层烘三次体系　即底漆涂层、中间涂层和面漆涂层，三层分别烘干。外观装饰性要求高的轿车车身、旅行车和大客车车身一般都采用这一涂装体系。

例如，东风公司的雪铁龙 ZX（富康）轿车 CKD 小批量生产的涂装工艺是：预清洗→碱液脱脂→水洗→表面调整→磷化→水洗（两次）→阴极电泳涂漆→水洗（四次）→烘干→底漆打磨→喷中涂（两道）→晾置→烘干→中涂打磨→喷面漆（两道）→烘干→检查。这就是涂三层烘三次体系。

另外，少数高级、豪华、外观装饰性要求非常高的轿车车身采用四涂层甚至五涂层体系。

一、涂装工艺与装备概述

1. 涂装工艺设计

设计涂装工艺时，在充分理解各工序目的与作业内容的基础上，必须设计出符合产品质量要求的涂装工艺，以下为汽车车身涂装各工序的目的与作业内容。

（1）涂漆前处理　汽车在涂漆之前，不论是零部件、大件工件或整车，都要先将金属表面的油污、锈蚀等杂物彻底清除干净，才能涂头道底漆（即有防锈作用的底漆），这样才能使漆膜直接附着于金属表面，起到防锈作用，提高漆膜的附着能力，使漆膜真正起到防锈和保护金属的作用。对于厚度在 2mm 以下的金属工件，如型材、蒙皮等，除应先脱脂、除锈外，还必须再经过磷化，使表面形成一层薄而均匀细致的磷化膜，才能涂头道底漆。反之，由于金属工件较薄，不经磷化就涂底漆，很容易使漆层下面的金属产生锈蚀，日积月累，锈蚀不断扩大，最后顶破漆膜，使漆层失去保护金属的作用。严重时会蚀透金属层，损坏制件，大大缩短制件的使用寿命。

涂漆前处理是在车身金属基体表面上形成磷化膜，以提高其防锈能力及其与底漆的结合能力。前处理工序包括脱脂、磷化、水洗等内容，如图 10-1 所示。

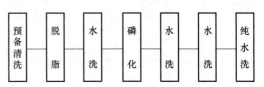

图 10-1　前处理工序

对于汽车涂装来说，凡汽车用的金属零部件，客车整车的外壳件，载货汽车的驾驶室等金属件，其厚度在 2mm 以下的，必须先经过磷化处理才能进行涂漆。根据这一规定，各种汽车制造或改装所用厚度在 2mm 以下的型材、蒙皮等金属制件，都应先经过磷化处理，才能进行涂漆。而对厚度在 2mm 以上的金属制件，如底盘（大梁）、前后金属保险杠等，可不经过磷化处理，只要将表面的锈蚀、油污等清除干净，可直接进行涂漆。现在汽车行业常用的磷化处理工艺有：高温磷化工艺、中温磷化工艺、低温磷化工艺、超低温磷化工艺、简易磷化工艺、"四合一"磷化工艺、磷化蘸漆流水线工艺、磷化喷漆流水线工艺、磷化电泳涂漆工艺等。

一般采用喷淋方式，也有和浸渍移动方式并用的。采用磷化喷漆流水线生产时，其脱脂、除锈、水洗、磷化等过程，均应采用喷淋方式，以获得较好的处理效果。但采用手工机械方式进行生产时，由于生产节拍的不等，如脱脂、除锈、磷化的时间较长，而水洗的时间又很短，所以采用浸漆方式比较适宜。但工件经前处理后，进入涂漆工段时，一般采用喷涂方式比较适宜。如客车的六大件（即客车的大顶件、前后围件、左右侧件和底架），在磷化后进入涂漆（指底漆）工段时，可用人工进行喷涂。即大件通过涂漆工段时，每侧分别用 2~3 人使用手动喷枪，迅速将工件的两侧面和上下面喷涂均匀，喷涂时两侧的工作人员应密切配合，先后交替错开进行喷涂，而不能对脸同时喷涂，以防相互污染。

磷化膜可分为磷酸锌系与磷酸铁系，后者虽具有处理费用低，与涂料的结合力强，表面质量好等优点，但其防锈能力差。由于汽车覆盖件以防锈为主要目的，因而多采用前者。

（2）前处理的沥水干燥　一般在循环热风炉内使前处理后的水分蒸发干燥。干燥条件应使车身表面水分充分蒸发去除，炉温一般为 80~120℃，干燥时间一般为 10~30min。关于前处理是否需要干燥，通常认为，水分充分烘干有助于电泳涂漆，漆膜性能也好。

（3）电泳涂漆　作为头道底漆的电泳涂漆，其目的在于防锈。与喷涂相比较，电泳涂漆可使钢板接合部位与车身各处都有漆料附着，显著提高防锈能力。此外，漆膜厚度也可通过调整通电时间和电压来控制。

(4) 烘干电泳　涂漆后必须烘干。烘干条件虽因涂料种类而异，但温度一般高于面漆烘干温度，常为 150~170℃，保温 30min。

(5) 涂防声胶　涂防声胶的目的在于缓和汽车行驶时发动机与路面产生的振动与噪声，防止从路面上带起的沙砾、石块、水、泥、尘埃、热气等对车身产生撞击与侵袭。胶膜厚度一般为 2~3mm。涂胶部位包括地板内面、车轮上方拱形地板、翼子板内面等，有时也包括发动机舱盖与车门内面。地板内面涂胶，可用自动喷涂装置，其他部位则使用手提式空气喷枪或无气喷枪喷涂。

(6) 刮、喷腻子　以腻子填平并修整车身外护板上的凹坑、锉纹与划痕，可用刮与喷两种方式。对于特别严重的缺陷，应先以砂轮或锉刀修整。

(7) 涂密封胶　汽车车身上有许多钢板接合缝和间隙，对这些部位应涂上密封胶，防止汽车行驶时水、风、尘埃侵入车内。此外，还可将钢板接合缝遮盖起来，增进车身的美观度。二道底漆或面漆不宜在涂密封胶之后立刻进行，应待密封胶烘干之后再喷涂。

(8) 二道底漆喷涂　在喷漆线前面的准备室内，用压缩空气吹掉附着在车身上的灰尘，并以抹布揩拭，用汽油喷洗车身表面。二道底漆的喷涂目的，在于防止面漆涂料被头道底漆吸收。涂漆方法则采用自动静电空气喷涂。

(9) 烘干　喷漆终了后停放 10min 左右，再送入烘干炉中。若不经停放立即入炉烘干，容易产生气孔、流淌等涂漆疵病。烘干炉一般多为热风循环炉，烘干温度常为 140~150℃，保持 30min。

(10) 二道底漆水磨　水磨是以砂纸、转动砂轮或摆动砂轮研磨涂漆表面，以去除尘粒和其他附着物，而使表面平整；此外，水磨可在漆膜表面上留下微细划痕，增加了表面积，提高了面漆的附着能力。也有简单地采用干磨方法的，货车即常用干磨方法。

(11) 沥水干燥　在炉温为 100~120℃ 的热风烘干炉中，保持 10~15min。

(12) 面漆喷涂　面漆喷涂是车身涂漆的最终工序，一般多用空气喷涂，也有采用静电涂漆以及自动化涂漆的实例。涂金属漆时，为了保持金属光泽，防止铝粉变色，有时未等金属涂漆干燥，即在其上再涂一层透明漆，称为湿碰湿法。

(13) 烘干　与二道底漆的烘干工艺相同，烘干温度为 140~150℃，保持 30min。

(14) 成品车的防护涂装　其目的在于对向用户运送或保管中的成品车加以短期保护，所用的涂装方法有空气喷涂和无气喷涂两种。

2. 涂装车间与设备

进行涂装车间平面布置时，应该充分考虑未来车型的变化，使之具备适当规模。此外，还应充分考虑生产的流水化和自动化倾向，以及对劳动环境改善和防止产业公害等的要求。一般来说，大量生产的涂装生产线采用悬挂方式或合车方式的输送机系统，各工序间也以分支输送机和叠式储存器联系，以达到自动化的目的。此外，应设置车辆修整用的返回线，以及适应工艺特性和对生产变动起着缓冲作用的储存线。图 10-2 所示为轿车车身涂装车间平面布置的实例。

(1) 前处理装置　一般在大量生产条件下，零件涂漆表面的脱脂、清洗、防锈等前处理，多采用浸渍式和喷淋式的前处理自动线。喷淋式磷酸锌处理规范实例见表 10-1，处理装置的剖面图如图 10-3 所示。

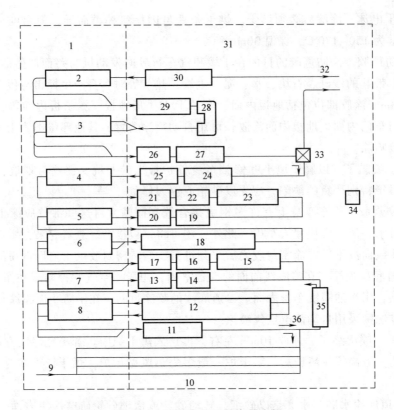

图 10-2 涂装车间平面布置实例

1—烘干炉区　2、5、7—沥水干燥　3、4、6、8—烘干　9—内饰装配　10—储存线　11—最终检验　12—面漆喷涂线　13、20—沥水　14、19—水洗　15、23—水磨　16、22—选择研磨　17、21—检验　18—二道底漆喷涂线　24—涂密封胶　25—喷腻子　26—涂腻子　27—涂防声胶线　28—水洗线　29—电泳线　30—前处理线　31—作业区　32—车身车间　33—升降器　34—自动化工序　35—补修水磨　36—不合格品

表 10-1　喷淋式磷酸锌处理规范实例

工序名	处理时间/min	温度/℃	压力/(kg/cm^2)
预备清洗	1.0	55±3	1.2
脱脂	2.0~3.0	55±3	1.5~2.5
第一次水洗	1.0	室温	1.0~2.0
磷化	2.0~3.0	55±3	1.5 以下
第二次水洗	1.0	室温	1.0~2.0
第三次水洗	1.0	室温	1.0~2.0

（2）喷漆室　喷涂时，使雾化的喷漆涂料在零件表面上形成液态皮膜。与此同时，那些从涂漆表面上溅出和未能到达涂漆表面的涂料微粒，在喷漆室内集结成涂料云雾。这种云雾必须迅速排除，并应控制喷漆室的温度与湿度，除去尘埃，这样才能得到良好的漆膜外观质量，并保证工人的健康。表 10-2 给出了喷漆室的设计标准，设计的要点是空气的供应与排气的净化。必须具备充分的排气能力，其垂直气流风速应为 0.3~0.6m/s。例如，长 40m、宽 5m 的喷漆室的净化空气供应量应为 $2.5×10^5 m^3/h$，而且全部空气应从喷漆室上部

均匀输入，这点特别重要。

图 10-4 所示为喷漆室内的气流流线与空气流速。气体中的涂料粒子在排气前应先经分离清除，否则将有占总量 30%～50% 的涂料经排风装置排至室外大气中。目前通用的湿式分离方式有喷嘴喷水式（图 10-5）、无泵式（图 10-6）、文丘里式（图 10-7）等。

（3）烘干炉　涂料的干燥条件可分为常温干燥型与烘烤干燥型两大类。从提高生产效率的角度出发，前者也采用强制干燥。目前，汽车工业所用的涂漆烘干炉有红外线炉、远红外线炉和热风炉等数种，它们在炉温条件（升温速度、最高温度、温度分布）、设备费用、热源费用、炉内气氛、操作性能、安全性能等方面各具优点与缺点，应该充分分析所用涂料的性质、被涂工件形状、生产规模等条件，合理选用。表 10-3 列出了烘干炉的设计标准。

以下概述几种烘干方式。

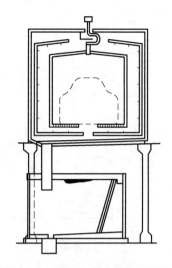

图 10-3　磷酸锌处理装置剖面图

表 10-2　喷漆室设计标准

项目	标准
进气温度	底漆喷涂：夏季，30℃以下；冬季，20℃以上 面漆喷涂：夏季，28℃以下；冬季，22℃以上
室内湿度	夏季，85% 以下；冬季，40% 以上
排风量	每平方米面积为 0.45m³/s 以上，轴流式鼓风机静压大于 28mm 水柱
进风量	较排风量大 5%，准备间及自干间的进风量较喷漆间大 10%
喷嘴给水量	每米 120L/min 以上
屏幕给水量	每米 180L/min 以上
给水压力	1.5kg/cm² 以上
照度	喷漆间 500lx 以上，准备间 300lx 以上，自干间 100lx 以上

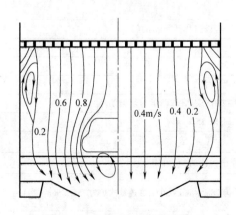

图 10-4　气流流线与空气流速

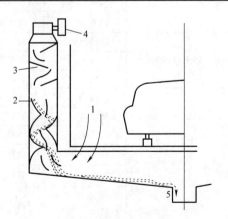

图 10-5　喷嘴喷水式
1—喷漆室内　2—喷嘴　3—水分离板
4—排风装置　5—排水口

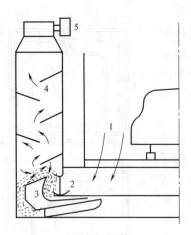

图 10-6　无泵式

1—喷漆室内　2—锯齿板　3—涡流卷板
4—水分离板　5—排风口

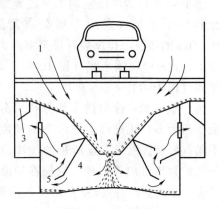

图 10-7　文丘里式

1—喷漆室内　2—文丘里间隙　3—排水口
4—水分离板　5—出水口

表 10-3　烘干炉设计标准

项目		标　　准
热源	位置	从炉子结构方面考虑
	种类	确定红外线、远红外线或热风的单用或合用
位置	位置场所	不应靠近仓库、动力机械设备、办公室或食堂
结构	炉壁、炉顶	应在绝热材料外面包覆黑皮钢板,结合部位应保持气密性
	炉底	应为水平平面,结合处注意防尘
	炉门	两侧交互设置,用石棉密封条保持密封。炉内压力降至 $3.5 kg/cm^2$ 以下时,再打开炉门
	防爆措施	设置通气孔,消除炉内爆炸压力
	绝热措施	装配板的导热系数应低于 $0.5 kcal/m·h·℃$
	接地	炉子框架应妥善接地
烟道与烟囱	维修要求	对于有可燃物堆积的烟道,应设置用于清扫的门
	闸板	伸至室外的烟道应设置平衡闸板
	其他	烟囱上安装防雨帽与金属网
气密与前室	鼓风机	气密用,以单幅、单一吸入型为好
	轴承	90℃以下用滚珠轴承,90~200℃用滚珠轴承与热抛油环
	排气量	溶剂蒸发量应保持在爆炸下限 25% 以内
换气	换气,排气	使用各自的鼓风机
	安全性	新鲜空气供应与排气闸完全关闭时,仍可安全换气
	最小安全换气量	每升挥发物质,在周期式炉为 $28 m^3/min·20℃$,在连续式炉为 $75 m^3/min·20℃$
安全装置	自动停止	排气扇停止时,传送带也同时停止
	不完全燃烧	燃料供应的自动停止装置
	过热	设置过热报警装置

1) 红外线炉。目前所使用的红外线热源大都是钨丝灯泡，其放射能量的 90% 为红外线，可见光约为 10%。红外线的反射吸收效率因被加热物体的材料、形状、颜色、反射率等因素而异。红外线炉的构造可分为开放式与密封式两类，应根据工件形状、尺寸与生产规模来选用。在汽车车身涂漆方面，红外线炉主要用在公交车、各种变型车等少量生产的车辆上，以及漆膜的强制烘干。

2) 热风炉。热风炉的热源有城市煤气、天然气、液化气、煤油、重油等燃料，以及蒸气、电热等。加热方式有直接加热式与间接加热式两类。生产方式则可分为使用输送机连续作业的隧道式、驼峰式，以及周期作业的开闭炉门式。

① 直接加热式。将油或煤气等燃料燃烧产生的气体和炉内循环空气混合，输入炉内。这类炉型的结构简单，建造费用低，热损失少，其热效率可达 90% 以上。缺点在于所用重油、轻油、煤油等燃料在炉子起动时，产生油烟，而且当管理不当时，所形成的不完全燃烧气体将恶化炉内气氛，引起漆膜开裂、变色等缺陷。图 10-8 所示为直接加热式炉加热部分构造。

② 间接加热式。将已燃气体送至热交换器内，用其加热炉内的循环空气。由于已燃气体不直接送至炉内，不致发生因炉内气氛与煤烟所引起的漆膜缺陷。与直接加热式炉相比较，其热效率降低虽无法避免，也应注意燃烧室与热交换器的设计。间接加热式炉加热部分构造如图 10-9 所示。

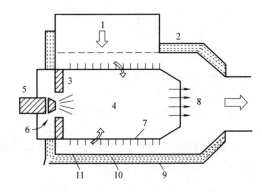

图 10-8　直接加热式炉加热部分构造
1—从开口部位进气　2—烟道　3—耐火材料　4—燃烧室
5—烧嘴　6—空气　7—不锈钢板　8—已燃气体
9—薄钢板　10—保温层　11—钢板

3) 远红外线炉。远红外线炉是一种在热风干燥炉本体内部装设辐射板，使炉内工件同时受到热风和辐射线加热的炉型。辐射板以热风、电热体、蒸气为热源，加热至 150～350℃，发射出波长为 6～8μm 的热辐射线。这种远红外线加热的特征是：能量分布均匀，使工件均匀加热；辐射波长较长，不受工件表面组织和颜色的影响，可均匀加热；能进行辐射效率与热效率高的表面烘干，减少漆膜起皱，并可缩短除尘时间。由于大部分热量是由辐射板直接供给漆膜表面，所需的热风量小，尘埃发生与工件进出口处的热量损失也小。一般最常使用的以热风或燃烧气体加热的远红外线炉的构造如图 10-10 所示。

(4) 研磨工序　水磨工序不需要特殊设备，但是为了能够确切判断前道工序的疵病并加以修整，需要配备足够的照明装置。在干磨场地应设置排气装置，以使粉尘不致伤害工人。大量生产时，采用自动研磨机进行车身外护板研磨。

(5) 涂料供应　对涂料厂供应的涂料，应按批定期检验黏度、挥发性、色彩与漆膜性能，并调配成涂漆车间所需要的状态与黏度，供喷漆使用。所采用的供应方法，因涂料的用量而异，可分为下列 3 种：

1) 杯式喷枪供应法。用于选喷与补喷等车身局部喷涂。

2) 容器供应法。用于涂漆台数较少的场合。漆箱容量有 10L、20L、50L 等数种。

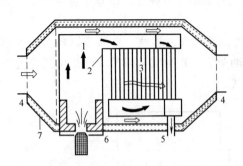
图10-9　间接加热式炉加热部分构造
1—已燃气体　2—不锈钢板　3—钢管　4—烟道
5—排气　6—耐火砖　7—保温材料

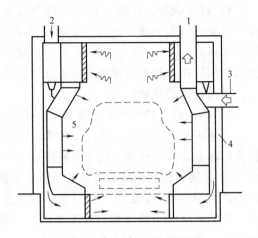
图10-10　热风远红外线炉
1—热风输出烟道　2—热风输入烟道
3—送风机　4—铝板　5—辐射板

3）循环管路供应法。用于单色大量长期涂漆，循环方式可分为终端式（图10-11a）与全循环式（图10-11b）两类。

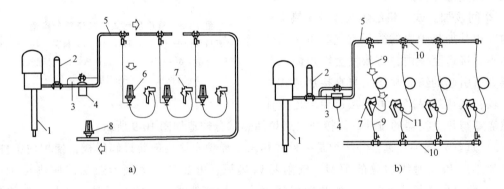
图10-11　循环方式示意图
a）终端式　b）全循环式
1—泵　2—缓冲罐　3—阀门　4—过滤器　5—总管　6—调节器　7—喷枪
8—调压器　9—软管　10—支管　11—涂料压力调节器

（6）涂漆车身储存线　车身在涂漆前后工序与涂漆内部各工序中，并不总是能够按照已定的程序运行。例如，一旦运输设备或机械设备发生故障，或是在某些工序上发生缺陷，产品需要返回时，生产周期就应做出相应的变动。此外，若工件在前处理工序与电泳涂漆工序的中途停顿放置，将对涂漆质量产生不良影响，所以在工休时或假日之前应先将这些工序停下来。为了解决上述问题，应在涂漆前后工序间与涂漆内部工序间设置相应的储存线。涂漆完成后的储存线一般称为涂漆车身储存线，其规模（车身储存量）取决于生产数量，涂漆不合格率与设备开动率，一般多按数小时所生产的台数计算。

（7）辅助设备　在涂漆车间排放的物质中，有些已成为限制的对象。为此，就应选用那些没有成为限制对象的表面处理剂与涂料。当不得不排出限制物质时，必须安装处理设备，将其含量控制在规定限度之内。涂漆车间排出物中应加以限制的主要物质见表10-4。

表 10-4 涂漆车间排出物中的限制物质

限制物质		主要限制指标
废水	脱脂废水	pH、n-Hex、COD、BOD
	脱脂清洗废水	pH、n-Hex、COD、BOD
	磷化处理废水	pH、n-Hex、Fe、Zn
	喷漆室废水	pH、n-Hex、COD、BOD、SS
	电泳涂料废水	pH、n-Hex、COD、BOD、SS、Cr
	水磨废水	pH、SS
排气	涂漆线排出的溶剂蒸气	有机溶剂蒸汽量（特别是光化学活性溶剂）
	烘干炉排出的溶剂蒸气	同上

注：n-Hex 为正己烷值，COD 为化学耗氧量，BOD 为生化需氧量，SS 为浮游物质。

1) 废水处理。

① 脱脂废水与脱脂清洗废水。脱脂工序的限制指标主要是从油分中萃取的物质正己烷（以排水中含有的较难挥发的烃、烃的衍生物、润滑脂、油状物质等为主）。油分在水中的存在状态有乳浊液或浮游油两种形式。所用的处理方法是，先以油分离器按密度差异加以分离，除去浮油，再以铁或铝中和乳浊液中油分的电荷、疏水化，进行凝集处理。由于脱脂剂中含有界面活性剂，收集处理后的化学耗氧量（在排水中的被氧化物质内，以有机物为主的耗氧量）与生物需氧量（水中好气性微生物繁殖、呼吸所用的需氧量）可能仍不符合要求，可再进行活性炭吸附或微生物处理。

② 磷化处理废水。磷化处理废水中含有工件从前道工序带来的油以及铁与锌的磷酸盐，一般可用石灰处理，生成氢氧化物，沉淀分离。此工序中的设备保养需短时酸洗，这种酸洗废水也应处理。

③ 喷漆室废水。本工序用水通常在清除浮渣之后可循环使用。废水形成有以下两种方式：一是循环水的一部分排出成为废水，并补充足量的新水；二是水经一定时期循环使用后全部更新。两种方式的污染程度虽有差异，但废水处理皆是先除去浮渣，而后以铝进行凝集，靠沉淀或浮上处理除去所含涂料中颜料与树脂的大半部分和一部分界面活性剂。在处理后的水中残存着一部分树脂与溶剂，化学耗氧量与生化需氧量仍显示高值，应再经活性污泥处理、臭氧处理与微生物处理。

④ 电泳涂料废水。电泳涂料废水主要是作为清洗水被排出，含有水溶性有机物与颜料。在一部分涂料的颜料中含有 Cr^{+6} 离子，这种离子必须经过处理。电泳涂料废水的处理方法有铝盐凝集浮上和凝集沉淀处理。Cr^{+6} 离子则利用还原反应，进行沉淀处理，近年来，为了不使清洗用水作为废水被排出并回收涂料，采用了超过滤装置，使废水量极少。然而这种超过滤液的化学耗氧量与生化需氧量较高，必须注意这种液体的处理。图 10-12 所示为电泳涂料废水沉淀处理工艺流程。

⑤ 水磨废水。水磨废水是漆膜水磨工序中产生的废水，含有漆膜的细粉与细砂，其污染程度虽低，但会出现浮游物质问题。其处理方法是以铝盐与高分子凝集辅助剂并用，进行沉淀处理。

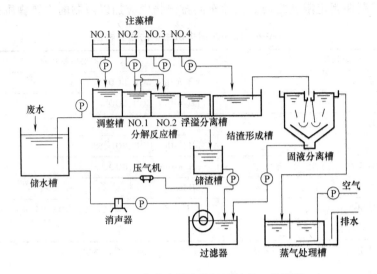

图 10-12　电泳涂料废水沉淀处理工艺流程

2) 排气处理。

① 吸附法。以活性炭为吸附剂，除去排气的臭味与有机溶剂。吸附塔的式样有圆筒形、小室形、平置形等数种。一般而言，小型吸附塔为直立式，大型吸附塔为平置式。通常，这种吸附处理方式适用于小排气量，当用于处理大排气量时，由于压力损失增加和受吸附剂吸附容量的限制，吸附处理方式并不适用。

② 燃烧法。将含有机物的排气送入锅炉或燃烧炉中，使其充分燃烧，形成 H_2O、CO_2、H_2 等无害、无臭化合物，这是一种氧化处理法。通常在 650～800℃ 高温下加热 0.5s 以上，使之完全燃烧。由于不完全燃烧的排气还可能带有臭味，所以在确定燃烧装置时，必须充分研究，以保证排气经过充分燃烧。

③ 其他处理法。包括以铂和钴为触媒，使排气在低温完全燃烧的触媒氧化法，以及使有害气体与水等吸收液接触而被吸收的吸收法等方法。

表 10-5 列出了当今汽车车身的典型涂装工艺体系。

表 10-5　汽车车身的典型涂装工艺体系

工序		工艺条件	2C2B[①]		3C3B			4C4B			5C5B		
			载货汽车、吉普车、经济型轿车		中型、大众型轿车			高级轿车			超高级(豪华)轿车		
			本色	闪光色	本色	金属闪光色	珠光色	本色	金属闪光色	珠光色	本色	金属闪光色	珠光色
漆前处理		中低温锌盐磷化处理	○[②]	○	○	○	○	○	○	○	○	○	○
底漆	阴极电泳	20μm 或 30～35μm	○	○	○	○	○	○	○	○	○	○	○
	烘干	175～180℃，20min	○	○	○	○	○	○	○	○	○	○	○
	打磨	400 号砂纸(局部)	根据需要										

（续）

工序	工艺条件	2C2B① 载货汽车、吉普车、经济型轿车		3C3B 中型、大众型轿车			4C4B 高级轿车			5C5B 超高级(豪华)轿车		
		本色	闪光色	本色	金属闪光色	珠光色	本色	金属闪光色	珠光色	本色	金属闪光色	珠光色
头道中涂	灰色或同色 35μm(W/W)			○	○	○	○	○	○	○	○	○
	烘干 140℃③, 20min			○	○	○	○	○	○	○	○	○
	湿打磨 400~600号砂纸	根据需要					○	○	○	○	○	○
二道中涂	灰色或同色 35μm						○	○	○	○	○	○
	烘干 140℃, 20min						○	○	○	○	○	○
	湿打磨 600~800号砂纸						○	○	○	○	○	○
头道面漆	本色 35~40μm(W/W)	○		○			○			○		
	闪光底色漆 15μm④(W/W)		○		○	○		○	○		○	○
	罩光清漆 35μm		○		○	○		○	○		○	○
	烘干 140℃, 20min	○	○	○	○	○	○	○	○	○	○	○
	湿打磨 800~1000号砂纸						根据需要			○	○	○
二道面漆	本色 35~40μm(W/W)									○		
	罩光清漆 30~35μm							○	○		○	○
	烘干 140℃, 20min							○	○	○	○	○

① C 代表涂层 coat，B 代表烘干 bake，3C3B 为 3 涂层 3 次烘干。烘干温度为工件温度，烘干时间为保温度时间。
② "○" 表示需要执行的工序，W/W 表示"湿碰湿"工艺。
③ 中涂层烘干温度，德国大众工艺规范为 165℃，20min。
④ 珠光闪光底色层膜厚较金属闪光底色层厚，可为 20~30μm。

二、涂装前处理、涂底漆工艺

涂装前处理是涂装工艺中最重要的工序之一。为获得最佳的磷化膜，确保产量和处理面积，必须精心设计和选用前处理工艺及设备。在设计时应考虑以下问题：被处理物（车身）的大小、形状及面积，材质（钢板种类、铝材等），产量（或生产节拍），被涂物的输送方式（间歇步进式、连续方式），处理方式（喷射方式、浸渍方式），设备场地（空间），运行效率（80%~90%），前处理的质量基准等。

涂装前处理的典型工艺流程（基本工序）见表 10-6。

涂装前处理的处理方式按处理液与被处理件的接触方式可分为两大类，喷射方式和浸渍方式。由于采用电泳涂装技术，车身前处理工艺迅速由喷射方式转变为全浸处理方式，以避免喷射处理车身未处理完全的油污被带入电泳槽内，加上电泳槽液中溶剂和金属溶质而产生电解脱脂，使电泳涂膜上产生缩孔。采用全浸处理方式是使车身内表面尽可能处理完善，并提高其防锈力。

表 10-6 涂装前处理的典型工艺流程（基本工序）

工序名称	处理功能	处理方式				备注
		喷射方式		浸渍方式		
		时间/s	温度/℃	时间/s	温度/℃	
1. 热水预清洗（或手工预清洗）	除去车身上的附着物 车身加热	60	60~70	60（喷）	60~70	使用 70~80℃ 的热水，如果白车身较清洁，本工序可省略，可由工序 2 或 4 补水
2. 预脱脂	除去车身外板油污 车身加热	60	45~50	60（喷）	45~50	可使用脱脂液和由水洗 No.1 补给的水
3. 脱脂	除去油污	120	50~60	120	45~50	使用硅酸钠、磷酸钠、表面活性剂等配制清洗剂，除去整个车身的油污
4. 水洗 No.1	除去脱脂清洗剂 冷却车身	20~30	室温（偏低较好）	20~30（喷）	室温（偏低较好）	自来水，由水洗 No.2 通过溢流或预洗法补给
5. 水洗 No.2	除去脱脂清洗剂 冷却车身	20~30	室温（偏低较好）	20~30（浸入即出）	室温（偏低较好）	连续补给自来水（出口喷）保持车体温度在 40℃ 以下
6. 表面调整	调整微碱性活化、形成核膜	60	50~60	120（80s）（出槽喷）	室温（偏低较好）	使用钛酸盐、磷钠酸等表调剂，调整钢板表面呈微碱性
7. 磷化	生成磷化膜	120	50~60	120（80s）（出槽喷）	45~50	使用"二元"锌盐磷化液加促进剂，由化学反应在金属表面上生成磷酸盐结晶膜
8. 水洗 No.3	除去磷化液	20~30	室温	20~30（喷）	室温	自来水，由水洗 No.4 通过溢流或预洗补给。特别要除去磷化渣
9. 水洗 No.4	除去磷化液	20~30	室温	20~30	室温	自来水或由工序 11 纯水水洗通过溢流或预洗法补给
10. 钝化	封闭磷化膜，提高耐蚀性	30	室温	30	室温	—
11. 纯水洗	除去杂质离子	10~20	室温		室温	补给纯水
12. 新鲜纯水洗	—	10~20	室温		室温	洗后车身的滴水电导率 ≤30μs/cm

车体下部涂装的车底涂层是用来防止飞石等击伤的防护涂层，同时，车底涂层材料也是具有车体板的防振、防声和防锈等功能的材料。车底涂层的涂装工序布置在电泳涂装和中涂

涂装工序之间。

底漆涂装多采用电泳涂装法，中涂前的包括底漆涂装的工艺过程为：用电泳涂装法涂阴极电泳底漆→在槽上用 UF 液或去离子水清洗（10~30s）→用循环 UF 液冲洗（10s）→用循环 UF 液浸泡（10s）→用新鲜去离子水冲洗（10s）→用循环去离子水浸洗（10s）→用新鲜去离子水冲洗（10s）→晾干或吹干漆面的水滴（3min）→在 175~180℃下烘干 20min 并强制冷却→技术检查（包括表面质量、干燥程度、膜厚）→所有缝隙处涂密封胶→车身底板下表面喷涂 PVC 车底涂料。阴极电泳有薄膜和厚膜两种，一次泳涂干膜厚度为（20±2）μm 的称为薄膜，一次泳涂膜厚为 30~35μm 的称为厚膜，与所选用的阴极电泳涂料有关。

三、中涂、面漆涂装工艺

1. 中涂的涂装工艺

中涂涂装一般是布置在 PVC 密封胶、车底涂料和防声、防振片预烘干后进行。但为节能有的生产线省略 PVC 涂料的预烘干工序，即 PVC 密封胶和车底涂料与中涂一起烘干。中涂涂装线一般由底漆打磨间、擦净间、喷漆室、晾干室、烘干室和强冷室等组成。中涂涂装是在一个大型喷漆室中按"湿碰湿"工艺进行涂装的，并且要在车身的各部位喷涂相应的多种涂料。中涂喷漆室中的工序（工位）布置，随生产线的大小、喷涂工序的自动化程度和喷涂涂层的种类及涂膜厚度（喷涂遍数）等的不同而又有差异。

中涂涂装一般都采用手工喷漆和杯式自动静电涂装相结合的方法，干涂膜厚度为 35~40μm。现代化的中涂涂装采用机械手自动静电涂装，实现了无人的全自动化喷涂作业。我国的载货汽车车身一般不采用中涂层，近年来我国载货汽车有轿车化的倾向，也采用中涂，提高外观装饰性，增强市场竞争力。为获得优质稳定的中涂涂层，应注意以下要点：

1）在中涂涂料之前应检查底涂层的表面质量和清洁度，且都应符合工艺要求。当在涂料线上无预烘干工序时，不能采用鸵鸟毛自动擦净机，而是进行人工擦净。进入中涂线的车身表面的缺陷（如颗粒、PVC 涂料的飞溅等）都应消除。

2）所选用的中间层涂料与底漆、面漆的配套性要好，未打磨的中涂涂膜与面漆涂膜之间也应有良好的结合性。中涂涂膜的强度应与面漆相仿，烘干温度与面漆的烘干温度相同或略高一些。

3）涂装环境应与涂面漆环境相同，达到清洁无尘，这样可减少或消除中涂层的弊病，以减少中涂打磨工作量或实现中涂层不打磨。

4）应严格遵守所选用涂装方法（如手工空气喷涂法、手工静电喷涂法和高转速杯式自动静电涂装法等）的操作要求和技术规范。

5）中间涂层的打磨应有规律，打磨的方向应一致，不应随意打磨，应用 400~800 号水砂纸进行湿打磨。切忌将涂层打磨穿，若露出底金属面，在涂面漆前应补涂底漆，以增强这一部位的防锈性和面漆的附着力。

2. 面漆的涂装工艺

热固性的合成树脂汽车面漆的出现，如热固性丙烯酸树脂涂料、聚酯三聚氰胺等的出现，面漆涂装工艺由早期的采用醇酸树脂面漆，喷漆两道的工艺之后，转入先进的"湿碰湿"面漆涂装工艺的普遍应用阶段。

"湿碰湿"面漆涂装工艺是涂第一道面漆后仅晾干数分钟，在涂膜尚湿的情况下就涂第二道面漆，然后几道面漆一起烘干（140~150℃，20~30min）。

汽车面漆的颜色一般可分为本色和金属闪光色两大类。虽都可采用喷涂法涂布，但它们的涂装工艺方法稍有差别。

（1）面漆涂装工艺方法　面漆涂装的工艺方法（图10-13）可分为：

1) 单一涂层的工艺方法，即整个面漆涂层为单一色。

2) 双涂层的工艺方法，即底色漆层，加罩光清漆层。

3) 三涂层的工艺方法，即封底色层，加底色漆层，再加罩光清漆层。其中除封底色层在中涂线上涂布外，其他涂层均采用"湿碰湿"工艺涂装，随后一起烘干。本色汽车面漆一般均采用单一涂层涂装法，"湿碰湿"两道同色面漆。金属色面漆在采用单一涂层涂装工艺时，光泽闪光效果和外观装饰性较差，在汽车涂装工艺中已不采用。金属闪光色面漆现今多采用双涂层工艺方法，为提高外观装饰性，本色面漆也有采用双涂层面漆涂装工艺方法的倾向。由于珠光色的遮盖性差，在涂底色漆之前需在中涂层涂一道封底涂层，故可称为二涂层面漆涂装工艺。

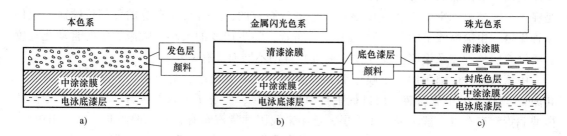

图10-13　本色面漆和闪光色面漆涂装的工艺方法比较
a) 单一涂层涂装工艺　b) 双涂层涂装工艺　c) 三涂层涂装工艺

面漆涂层的厚度与工艺要求的面漆外观装饰性、遮盖性和涂装性等有关。外观装饰性要求高，面漆层涂得厚，遮盖性差的白色面漆涂膜厚度达$100\mu m$左右；面漆遮盖性好的，可涂薄一些。面漆的遮盖性随颜色不同而有较大变化，如黑色和白色的遮盖膜为$10~30\mu m$，而红、绿、黄等色为$50~90\mu m$。面漆的抗流挂性和针孔气泡性也决定了面漆喷涂厚度。如面漆涂得厚，在垂直面不产生流挂，在水平面不产生针孔气泡；优质的中、高固体组分的汽车烤漆抗流挂性和针孔气泡性的膜厚可大于$50\mu m$。一般控制面漆涂层的膜厚如下：

本色面漆、罩光清漆层膜厚为$(40\pm5)\mu m$；金属闪光色底色漆膜厚为$15~20\mu m$；珠光色底色漆膜厚为$20~30\mu m$；封底色层膜厚为$20~40\mu m$；粉末清漆罩光膜厚为$65\mu m$（误差为$+7\mu m$）。

（2）面漆涂装注意事项

1) 在涂面漆前应严格检查被涂面的清洁度和底涂层的质量。不应有影响面漆涂层质量的缺陷和漆面的二次污染，若有露底金属面，应补涂底漆。为清除吸附在被涂面上的尘埃，一般在涂面漆前用黏性擦布或鸵鸟毛擦净，吹离子化空气清除静电吸附的灰尘。

2) 喷涂面漆工序必须在高清洁度的喷漆室中进行。它是汽车车身涂装车间清洁度要求最高的工位，喷涂环境的清洁度是影响面漆涂装一次合格率的最关键因素之一。为确保面漆涂层无污物、颗粒和具有良好的展平性，喷漆室系统的环境应达到以下条件：尘埃的许可程度，尘埃粒子的大小为 5μm 以下，粒子数为 100 个/cm³ 以下，尘埃量 1.5mg/m³ 以下；室内气温为 20~25℃；相对湿度为 60%~70%。垂直风速：手工喷涂工位为 0.45m/s，自动静电喷漆工位为 0.3m/s 左右；室内工位照度在 800lx 以上。

3) 在开发采用和借用其他单位的经验选用新面漆时应注意面漆与底涂层的配套性，切忌面漆的烘干温度高于底涂层涂料的烘干温度。

4) 应严格遵守喷涂的操作要点。手工喷涂时应注意喷枪的选用、喷涂距离、喷枪运行方式、喷雾图形的搭接和车身的喷涂顺序等。

5) 在进行面漆涂层的最终检查时不应用硬的粉笔等物体做标记，而应贴标记或用软的蜡笔做标记。应注意保护涂层，防止划伤。

第二节　涂装方法与装备

车身涂膜要有保护和装饰等预定作用，除了涂料本身的质量优良外，涂装方法的选择是否恰当也有很大关系。常见的汽车车身制造中的涂装方法有浸涂、刷涂、电泳涂漆、喷涂和静电粉末涂装等。

一、浸涂

将被涂零部件浸入盛有涂料的槽中，经过一定的时间后再取出，经滴漆、流平、干燥的过程为浸涂。

在采用浸涂法时，涂膜厚度主要取决于漆液的黏度，而浸涂时间一般无太大影响，所以一定要使漆液的黏度保持在规定的工艺范围内，一般为 15~20s 为宜（用 4 号杯黏度计测定）。

另外，零件入槽和出槽应保持垂直位置，入槽动作也必须缓慢均匀，防止制件的表面与漆层间带入空气而破坏涂层。制件从漆槽中提出也不宜过快，要保证制件上多余的漆液可以流掉。而且，零件在浸漆、流漆及干燥过程中应处于同样的位置，这样便于漆液更快流尽，使涂膜均匀无流痕，在大容量的漆槽内，应设有搅拌器，以防止涂料发生沉淀。

浸漆是一种简单、生产效率较高的涂漆方式。它既不需要很高的技术，又不需要复杂的设备，涂漆过程很容易实现机械化或自动化，但不适用重质颜料的涂料及双组分涂料等。同时，由于浸涂所形成的漆膜易产生上薄下厚、流挂等现象，因此，仅适用于外观装饰性要求不太高的防蚀性涂层。

二、刷涂

刷涂是一种使用毛刷手工涂漆的方法。除了一些快干和分散性不好的涂料外，几乎所有的涂料都可以使用刷涂。常用的有油性漆、酚醛漆和醇酸漆等。特别是油性漆对金属的表面细孔容易渗透、附着性好，使用较多。

刷涂所需设备简单，投资少，施工方便，操作简单，容易掌握，灵活性大。但是手工劳动生产效率低，施工的质量在很大程度上也取决于施工技巧。漆膜往往有粗粒及刷痕，装饰性差，所以只适用于局部维修或小批量生产。

三、电泳涂漆

1. 电泳涂漆原理

电泳涂漆时，将工件作为阳（或阴）极，浸渍于盛有电解质——水溶性涂料的槽中，通直流电后，在工件表面就形成了一层均匀的涂膜。其实质就是胶体化学中的电泳原理，即带电荷的胶态粒子在直流电场作用下，向着与它所带电荷相反的电极方向运动，在电极（工件）上脱去电荷，并沉积在工件表面上。电泳过程中伴随着电解、电泳、电沉积、电渗四种化学物理现象。

图 10-14 和图 10-15 所示分别为电泳涂漆示意图和应用广泛的阴极电泳涂漆装置示意图。阴极电泳和阳极电泳涂装的沉积反应机理见表 10-7。

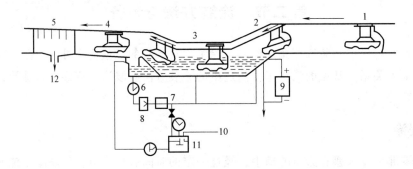

图 10-14 车身电泳涂漆示意图

1—电极安装 2—接触极杆 3—电泳涂漆 4—滴漏 5—水洗 6—溢流槽 7—热交换器
8—过滤器 9—电源 10—涂料补充 11—溶解槽 12—排水

2. 电泳涂漆系统的组成

阴极电泳涂漆目前已经占电泳涂漆的大部分，下面对阴极电泳涂漆系统做简要介绍。

（1）电泳槽 电泳槽是电泳装置的主体部分，槽体必须与槽液绝缘，绝缘层耐电压 20kV 以上，一般采用玻璃钢结构。在生产线上，槽体长度是由运输链的速度、电泳时间、产品大小决定的，槽体宽度取决于工件的最大宽度与极板之间的距离（一般为 200~300mm），槽体高度取决于工件与漆液液面的距离及工件最低点至槽底的距离。

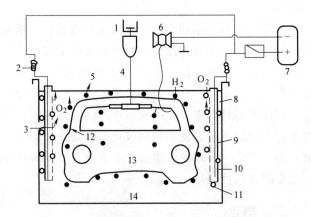

图 10-15 阴极电泳涂漆装置示意图

1—输送带 2—阳极汇流排 3、11—氧释放 4—汽车悬挂架
5、12—氢释放 6—阴极汇流排 7—直流电源 8—不锈钢阳极
9—阳极板 10—酸性阳极液 13—汽车阴极 14—在线槽

（2）槽液循环系统 槽液循环系统的作用是保证整个电泳槽内漆液的成分和温度均匀，防止产生沉淀而破坏颜基比，消除电沉积过程中所产生的气泡，以达到涂膜具有良好外观的目的。槽液循环系统一般设有搅拌装置。为保证漆膜均匀、细密、平整及超滤器的工作正

常，在系统中还设置了过滤器。

表 10-7 阴极阳极电泳反应机理

阴极电泳(阴离子型)	阳极电泳(阳离子型)
中和剂:KOH、有机胺类	中和剂:有机酸
在 pH 值下降时析出	在 pH 值上升时析出
阳极(被涂物) $2H_2O \rightarrow 4H^+ + 4e^- + O_2 \uparrow$ $R-COO^- + H^+ \rightarrow RCOOH$ （水溶性）　（水不溶性） $Me \rightarrow Me^{n+} + ne^-$ $RCOO^- + Me^{n+} \rightarrow (R-COO)_n Me$ （析出）	阴极(被涂物) $2H_2O + 2e^- \rightarrow 2OH^- + H_2 \uparrow$ $R_3-NH^+ + OH^- \rightarrow R_3-N + H_2O$ （水溶性）　（水不溶性）
阴极(极板) $2H_2O + 2e^- \rightarrow 2OH^- + H_2 \uparrow$	阳极(极板) $2H_2O \rightarrow 4H^+ + 4e^- + O_2 \uparrow$

（3）阳极液循环系统　阳极液循环系统由阳极液槽、阳极罩、阳极液电导控制器及循环泵等组成。

在阳极反应中 pH 值逐渐降低，为了保证电泳漆的质量，阳极需装在设有半透膜的阳极罩中，阳极罩与阳极槽形成一个封闭系统。阳极罩内的液面，高于电泳槽的液面形成正压，这样电泳漆不易渗入阳极罩中。

在阳极反应中 pH 值逐渐降低，电导率升高，可通过自动控制电导装置对阳极液进行调整。

（4）配漆系统　配漆系统由带搅拌器的混合罐、高压供漆泵、漆液输送泵及过滤器等组成。原漆固体组分需通过高压供漆泵打入混合罐中，使其稀释，并搅拌均匀。然后通过漆液输送泵和过滤器将漆液输送到电泳槽内。

（5）热交换器　阴极电泳漆的工作温度要求较严格，必须控制在一定范围内，因此必须设置热交换器。漆液温度调节所用的热交换器有蛇管式、列管式及平板式等类型，均借助于外循环搅拌系统的泵，使漆液进行冷却或加热循环。

（6）超滤器　超滤器在整个电泳过程中起着很重要的作用。漆液通过超滤器时，由于进出口的压力差及超滤膜的低分子透过性，一些低分子量的溶质和溶剂（电泳漆液中的水、乙醇、丁醇、各种无机杂质离子和低分子量的树脂）透过超滤膜形成超滤水，而高分子量的物质（电泳漆液中高分子量树脂、颜料颗粒）则不能透过超滤膜，从而达到分离的目的。超滤水用于清洗电泳后的浮漆，不能透过的浓缩电泳液重新返回电泳槽。通过排放超滤液，可以排除电泳槽的杂质离子和低分子产物，使漆液的 pH 值和电阻值稳定，以保证漆液的稳定和电泳涂漆的正常进行。

3. 电泳涂漆的特点

电泳涂漆的优点见表 10-8。

表 10-8 电泳涂漆的优点

项 目	内 容
涂装工序可实现完全自动化,适用于流水生产	从涂装前处理到电泳底漆烘干有可能实现生产线化
泳透性好,提高了工件内腔的耐蚀性,尤其是阴极电泳涂膜的耐蚀性好	使喷涂、浸涂等涂装不到的部位和涂料难以进入的部位也能涂上漆,且缝隙间的涂膜在烘干时不会被蒸气洗掉,因而使工件内腔、焊缝、边缘等处的耐蚀性显著提高
可得到均匀膜厚	1) 依靠调整电量容易得到均一的膜厚,通过选择电泳涂料和调整泳涂工艺参数,膜厚可控制在 $10 \sim 35 \mu m$ 的范围内 2) 工件间和不同日期沉积的涂膜(膜厚及性能)能重现 3) 与浸涂法不同,在烘干时缝隙间的涂膜不产生"溶落"现象
涂料的利用率高	1) 阴极电泳涂膜的耐盐雾能力在 800h 以上 2) 涂料的有效利用率在 95% 以上 3) 泳涂的湿膜是水不溶性的,电泳以后可采用 UF 封闭液水洗回收带出槽的涂料
涂膜外观好,有较好的烘干性能	1) 电泳涂装所得的涂膜含水量和溶剂量低,在烘干过程中没有流痕、溶落等弊病 2) 电泳水洗后涂膜是干的,不粘手,晾干时间短,可直接高温烘干
安全性比较高,为低公害涂装(涂料)	1) 涂料回收性好,溶剂含量低,对水质和空气污染小 2) 无火灾危险 3) 采用反渗透装置和超滤装置实现电泳后的全封闭水洗,可大大减小废水处理量

但是电泳涂漆也存在着一些缺点,如设备较复杂,投资费用多;只限于在导电的被涂物表面上涂漆;烘烤温度较高,耗电量稍大;不易变换涂料颜色,废水必须进行处理等。

四、喷涂

1. 空气喷涂

通常所说的喷涂是指压缩空气喷涂。它是利用压缩空气在喷枪喷嘴处产生的负压将漆流带出并分散为雾滴状,涂覆在物面上,这是目前使用很普遍的涂饰施工方法。

喷涂的优点为工效高,可手工喷涂,也可机械化喷涂。它可以适应几乎任何条件下不同形状尺寸的物体以及多种油漆材料。涂膜光滑平整,厚薄均匀。对于快干和挥发性漆如硝基漆、过氯乙烯漆等使用最合适。但是油漆的有效利用率低,特别是在喷涂小型零件时,漆雾损失较大,并易引起火灾和苯中毒,影响工人健康,因此需要良好的通风除尘设备。

喷涂所用装置及设备主要有喷枪、空气压缩机、油水分离器、喷漆室等。图 10-16 所示为喷涂装置示意图。喷漆室是一种专用的喷漆设备。由于空气喷涂过程中有大量溶剂、漆雾污染空气,危害工人健康,而且易造成火灾、有爆炸的危险,所以喷漆室应设置在远离火源的地方,而且结构上应能防火。室内温度要求在 $18 \sim 30 ℃$ 之间;要有排气装置,使空气流通；室内保持负压状态，以防止和减少溶剂、漆雾扩散至全车间。喷漆室的空气要经过过滤，保持室内清洁，无尘土油污，以保证喷漆质量。

手工喷涂正确的操作方法如下：

1）施工前，要根据涂料的种类，空气压力、喷涂物的大小以及物面的状态，将涂料黏度调至适当。

2）供给喷枪的空气压力一般为 $300 \sim 600 \mathrm{kPa}$。

3）喷嘴与物面的距离，一般以 $250 \sim 400 \mathrm{mm}$ 为宜。

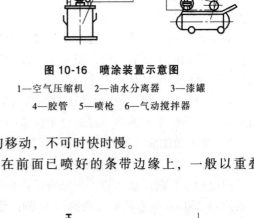

图 10-16　喷涂装置示意图

1—空气压缩机　2—油水分离器　3—漆罐
4—胶管　5—喷枪　6—气动搅拌器

4）喷出漆流的方向，应当尽量与物面垂直。运枪时最好以 $10 \sim 12 \mathrm{m/min}$ 的速度均匀移动，不可时快时慢。

操作时，每喷涂一条带的边缘，应当叠压在前面已喷好的条带边缘上，一般以重叠 $1/3 \sim 1/2$ 为宜。

2. 静电喷涂

静电喷涂借助于高压电场的作用，使喷枪喷出的漆雾带电，通过静电引力而沉积在带异种电荷的工件表面上而完成喷漆过程。图 10-17 所示为静电喷涂示意图。

静电喷涂用的高频高压静电发生器产生直流高压。电压的高低是影响喷涂质量的重要因素，电压高，涂着率就高，但电压过高时对设备的绝缘性能要求很高，一般电压为 $80 \sim 100 \mathrm{kV}$。

静电喷枪的结构型式很多，有固定旋杯式、手提旋杯式、旋风式等。其中固定旋杯式喷枪的生产效率最高，材料利用率可达 90%，其构造如图 10-18 所示。

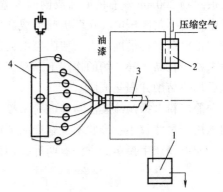

图 10-17　静电喷涂示意图

1—高压发生器　2—输漆罐　3—喷枪　4—工件

静电喷涂是一种较先进的施工方法，与空气喷涂相比较，具有以下优点：

1）生产效率高，可实现喷涂过程的连续化和自动化，工效高。

2）涂膜均匀，附着性好，涂膜质量好。

3）漆雾飞散损失小，涂料利用率高，比空气喷涂节约涂料。

4）极大减轻了劳动强度，改善了劳动条件。

同时，由于静电喷涂所用的电压高，

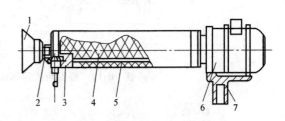

图 10-18　固定旋杯式静电喷枪结构

1—枪杯　2—漆管　3—轴承盖　4—轴
5—套管　6—电动机　7—座

对设备的绝缘性能要求高,须采取必要措施,保证安全。所需设备和仪器也比较复杂,另外,静电喷涂因工件形状不同,造成电场强弱不同,因此均匀度稍差,由于漆雾密度小,对漆膜流动性和漆膜光泽度也有一定的影响。

五、静电粉末涂装

靠高压静电使粉末带上负电,借助于静电引力吸附在接地的被涂物上,加热熔化并固化成膜,这种涂装方法称为静电粉末涂装。常见的两种静电粉末涂装法是静电粉末喷涂法和静电粉末振荡涂装法。

静电粉末喷涂法的工作过程与一般溶剂型涂料的静电喷涂法几乎完全相同,不同之处在于粉末是分散而不是雾化的,粉末不能像液态涂料那样直接从导电喷杯或极针上获得电荷,而是靠通过电晕区,从离子化的空气中获得电荷。粉末喷枪的功能要求包括:

1) 在喷枪前端,粉末粒子应尽可能均匀分布,并能控制粉末的喷射速度,使粉末粒子能充分获得荷电量,并能形成适合于被涂物形状的喷涂图样。

2) 喷枪前端应具备不易被粉末积聚和堵塞的构造和材质。

3) 应不易打火,安全性要好。粉末喷枪的两个主要机构是分散机构和带电机构。

静电粉末振荡涂装法的工作原理是:在塑料板制的涂装箱内,接地被涂物为阳极,在距离被涂物200mm左右的底面或侧面设置电栅作为阴极,电栅铺在粉末涂料上或埋在粉末涂料中,接上负高压电,在两极间形成高压静电场,在阴极电栅上可见明显的电晕放电,电栅得到正电荷,再借助外力,使阴极电栅产生弹性振荡,使粉末从静态变成动态。带负电荷的粉末粒子在高压静电场的作用下漂浮起来,沿电场力方向高效地被吸住和涂着在被涂物上,随后加热熔融并固化成膜。

静电粉末振荡涂装法与静电粉末喷涂法相比,前者不需要输粉装置及粉末回收装置,特别适用于尺寸较小、形状不复杂产品的涂装。

使电栅产生振荡的方法有两种,即静电振荡法和机械振荡法,其结构如图10-19所示。

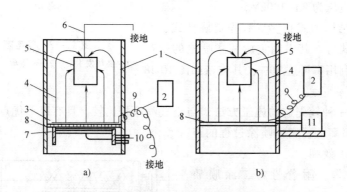

图10-19 静电粉末振荡涂装法的原理示意图
a) 静电振荡 b) 机械振荡
1—塑料箱 2—高压直流电源 3—上阴极电栅 4—电场线 5—被涂物 6—运输链(接地)
7—下阴极 8—粉末涂料 9—高压电缆 10—转向开关 11—机械振荡装置

影响静电粉末涂装工艺的因素主要有以下四个:

1）粉末粒子荷电量。粉末粒子荷电量是静电粉末涂装的原动力，粉末粒子若没有带上静电荷，电就不产生附着力，就不可能涂装成功。但若荷电量过高则又会因同性相斥而使成膜变薄。不过适当提高电压和粒子荷电量对涂膜形成具有一定好处。

2）粉末粒子形状和粒度。在静电粉末喷涂中，要求粉末粒子最好呈球状，因为球状粒子流动性好，在喷枪和输粉胶管中不易堵塞，堆积的粉末粒子间的空隙小，空气量小，因而在漆膜成型过程中残留的气泡少，在熔融时易展开而获得均匀平滑的漆膜。

3）被涂物接地电阻。静电涂装要求被涂物接地电阻要小，如果接地不良，即对地绝缘或接地电阻非常高时，被涂物自身积蓄由粉末和离子化空气带来的电荷而带电，而不能完全涂着，涂着效率下降，荷电量大时与接地物之间可产生电火花而发生危险。

4）被涂物形状。粉末粒子在喷室内流动，受空气流、重力和电场力支配，喷涂方向和装挂方式都影响着涂着效率的高低。对有窄缝的零件，如车轮和轮辋之间有窄缝，采用空气静电喷涂时，窄缝处空气流速大，造成该处粉末不能附着。

第三节 干燥与固化

涂覆在被涂物上的涂料由液态或粉末状变成无定形的固态薄膜的过程，即涂料的成膜过程，俗称涂料的干燥，也称涂料的固化。其成膜过程较复杂，有物理作用和化学作用。

固化是工业涂装工艺的三大基本工序之一，固化的方法及设备选用是否合理，烘干规范的选用和执行是否正确，会直接影响涂层质量和涂装成本。

为保证涂层的装饰质量，必须根据涂料的特性，正确地选择干燥方法和干燥工艺，同时还要考虑生产纲领和生产条件等因素。干燥方式大体上可分为自然干燥和人工干燥。自然干燥不需设备，只需要灰尘少和通风良好的较大的场地，成本最低，但是干燥时间受气候变化的影响较大，只适用于常温干燥的涂料和小批量生产或大型产品。在现代汽车制造工业中，为了缩短油漆的施工周期，提高涂层质量，广泛采用人工干燥法。根据受热方式，人工干燥法主要有对流式热风干燥和热辐射式干燥两种。

一、涂膜的自然干燥

因为是放置在大气中常温下干燥，所以自然干燥仅适用于挥发型涂料、自干型涂料和触媒聚合型涂料。涂膜自干速度与气温、湿度、风速和阳光等有关，一般是气温越高，湿度越低，自然干燥条件就越好，还要保持空气清洁，进行适度换气。在湿度高，通风条件差和黑暗的场所，干燥变慢。涂膜中溶剂的挥发速度与周围的空气流动（风速）有关，风速越快，溶剂挥发越快。汽车涂装的自然干燥场所应在室内，不应露天作业。

温度越高，溶剂挥发也越快，氧化聚合等涂膜固化反应也越快。自然干燥场所温度增高对涂膜干燥有利，而湿度高对溶剂挥发起抑制作用，另外湿度高，易使挥发型涂料的涂膜变白，产生涂膜弊病，所以要求自然干燥场所的空气湿度较低为好。

二、人工干燥

1. 对流式热风干燥

对流式热风干燥是用电、油、煤气或蒸气首先加热传导介质——空气，然后以自然对流或强制对流的方式，将热传导给被涂装的工件，从而使漆膜干燥。这种干燥方式的热量传递是由漆膜表面向内部进行的，漆膜表面首先受热，很快干燥成皮，使漆膜内部的溶剂不易挥发散出而降低漆膜的干燥速度；由于漆膜内部溶剂的内扩散力不能克服漆膜的阻力，而引起漆膜鼓泡；当溶剂的扩散能力大于漆膜阻力时，有时引起漆膜表面产生针孔。同时，对流式热风干燥的设备体积大，占地面积大，升温时间长，热能利用率及干燥的效率都比较低，但由于设备简单，仍是目前应用较普遍的方法。对于汽车生产，因其批量大，可设计自动化输送线，在线中设有温度变化的烘烤室（图10-20），即中间温度较高，两端温度较低，符合涂膜干燥规律。工件边移动边烘烤，经过一定的时间和温度范围，最后从烘烤室的另一端出来，即完成干燥过程。

例如，东风汽车公司采用的面漆烘烤炉是热空气对流式，炉长86m，为单行程双线通过式，即两台炉子共用一个保温壁板，如图10-21所示。此结构大大节省了能源消耗和材料。

图10-20 烘烤室断面图

2. 热辐射式干燥

热辐射式干燥不需要任何中间介质，而是把热能转变为各种波长的电磁振动辐射能，直接传导给被涂装的工件并能透过漆膜被工件所吸收而转变成热能，使涂层从底层向外层干燥。因此具有很高的热传递效率。

热辐射式干燥的方法因使用的辐射线不同而有红外线干燥、紫外线干燥和电子束干燥，后两种方法的干燥效率非常高，在国外已有应用。

辐射式红外线干燥炉（室）主要由炉体、辐射器、反射板和对流加热系统组成。其中主要部件为辐射器，较小尺寸工件用炉宜用管式，较大尺寸工件用炉宜用板式，有

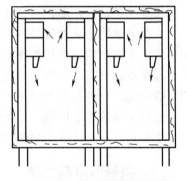

图10-21 面漆烘烤炉剖面图

煤气时宜采用煤气红外线辐射器。氧化镁材质的管式辐射器使用寿命长，而碳化硅材质的板式辐射器配置较为容易。管式辐射器一般需采用反射屏，反射屏宜采用反射系数高的阳极氧化铝板，反射屏一般为半球面或抛物面。辐射器的布置一般相隔150~300mm，烘道的中间一段布置较多，两端较少。

红外线干燥炉采用通过式较好，以利于车身的进出。炉体采用组合式较好，两侧应装设开放式小门，以便于安装和检修辐射器，框架可用20~60mm的角钢焊成。隔热层厚度一般为150~300mm，用蛭石、矿渣棉、石棉板、玻璃纤维棉等材料填充。炉顶要有横截面积为200~400cm^{2}的可调节排气孔。

红外线辐射器所发射的红外线的波长比较短，均在3μm以下，而远红外线辐射器能发射3μm以上波长的红外线，涂料中的树脂、溶剂、颜料及水分等物质在此波长范围内有更

宽和更强的吸收带。根据日本学者细川秀克提出的远红外线加热的匹配吸收理论，涂料成膜物吸收远红外线后能使漆膜内部分子振动加剧，加速树脂的聚合作用和溶剂的挥发。因而能得到一般红外线干燥炉所不能得到的优良效果。

远红外线干燥炉设计的结构要素与一般的红外线干燥炉基本相同。只是远红外线辐射元件与红外线辐射元件不同。

热辐射式干燥与对流式热风干燥相比具有干燥速度快，质量好，升温快，热惯性小，结构简单，设备成本低、体积小、节省占地面积，热传导方向性强和节约能源等优点。

但是热辐射式干燥也有缺点，若工件大而复杂，则被辐射到的部位很快干燥，而辐射不到的部位就需较长时间才能干燥，若等这一部分达到干燥程度，则已干燥的部位的涂膜就会达到烤脆的程度。所以设计热辐射式干燥炉时，最好使炉膛的形状尺寸与被烘的车身或驾驶室的形状尺寸相似，保证各处的涂膜能基本同时烘干。

热辐射式干燥在产量不大的汽车车身，特别是客车车身的生产中应用较多。

三、涂膜的固化

涂膜的固化过程一般要经历以下三个阶段。

1) 触指干燥（又称表干）。用手指轻触涂膜感到发黏，但涂膜不附在手指上的状态。
2) 半硬干燥。用手指轻捅涂膜，在涂膜上不沾有指痕的状态。
3) 完全干燥。用手指强压涂膜也不残留指纹，用手指急速捅涂膜，在涂膜上也不留有伤痕的状态。

在烘干场合，涂膜达到完全干燥时各项性能应最佳，如果烘干温度过高，烘干时间过长，则会产生涂膜过烘干弊病，轻者影响涂层间的附着力，严重时涂膜变脆，甚至脱落。

参 考 文 献

[1] 宋晓琳. 汽车车身制造工艺学 [M]. 2版. 北京：北京理工大学出版社，2006.
[2] 钟诗清. 汽车车身制造工艺学 [M]. 北京：人民交通出版社，2012.
[3] 邹平，高卫明. 汽车车身制造工艺学 [M]. 北京：北京航空航天大学出版社，2011.
[4] 赵桂范，杨娜. 汽车制造工艺 [M]. 北京：北京大学出版社，2013.
[5] 林程，王文伟，陈潇凯. 汽车车身结构与设计 [M]. 2版. 北京：机械工业出版社，2016.
[6] 曾东建. 汽车制造工艺学 [M]. 北京：机械工业出版社，2006.
[7] 刘华刚. 汽车零件实用模具结构图册 [M]. 北京：机械工业出版社，2008.
[8] 邓明. 冲压工艺及模具设计 [M]. 北京：化学工业出版社，2009.
[9] 冯晋祥. 专用汽车 [M]. 北京：机械工业出版社，2009.
[10] 龚微寒. 汽车现代设计制造 [M]. 北京：人民交通出版社，1995.
[11] 黄金陵. 汽车车身设计 [M]. 北京：机械工业出版社，2007.
[12] 李远军. 汽车车身焊接技术 [M]. 北京：人民交通出版社，2009.
[13] 李春峰. 金属塑性成形工艺及模具设计 [M]. 北京：高等教育出版社，2008.
[14] 马朝兴. 冲压工艺与模具设计 [M]. 北京：化学工业出版社，2007.
[15] 谷正气. 汽车车身现代技术 [M]. 北京：机械工业出版社，2009.
[16] 孙凌玉. 车身结构轻量化设计理论、方法与工程实例 [M]. 北京：国防工业出版社，2011.